博士论文
出版项目

王船山"生"的思想研究

A Study on Wang Chuanshan's Thought of
"Life-giving Generativity"(*sheng*)

刘昊 著

中国社会科学出版社

图书在版编目（CIP）数据

王船山"生"的思想研究 / 刘昊著 . —北京：中国社会科学出版社，2024.6
ISBN 978-7-5227-3500-9

Ⅰ.①王… Ⅱ.①刘… Ⅲ.①王夫之(1619-1692)—哲学思想—研究 Ⅳ.①B249.25

中国国家版本馆 CIP 数据核字(2024)第 083889 号

出 版 人	赵剑英
责任编辑	韩国茹
责任校对	张爱华
责任印制	张雪娇

出　　版	中国社会科学出版社
社　　址	北京鼓楼西大街甲 158 号
邮　　编	100720
网　　址	http://www.csspw.cn
发 行 部	010-84083685
门 市 部	010-84029450
经　　销	新华书店及其他书店
印　　刷	北京君升印刷有限公司
装　　订	廊坊市广阳区广增装订厂
版　　次	2024 年 6 月第 1 版
印　　次	2024 年 6 月第 1 次印刷
开　　本	710×1000　1/16
印　　张	22
插　　页	2
字　　数	315 千字
定　　价	138.00 元

凡购买中国社会科学出版社图书，如有质量问题请与本社营销中心联系调换
电话：010-84083683
版权所有　侵权必究

出 版 说 明

　　为进一步加大对哲学社会科学领域青年人才扶持力度，促进优秀青年学者更快更好成长，国家社科基金2019年起设立博士论文出版项目，重点资助学术基础扎实、具有创新意识和发展潜力的青年学者。每年评选一次。2022年经组织申报、专家评审、社会公示，评选出第四批博士论文项目。按照"统一标识、统一封面、统一版式、统一标准"的总体要求，现予出版，以飨读者。

全国哲学社会科学工作办公室

2023年

自　　序

　　本书是我的博士学位论文，代表了我在研究生阶段（2014—2020）对于明末清初的王船山哲学思想以及宋明理学的一些初步思考。本书的主旨在于揭示一个老生常谈的问题，即王船山的思想与宋明理学的关系，并通过这一问题尝试反思宋明理学的基本架构和一些总体结论，其视角是围绕"生"的问题而展开的。

　　就宋明理学的基本预设而言，宇宙与天地万物都是生生不息的，或者说天道和人道皆是生生不息的，而且天道与人道或性命不是孤立的，而是具有连续性的，人的性命以及修身工夫的根据也来自天道的"生"，这一点在宋代理学便已确立，例如程颢说"天只是以生为道"。那么问题在于，天道和性命连续生生是如何证成的？这是本书试图探讨的总问题。在这个总问题之下，我选择以王船山的理学思想为个案，结合其思想与宋明理学的关系这样一个视角，尽量使用相对客观平实的语言，旨在揭示船山理学思想的结构，并从中试图反思过去宋明理学研究的一些基本预设和范式。

　　选择这样一个视角，其依据在于船山身处宋明理学发展的末期，其思想在试图回应甚至试图解决他所理解的宋明理学存在的问题。但这里首先牵涉我们如何理解宋明理学，其次才是根据这一前提尽可能地理解船山如何反思宋明理学。在研究过程中，宋明理学本身，近现代学术建构以后的学术研究对宋明理学的理解，根据这种理解再诠释船山对宋明理学的反思，构成了三重不可分开的视域。但是，宋明理学本身在过去固然存在，但是我们对它的触摸最多只能承认一种当代学术视域中的"宋明理学",我们根据这种对宋明理学的理解再研究船山思想的过程,就像是戴上了某种宋明理学的眼镜,再去看船山的思想。问题是,自现代学术尤其是改革开放以来的学术发展后,宋明理学的研究已蔚为大观,而我们每个研究者的宋明理学眼镜其实是不一样的,所以据此再看船山的思想,便会产生多种理解方式。而这个眼镜来自多个方面,例如中国哲学的当代建构常常引入西方哲学,这些前见以及20世纪80—90年代的一些基本预设,仍然是当今中国哲学研究的基本假设,例如本体论与宇宙论的区分以及与此相关的本体宇宙论等概念;又例如西方哲学的形而上学与中国哲学的"形而上""形而下"观念的纠缠等,会影响到我们对于宋明理学的理气、道器、心性等问题的基本看法。如果更实际一点,哲学系的师生接受了中国哲学(史)的训练和教育,便会产生不同程度的眼镜度数(这里无优劣之分的意思),而且会扩散至其他学科。那么,想要相对客观地理解船山的思想结构和基本立场,需要首先清理或者反思过去宋明理学研究的一些成见和预设,然后再同情地理解船山的思想表达。但这两者又是密切关联的,了解船山对宋明理学的反思,其实也在进一步清理我们对于宋明理学的认识。

笔者在这里举两个例子来说明。船山思想与宋明理学的关系是船山学研究的一大重点。陈来先生的《诠释与重建:王船山的哲学精神》已经做了突破性的研究,但是笔者的思考方向不仅在于抓住船山的经典诠释,而且试图重视其思想的"结构"与宋明理学的关联。这个结构与船山思想的一个重要的传统定位有关。第一,传统上将船山定位于气学思想,但是究竟如何理解"气学"其实也众说纷纭,如果我们先怀有船山是气学思想的预设,以及中国哲学史上关于气学的种种说法,再去看船山思想,可能会陷入一些预设的立场而无法跳脱出来,例如所谓的气学一定是反对程朱理学的吗?气学的理气论主张是去形上化的吗?宋明理学中的气学研究,确实还有很大的研究空间。气学以及宋明理学中的分派问题在近年来有诸多讨论与反思,其核心是气学作为理学、心学之外的独立一派,究竟能否成立的问题。台湾学者杨儒宾、林月惠有多篇往来文章就此问题展开探讨。归根到底，笔者认为气学究竟能否成立这一问题固然是关键，但更重要的问题恐怕是，气或理气问题究竟在宋明理学的整体结构或某个思想家的"潜在"思想结构中承担了什么样的作用。而理气问题的基本判断以及什么样的观点，才能成为学派区分的标准，这个问题恐怕一时难以回答。所以，笔者在本书也关注船山论述理气和气的相关问题，但没有像目前的基本研究范式那样，关注理气的一元二元，或理气的一物二物，而是将其放回到船山表述天道、人道、人性、历史的观点中，从其思想的整体架构去重新观照理气问题，理气在宋明理学思想中很可能只是表达天道性命的"筌"，而非"鱼"。例如船山重视气的思想，认为理必在气上说，这是因为他认为只讲理而不讲气，理便不能活动，即不能"生生"，而且理已固定成型，但我们生活的这个世界明明是生生不息、充满生机的。但他不是到此为止，理气在船山思想中是用来表达"本体"或"天道"的，而人道或人性同样也由理气构成，天道与人道具有同样的结构。那么，这是气学还是理学？从本质上说，这仍然具有理学底色，理气整体中的根源仍然是理，但理的存在方式已本然在气之中，气不只是存在场所，或者实现理的介质。由此，气学究竟能否成立以及如何成立，包括哪些思想家，可能不只是看理气论或工夫论的表述，而需要照顾理气在某个思想或某一群思想家的思想结构中的地位。有一些思想表面上也讲天地万物只是一气，理只是气之理，但是归根到底还是重视"理本"，结语对此还有相关探讨。

第二，自近代以来，西方哲学成为中国哲学研究的参照系，例如西方哲学有宇宙论和本体论，我们也试图发掘中国传统哲学中的宇宙生成论及本体论。传统观点认为两汉时期有宇宙生成论，到魏晋玄学时期完成了本体论的建构。这里似乎隐含一种目的论的判断，即本体论是哲学思想的进一步发展。而宋明理学尤其以朱子学为代表的理气、天道论也被视为本体论。本体对万物的"创生"，不是在一个时空序列里的"物质"元素（气）的前后生成、转化，例如鸡生蛋，而是一种具有根源意义、本体意义的"创生"。那么由此视角再去看传统所谓的一些"气学"思想家，好像他们的宇宙论又回到了宇宙生成论，当然也有学者提出中国哲学的宇宙论可以视作"本体宇宙论"，但不管什么论，都给我们理解某一思想家时戴上了眼镜。从哲学上看，似乎本体论意义上的"生"要比宇宙生成论意义上的"生"显得高明或进步，但是这可能不是评判中国思想的标准，中国哲学尤其是宋明理学对于宇宙生成的理解，尽管有本体创生万物的思维，但很难离开以气的生成变化为核心的宇宙生成表述，这其实是中国思想的固有传统，气是实有的，宇宙及万物生成的实际根源不可能来自一个非实有的东西，其生成的根据也许可以是朱子学意义上的无形而实有的理。朱子学之后的思想家质疑朱子理气论的核心便在此，"生"至少应该有气的参与，对此我们应当同情地理解，而非站在朱子学的角度或背后隐藏的西方哲学的形而上和形而下观念以及本体论的视角去审视。

本书的探索由于上述问题意识的限定，不是对船山思想的整体性研究。船山的思想博大精深，内容丰富，仍然有很大的研究空间。但是自2020年12月完成答辩以及2022年申请国家社科基金后期项目后，我对博士论文并没有大规模修改，除了已发表的少数部分章节，也没有抽出其中的内容去投稿发表。其中的重要修改如下：

其一，删除了原有的"心性论"一章，因为这一章内容离本书的主题比较远，而且有关船山"心"论的研究，大多有现成的成果。

其二，删除了不少"比较哲学"方面的论述，这些论述现在看来非常有问题。例如船山"日生日成"的人性论与科尔伯格的道德发展阶段论的比较，船山的人道论与美德伦理学的比较，船山"生"的思想与未来责任伦理学的比较等，当然这些也是非常值得进一步拓展的议题。

其三，在第一章"引言"关于"生生"问题的回顾，以及其他部分章节中加入了完成答辩后的一些最新的研究成果。

其四，接受了博士学位论文答辩时以及国家社科基金后期项目评审者的指正，在此一并感谢。

至于其余章节的结构和内容的不成熟之处也只能就此公开，未作过多修改。其原因有以下几方面：

第一，笔者对船山思想以及宋明理学关系的思考在此期间并没有很多新的改变，这可能是博士毕业后短短两年不到的时间内尚未能够摆脱过去学术训练带来的一些"成见"和"惯性"，也许时间更长远一些会有新的思考。不过，结语中提到的一些关于气学研究和理气论的思考后来已有发表，分别是：

《道兼理气：朱子学理气论的经典诠释背景及其影响》，《哲学研究》2023年第7期。

《"形而上者"的双重视野：经典诠释下的理本与气本——兼论湛若水的理气论》，《哲学门》2023年第45辑。

在此也感谢上述两本期刊接纳拙稿。

第二，博士毕业其实是学术研究生涯的重新开始，从学生变成青年教师，其实像刚出生的婴儿，对新的事物和未知领域充满了好奇，也对自己的长处和短处有更深的认识，笔者的研究兴趣也有了一些新的拓展，至少船山学研究不是目前的首要兴趣。研究本质上要跟着兴趣走，兴趣是从事研究的最大动力之一。不过在此笔者也有一些不成熟的体会，即选择王船山这样的重要思想家作为研究生阶段的学习对象，尽管可能无法真正了解其思想的要义，但是从学术训练的角度来说，我仍然还是十分感激这段过程。至少从宋明理学的学习来看，船山作为宋明理学末期的重要思想家，学习他的思想需要对朱子学和阳明学以及宋明理学整体有所把握，这其实有助于之后进一步的拓展研究，既可以往前回到宋明理学，也可以往后拓展清代和近代思想文化研究。

总而言之，本书是笔者研究生阶段的学习成果，其中的不足之处还请读者指正。

2023年10月22日初稿
2023年11月12日改定

摘　　要

　　"生"的思想体现了中国哲学重视连续性、动态性、整体性的独特价值。自宋代以降，理学家将"生生"与"生"结合，进而使"生"兼具根源义和过程义，"生生"成为"生"的思想核心。由此，"生生"不仅指过程性，而是融会了根源上的创生和生成，具有持续创造性的意义。在宋明理学，持续的创造性需由生生之理或生生之仁来保证，而向来具有生生之义的气只是形而下的质具，不能作为持续的创造性的最终根据。王船山是宋明理学末期的重要思想家，在"生"问题上提出了诸多理论创见，从"生生"视域下重审"生"的问题，是船山哲学的进路和核心观念。船山主张"生"并非一次性的创生，而是具有根源义的持续性创造。

　　在本体与天道层面，船山以张载的气论为基础，继承了宋明理学性命与天道相贯通的整体架构，试图将生生之源奠基于气中有理的理气总体，而非单独的理或气。他在继承元明以来"理"的"去实体化"倾向的同时，强调理和气是内在关联的总体，这一整体是动态的、连续的，是宇宙的存在根源和万物的价值根据。基于此，船山试图确立既"实有"而又"生生"的宇宙观和本体观，本体与现实皆由气的连续性构成，因而是生生连续的，但是本体之于现实，天道之于万物又是超越的，它并不是宇宙生成的时间序列中的某个有限部分或环节，而是无限的超越性根源。

　　在人道与历史层面，船山也强调"生生"精神。他的人性论继承了其本体观，主张人性善的根源是理气总体，只不过天人之间存在价值次序，人性初生虽然禀赋于天，但不可能达到天的完善，因此需要后天的日生发展。而且，天道生生与人道生生存在张力，天道的生生并不意味着内在于人的天道会自发地呈现，所以更为重要的是人在后天的社会化过程中，逐渐培养形成道德权衡、选择的能力，从而将内在的道德本性转化为有为的道德自觉。同时，德性的完善又离不开落实于形色的"践形"工夫。"心思"是人道得以持续性的发展和更新的内在保证，它既是人道的超越性根据，同时又不离于现实生命。总之，德性既有内在的先天根源，又需要后天的人成，船山始终强调天人之间的距离和界限，认为"人成"亦是"生生之道"，人道的努力是道德价值的不断超越和提升。在历史层面，船山基于道在器中提出了"天下之生，一治一乱"的历史观，承认历史发展过程中存在治乱循环的必然性，认为道在具体的历史中有具体的普遍性。

关键词：生；生生；王船山；气

Abstract

"Life-giving generativity" (*sheng*) and "Unceasing life-giving generativity" (*shengsheng*) reflect continuity, dynamism and wholeness of in Chinese philosophy. From the Song Dynasty, Neo-Confucians combined these two terms, thus making *sheng* not merely a process of universe, but the continuous generativity. In Neo-Confucianism (*lixue*), this continuous generativity needs to be based on the metaphysical foundation of pattern (*li*) or benevolence (*ren*), and vital-stuff (*qi*) which usually carry the meaning of *shengsheng* cannot be the ultimate basis of continuous creativity. As an important thinker at the end of Neo-Confucianism, Wang puts forward many creative ideas on the issue of *sheng* and reconsidered the issue of *sheng* from the perspective of *shengsheng*. Wang claims that *sheng* is not a one-time creation, but a continuous creation with a metaphysical foundation.

Based on Zhang Zai's theory of *qi*, Wang's ontological cosmology inherits the overall structure of Neo-Confucianism. Wang attempts to take the foundation of *shengsheng* on the totality of *li* and *qi*, rather than on individual *li* or *qi*. Although Wang inherits the dematerialization of li since the Yuan and Ming Dynasties, he contends that *li* and *qi* are intrinsically related as a unity, that this whole is dynamic and continuous, and that it is the source of existence of the universe and the basis of the value of all things. Wang's ontological cosmology is both "real" and "continuous", both ontological foundation and reality are made up of the continuity of qi, the ontological foundation is also transcendental since it is not a limited part or temporary stage of the universe.

At the level of humanity, Wang also emphasizes *shengsheng*. The theory of human nature is described as "unceasing development and fulfillment" (*rishengricheng*). This theory of human nature is inherited from his ontological cosmology, the original human goodness is from the unity of li and qi, but there is an order of values between heaven and man. Therefore, in the process of socialization, moral consciousness and the ability to make moral choices is gradually formed, thus transforming the inner moral nature into an active moral consciousness. Morality has both an inherent goodness and an acquired nature. Wang emphasizes the distance between heaven and man, believing that acquired nature is the ultimate goal of the Way. Unceasing human endeavor not only promotes the ethical values of individual, but also raises the responsibility of the universe.

Key Words: *Sheng*; Ming Qing Philosophy; *Shengsheng*; Wang Chuanshan; *Qi*

目　　录

第一章　引　言 …………………………………………………（1）
　　第一节　问题缘起 …………………………………………（1）
　　第二节　概念界定 …………………………………………（8）
　　第三节　目标取径 …………………………………………（12）
　　第四节　前沿研究 …………………………………………（17）

第二章　"生"与"生生"的思想渊源和张力 …………………（23）
　　第一节　"生"的基本含义 ………………………………（24）
　　第二节　早期儒家与道家的"生生"观念 ………………（28）
　　第三节　"生亦是生生之意"——从汉到宋 ……………（36）
　　第四节　"生之谓性"的重新评估——明代思想的趋向 ……（45）
　　小结 …………………………………………………………（53）

第三章　"生"在船山思想中的形成与演变 …………………（56）
　　第一节　早年：易学与"生"的思想奠基 ………………（56）
　　第二节　中年：以《读四书大全说》为中心 ……………（63）
　　第三节　晚年：安生安死，生生无穷 ……………………（67）
　　小结 …………………………………………………………（71）

第四章　船山论"生"的多重含义 ……………………………（73）
　　第一节　功用发见 …………………………………………（73）

第二节　生而始有 …………………………………………（78）
　　第三节　一本与生 …………………………………………（83）
　　第四节　人者生也 …………………………………………（90）
　　第五节　生死始终 …………………………………………（96）
　　第六节　往来曰生 …………………………………………（103）

第五章　"纲缊"与"是生"——生生连续的本体观 ………（110）
　　第一节　理气与本体 ………………………………………（112）
　　第二节　从乾坤并建到乾坤立本 …………………………（116）
　　第三节　太极本体：理气充凝 ……………………………（126）
　　第四节　本体在先：阴阳常在 ……………………………（136）
　　第五节　无迹而不可测：本体的超越义 …………………（145）
　　小结 …………………………………………………………（152）

第六章　道无有不生之德——以气言天的天道论 …………（156）
　　第一节　天的定位：生生者 ………………………………（157）
　　第二节　天无先后，彻乎古今 ……………………………（161）
　　第三节　天无"无理之气" …………………………………（167）
　　第四节　"道生天地"即"天地体道" ………………………（173）
　　第五节　道与阴阳交与为体 ………………………………（180）
　　余论　兼论超越性与过程性 ………………………………（184）

第七章　善其生而成其性——日生日成的人性论 …………（190）
　　第一节　重构"性者生也"与"成性"说 ……………………（192）
　　第二节　"生理"即"生之谓性" ……………………………（198）
　　第三节　"形色天性"说与"气善"说的证成 ………………（204）
　　第四节　性善："借端而言之" ……………………………（216）
　　小结 …………………………………………………………（223）

第八章　人成亦生生之道——以德行道的人道论 ……… (226)

- 第一节　天人的张力：天之德与人之德 ……… (228)
- 第二节　人道的根基：自成、自道与自然 ……… (236)
- 第三节　人道的完善：持权与德之成性 ……… (246)
- 第四节　人道不舍形色：充气与践形 ……… (255)
- 小结 ……… (259)

第九章　治身治世而不穷——道在事中的历史观 ……… (264)

- 第一节　一治一乱 ……… (266)
- 第二节　理势合一 ……… (270)
- 第三节　道以成事有体 ……… (273)
- 第四节　"道统"观再论 ……… (278)

结　语 ……… (284)

- 第一节　气学与船山思想定位 ……… (284)
- 第二节　生生而实有的宇宙观 ……… (287)
- 第三节　德性生成的双重维度 ……… (296)
- 第四节　生死关怀与未来责任 ……… (302)

参考文献 ……… (306)

索　引 ……… (326)

后　记 ……… (330)

Contents

Chapter 1 Introduction ……………………………………… (1)
  Section 1 Origin of the Problem ………………………… (1)
  Section 2 Definiton of Concepts ………………………… (8)
  Section 3 Research Methods ……………………………… (12)
  Section 4 Literature Review ……………………………… (17)

Chapter 2 The Original Meaning and Tension of "Sheng" and "Shengsheng" ……………………………… (23)
  Section 1 The Basic Meaning of Sheng ………………… (24)
  Section 2 Early Taoist and Confucian Concepts of Shengsheng ……………………………………… (28)
  Section 3 The Evolution of the Sheng and Shengsheng: From Han To Song ……………………………… (36)
  Section 4 The Reassessment of "Shengzhiweixing": a New Trend In Ming Dynasty Thought ……………… (45)
  Brief Conclusion ……………………………………………… (53)

Chapter 3 The Formation and Evolution of the Thought of Sheng In Chuanshan's Thought ……………… (56)
  Section 1 Early Years: Foundation of the Idea of Sheng In Chuanshan's Interpretation of the Book of Change …… (56)

Section 2　Middle Age: On the Interpretation the Complete Book of Four Books ……… (63)
Section 3　Later Life: Live and Die In Infinity ……… (67)
Brief Conclusion ……… (71)

Chapter 4　Chuanshan On the Multiple Meanings of Sheng ……… (73)
Section 1　Sheng: Manifestation of Ying and Yang ……… (73)
Section 2　Sheng and Existence ……… (78)
Section 3　Oneness and Sheng ……… (83)
Section 4　The Constant Creative Power of Human Beings ……… (90)
Section 5　Life, Death and Eternality ……… (96)
Section 6　The Cycle of Life and Death ……… (103)

Chapter 5　The Ontological View of Sheng ……… (110)
Section 1　Li, Qi and Ontology ……… (112)
Section 2　From Qiankun Bingjian To Qiankun Liben ……… (116)
Section 3　Benti: the Composition of Li and Qi ……… (126)
Section 4　Benti: Prior To Movement ……… (136)
Section 5　The Transcendental Meaning of Benti ……… (145)
Brief Conclusion ……… (152)

Chapter 6　Dao: The Virtue of Continuous Creation ……… (156)
Section 1　The Nature of Heaven: Shengsheng ……… (157)
Section 2　The Heaven: No Beginning and No Ending ……… (161)
Section 3　The Heaven: The Composition of Li and Qi ……… (167)
Section 4　Heaven and Earth: The Generation of Dao ……… (173)
Section 5　The Interwinding of Dao With Ying and Yang ……… (180)
Brief Conclusion: On Transcendence and Process of Dao ……… (184)

Chapter 7　Constantly Evolving Human Nature ……………（190）
　Section 1　Reconstruction of "Human Nature Has a Sense of
　　　　　　Sheng" and "The Achievement of Nature" ………（192）
　Section 2　"The Root of Sheng" Is "Sheng Is the
　　　　　　Essence of Nature" ……………………………………（198）
　Section 3　Orginal Goodness of Vital Force and Human
　　　　　　Nature ……………………………………………………（204）
　Section 4　Potential Goodness of Human Nature ……………（216）
　Brief Conclusion ……………………………………………………（223）

Chapter 8　The Upbringings of the Way of Human ………（226）
　Section 1　The Tension Between Heaven and Man ……………（228）
　Section 2　The Roots of the Way of Human …………………（236）
　Section 3　The Perfection of the Way of Human ……………（246）
　Section 4　The Inseperate Relation Between the Way of
　　　　　　Human and the Practise of Vital Force ……………（255）
　Brief Conclusion ……………………………………………………（259）

**Chapter 9　Philosophy of History: Aiming to Manage Self
　　　　　and Society Well** …………………………………（264）
　Section 1　The Alternation of Rule and Chaos ………………（266）
　Section 2　The Combination of Li and Shi ……………………（270）
　Section 3　The Realization of Dao ………………………………（273）
　Section 4　A New View of the Genealogy of the Dao ………（278）

Conclusion …………………………………………………………（284）
　Section 1　An Evaluation of Chuanshan's Thought …………（284）
　Section 2　An Unending and Real Cosmology ………………（287）
　Section 3　The Dual Dimension of Virtue Upbringings ………（296）

Section 4　Life and Death Care and Future
　　　　　　Responsibilities ………………………………（302）

References ……………………………………………（306）

Index ……………………………………………………（326）

Postscript ………………………………………………（330）

第 一 章

引　言

第一节　问题缘起

"生"的思想强调宇宙与人生的连续性、整体性、动态性，在中国哲学中具有独特价值，① 通常也用"生生"或"生生不息"表达，"生生"是"生"的内在维度，"生"蕴含生生不息的含义。② 它旨在揭示宇宙及其万物的生成运行，人的生命乃至成德不仅是生生不

---

① 杜维明曾将这三点归纳为中国哲学的三个基调，即"存有的连续""有机的整体"和"辩证的发展"。事实上，这三个基调皆蕴含"生"的维度，例如，"有机的整体"并非静态的固定结构，而是动态的发展过程。同样，"存有的连续"的观念也具有浩浩大化、连绵不断的涵义。杜维明：《试谈中国哲学中的三个基调》，原载于《中国哲学史研究》1981 年第 1 期，第 17—26 页。陈来在《中国文明的哲学基础》一文中认同杜维明的说法，并将"变化生生"作为中国哲学宇宙观的特质之一。见《中国高校社会科学》2013 年第 1 期，第 44—46 页。

② 孙向晨在讨论"生生"时，援引了奎因的"本体论承诺"，认为无论是科学家、理论家还是哲学家，当他们构建一种理论时，实际上一定会预设某种本体论的态度，这与某物的存在无关，只是一种理论预设。而且，不仅是哲学家个人的理论有"本体论承诺"，一个文化传统中的重大价值内涵也同样有"本体论承诺"。孙向晨认为"生生"或"生生不息"就体现了这种"本体论承诺"。见孙向晨《亲亲相隐之"隐"的机制及其本体论承诺——兼与王庆节教授商榷》，《河北学刊》2018 年第 6 期，第 28 页。

已的连续过程，而且是不断丰富且创造价值的发展过程，所以"生"或"生生"表达的是一种具有根源意义的持续创造性，它兼具根源义和过程义两个层面，且两者密切相关。

这一思想如何用中国哲学的话语表达，在中国哲学中究竟有何地位，近年来引起了学界的广泛关注。前期（2017—2020）的关注焦点在"生生"对于凸显中国哲学尤其是其本体论、伦理学的意义，① 近来（2021—2023）又逐步扩展至探讨"生生"概念、生生哲学以及中西比较哲学视野中的"生生"。这场讨论的产生与目前中国哲学研究的发展趋势密切相关。近现代以来的中国哲学研究在收获大量丰硕成果的同时，"中国哲学"的合法性问题一直挥之不去，② 围绕"反向格义"的相关讨论也依然在持续，③ 其核心是质疑

---

① 大体上有两组讨论，一为：丁耘：《生生与造作——论哲学在中国思想中重新开始的可能性》，收于丁耘《中道之国：政治·哲学论集》，福建教育出版社2015年版，第249—287页；吴飞：《论"生生"——兼与丁耘先生商榷》，《哲学研究》2018年第1期，第32—40页（完整版见《中国文化研究》2018年第1期，第1—24页）；丁耘：《〈易传〉与"生生"——回应吴飞先生》，《哲学研究》2018年第1期，第41—49页。另一为：孙向晨：《生生不息：一种生存论的分析》，载郑宗义主编《中国哲学与文化》第十三辑，漓江出版社2016年版，第1—15页；孙向晨：《生生：在世代之中存在》，《哲学研究》2018年第9期，第113—125页；蔡祥元：《儒家"生生之论"中的"向死而在"——兼与孙向晨的一个对话》，《哲学研究》2018年第9期，第104—112页。在著作方面有，杨立华：《一本与生生：理一元论纲要》，生活·读书·新知三联书店2018年版；杨泽波：《儒家生生伦理学引论》，商务印书馆2020年版。

② 有关中国哲学"合法性"问题的讨论自近代以来一直存在，当代的讨论主要集中于2001年以后，尤其是2003年，见赵景来《中国哲学的合法性问题研究述要》，《中国社会科学》2003年第6期，第36—42页。当然，这一问题直至今日仍有不少讨论，此处不再赘引。

③ 刘笑敢：《"反向格义"与中国哲学》，《中国思想史研究通讯》2005年第3期（总第七辑），第3—6页；刘笑敢：《"反向格义"与中国哲学研究的困境——以老子之道的诠释为例》，《南京大学学报》（哲学人文科学社会科学版）2006年第2期，第76—90页；刘笑敢：《反向格义与中国哲学方法论反思》，《哲学研究》2006年第4期，第34—39页。相关讨论见宋宽锋《"反向格义"的纷争与中西哲学比照中的本质主义迷误》，《中国社会科学评价》2019年第1期，第38—49页。

和反思"以西释中"的中国哲学研究范式，并试图找到中国哲学自身的话语体系。

本书暂且不探讨合法性问题，而是回到"生"的思想本身，旨在厘清中国哲学或中国古代思想家究竟如何谈论这一问题，试图回答"生"的思想究竟旨在解决什么样的思想问题。比如，人们生活的这个世界，何以是生生不息的？多数中国古代思想家都认为天道运行是生生的，生生的过程由什么来保证？又如，人的生生即人在这个世界上的持续，其生命也是日新月异的，这种生生的维度又由什么样的理路来证成？从中国传统的天人合一的角度来看，天人合一保证了天人之间的关系也是生生的，合一与连续不断几乎同义，人由天生，禀赋了天地之大德，天赋予了人以价值也是中国哲学的基本预设之一，但是人道根源于天道意味着什么，天道和人道何以是连续的？天道的生生有意志吗？天道究竟如何与人道发生关联？人如何处理自我的生生与天道生生之间的关系？人道如何展现其意义？最终，探讨生生问题究竟有什么意义？上述问题是"生"的思想试图探索的。

这些问题也是宋明理学努力回答的问题，但是过去的研究通常重视理气、道器、心性、工夫所构成的理学基本框架或范畴，研究这些范畴一方面推进了宋明理学的学术研究，另一方面也形成某种制约，它有可能导致我们忽略宋明理学中有关宇宙和人生的观点的整体结构和问题意识。宋明理学研究通常需要详细辨析其中的概念内涵，然后将这些概念置于学派分类和框架内，以便在哲学史上对其进行定位、评判。问题是，宋明理学史上的理学、心学、气学分类就一定是泾渭分明的吗？尤其是宋明理学末期的思想家的思想构成较为复杂。某一思想家可能对朱子、阳明抑或张载皆有其特定的思想倾向，无法完全归类到某个派别。因此这种归类和学派判定固然有意义，但不能掩盖探讨其思想本身。所以要进一步推进研究，就更需要从文本脉络中进一步厘清某一思想家通过这些概念究竟想要表达什么。例如理气往往是理学家的首出概念，但是理气问题究竟是鱼还是筌?① 理气有可能只是用来表达天道和人道的关系、天道如何与人道生生连续的一种理论工具,理气论及其立场背后其实是对天人问题以及本原和现实的关系及其构成问题的认识,如果忽略了天人问题或本原与现实这一架构,可能会过度纠结于理气究竟是一元还是二元,理生气究竟怎么生,某位思想家究竟是气学还是朱子学等一系列问题。

无论是理气,还是心性,本质上皆与"生"的问题有关,它关乎宇宙及万物的运行,又关乎人如何确立其在宇宙及万物生生中的位置,人生的意义究竟何在等问题。但这不等于承认辨析概念和范畴就不重要,概念辨析正是所有思想家表达其思想的基础,本书也旨在借此尝试反省过去的宋明理学研究。例如,"生"的问题首先涉及"生成"和"产生"的问题,这不仅有关宇宙论、天道论,亦关乎人性论、心性论。因为从根本上看,万物的存在必有"生"(出生,生成)作为其前提根据,"生"是中国哲学对世界的最终实在的探讨方式。具体而言,"生成"的"生"有两层内涵,② 一是事物从无到有的产生(produce actual products),这一点通常也指"创生"或"生成"。例如,利用工具制造一个新事物,又如人的生命的诞生以及宇宙的生成等,这是生成论的基本观点。第二层内涵并不涉及事物从无到有的创造过程,而是指事物的状态改变(transform state of affairs),例如人在初生时只是其生命的初始阶段,随着时间的推移,人的生命从幼年到中年,再到晚年的成长、衰老过程反映了人的生命从出生以后的状态变化,而不是前者意义上的从无到有。

从第一层的角度看,对于事物如何产生或事物的起源也有两种不同的理解方式,这一区别在宇宙观中通常也被表述为宇宙生成论(宇

---

① 郭晓东:《道学谱系下的张横渠"气"论研究》,《复旦学报》(社会科学版)2006年第5期,第87页。

② 这个用法来自 Nicholas Rescher 对过程哲学中"过程"的定义与分类,见 Rescher, Nicholas, *Process Metaphysics*: *An Introduction to Process Philosophy*, New York: State University of New York Press, 1996, p. 41。

宙生化论）意义上的或本体论意义上的"生"。据冯耀明的说法，宇宙生化论涉及事物生成变化的过程，它必须落在一个时空序列上来理解。本体论则是探讨存在物之所以存在所必须预设的非经验性的条件，或现象背后的本质或本体的学问，这样的本质或本体并不涉及具体事物的发生过程，不会受到时空条件的限制。① 前者是在同一个时空的作用现象意义上的"生"，例如父生子；后者则涉及根源意义上的"生"，"生"的根源不在这个现象世界之内，而是某种非经验性的形上本体。张学智虽然没有用本体论和生成论的分析框架，但是也提出了"生"的几种不同含义，他说："它既可有母生子这样的时空中的生、具体的生，也有前提产生结论这样的逻辑中的、思维中的生，更有本体和现象这样的互相包含、互为根据的'生'。"② 事实上，时空中的"生"便是宇宙生成论意义上的"生"，逻辑中的以及本体和现象互相包含、互为根据的"生"则属于本体论的"生"。

宇宙生成论与本体论的区分究竟能否适用于中国哲学是值得探讨的。从本体论的角度来看，中国思想中是否存在非经验性的、在纯粹形上世界内的本体是存在疑问的。例如宋明理学的宇宙观一向主张作为万物根源的天、道处于宇宙时空之内，而非时空之外的抽象之物。牟宗三提出了一种特殊的"本体宇宙论"以证明本体并不是在宇宙之上或之外，而是内在于宇宙的大化流行之中。宇宙的根源既是超越的存在，是万物存在的可能性条件，又是宇宙自身生生不息的根源，牟宗三也将其称为动态的、超越的存有论。③ 本体宇宙论既具有本体论的维度，又兼顾宇宙生化论的面向。④ 不过，牟宗三所谓的动源或创生性并不只是指宇宙生成论意义上的大化流行，而

---

① 冯耀明：《张载是气一元论者还是理气二元论者?》，《思想与文化》2016年第2期，第166页。
② 张学智：《明代哲学史》，中国人民大学出版社2012年版，第546页。
③ 牟宗三：《圆善论》，《牟宗三先生全集》第22册，台北：联经出版事业股份有限公司2003年版，第328页。
④ 这里所说的可以具有不等于一定具有。

是无限心体，即道德的、超越的无限智心。① 此外，张岱年也曾指出，中国哲学的天地起源论，与本体论既相区别，又有联系。②

总体而言，中国哲学的宇宙观旨在强调宇宙的始源或根源、本源内在于宇宙的活动之内，但是其中的重要区别在于，这个根源究竟是宇宙大化流行中的一部分，还是超越于宇宙大化流行之上的某种本根、本体，它无声无臭，无待而绝对。如针对朱子的"理生气"说，有学者指出这是一种"虚生"，意指在超越的理的规定之下，必须有气，才有具体实现的可能。③ 另有学者指出，"生"是根源义的内在动力而非现象义的外在推动。④ 这一说法也表明即使中国哲学的宇宙观承认宇宙的根源内在于宇宙万物之中，但是仍然存在两种理解宇宙构成的方式："生"的根源是某种无声无臭的"理"，它是宇宙大化流行的某个内在根据，不参与大化流行本身，也并非宇宙生成变化的一个部分，或是某种无形象之气，但这个气参与到宇宙生成变化之中，是其中某个环节。

"生"不仅是宇宙观探讨的主要问题，同时也关乎人之生，宇宙和人生是一个生生不息的连续体，人之生由天之生的"创生"而来，但是这意味着人之生的展开全然被天道的生生所规定吗？人之生的主动作为与天道生生的规定如何协调？此外，人之"生"不仅是生命从无到有的出生，而且具有生长、发展、进步、更新的含义。尽管"生"意味着事物从不存在到存在的产生，但是事物的存在并不一定是事物的完成，即达到某种稳定的完满状态。例如制作一道菜，这个菜的产生无疑意味着这道菜的完成。然而，人的生命的创生并

---

① 牟宗三：《圆善论》，第330页。
② 张岱年：《中国哲学的本体观念》，《安徽大学学报》（哲学社会科学版）1983年第3期，第4页。
③ 刘述先：《朱熹的思想究竟是一元论或是二元论？》，《中国文哲研究集刊》1991年第1期，第186页。
④ 吴震：《朱子学理气论域中的"生生"观——以"理生气"问题为核心》，《清华大学学报》（哲学社会科学版）2019年第6期，第175页。

不意味着人的生命的完成，生命的创生只是生命的开始，它还需要经历成长、成熟再到衰老的过程，每一天其实都是日新月异的。严格来看，人的生命只要"创生"以后，就是一个活动（运动）的过程，是不断活动和绵延的，所以也可以说生命之"生"既是初生或开端，又是生生不息的生命过程。

将"生命"理解为一个运动过程，永远在生成之路上，那么它是否永无"生成"之日呢？《系辞》说"继之者善，成之者性"，陈来在《仁学本体论》中认为："'继'表示持续的同一性，'成'表示形体的生成和稳定性。"① "继"是持续性的生成，而"成"则表明"生成"，即达到某种稳定形态。故儒学传统既承认不断自我更新和创造，又强调稳定的同一性。生命的过程亦是如此，生命的每一个当下既是过程，又是完成。如王船山说："既生以后，刻刻有所成，则刻刻有所终。"② 当生命产生以后，时时刻刻皆有"生"亦即"生成"。

同时，人之生不仅是生存而已，而且会创造价值和意义，这是人之生与物之生的区别。"生成"是人的生命产生以后在生命更新、变化的过程中的不断实现、不断生成。其实，这就是儒学传统中的"生生"精神，它具有两个基本特质，一是时间性和持续性，即绵延不断的过程义，两个"生"连用，意指后生连着前生，是万物恒生。二是价值的不断创造或称为持续的创造性，即根源义。这个内涵根源于"生生之谓易"，但是后世学者不断赋予的新意义，尤其是自宋代理学以来，"生生"往往和《系辞》的另一命题"天地之大德曰生"联系起来，"生生"成为仁体的基本特质，仁体生生是宇宙运行、心性工夫的根本动力。

中国哲学的"生"的思想汗牛充栋，几乎所有学者尤其是儒家学者都会谈及这一问题，只是其在不同学者解读中的地位并不一样。

---

① 陈来：《仁学本体论》，生活·读书·新知三联书店2014年版，第71页。
② （明）王夫之：《读四书大全说卷六·论语》，《船山全书》第六册，岳麓书社2011年版，第754页。

基于此，本书以一位将"生"的思想作为其思想进路，并且将其贯彻于其主要思想的儒家学者为个案进行考察，最终呈现的仍然是个案研究，但兼带哲学史的论述。

本书选择以王夫之（1619—1692，字而农，号姜斋，世称"船山先生"）为中心，对"生"的问题进行个案研究，源自船山本人的问题意识。他在"生"的问题上具有充分的思想自觉，将"生生"的精神观念纳入"生"的问题之中是其关键的思想进路。他关注"生"的问题，认为"生"应当从"生生"的角度来加以理解。这一角度不仅是其思想的出发点，同时也贯穿于其一生，亦是其思想的最终归宿，船山晚年在生死善恶等问题上归宗张载，意在表明其思想宗旨便是"生生"。在他看来，天地间其实根本不存在有无和生灭，而是生生不息的延续，如果人在生命中能够不断完善进而成就其道德生命，其实无须担忧生死问题，因为这样不仅实现了自我的生命价值，而且能够无愧于天地和后世。所以，"生生"既是宇宙间万物的生化，也是人道不断创造价值生命，由此便能实现贞生安死的境界。

第二节　概念界定

以"生"的思想观念为研究对象，而非"生生"，需要加以说明。在先秦时期，"生"与"生生"这两个概念有严格的区别和用法，自宋代以后，"生"成为"生生"的化约性表述，在多数语境下，"生"兼具并融会了"生生"的含义。王船山在这个问题上继承了宋明理学的基本思路，尽管船山并不常用"生生"，而是更多地使用"日生"和"生"，但是"生生"的思想精神毫无疑问是"生"的思想的第一要义。船山试图将"生生"的过程义纳入与"生"有关的思想之中，凡是论"生"之处皆有"生生"之义，他强调不能仅将"生"作为初生、初始。例如在人性问题上，船山说："愚每云'性日生，命日受'，正于此处分别。"① 人性每日都受到来自天命的禀赋，所以在后天得以日生日成，"每"字强调了"日生"是船山一直强调的观念。他又说："诊其受病之原，只误认一'生'字作生诞之日'生'字解。"② 这个批评旨在针对宋儒，尽管这其实误解了宋代道学对"生"的解释，但是类似这样的说法在其思想文本中十分常见，几乎见于其所有著作之中。所以，在"生"的思想中强调"生生"作为"生"的第一义，构成了本书理解船山思想的起点。

因而本书在界定问题时使用"生"，而非"生生"。"生"包括的问题非常广，中国哲学的宇宙观可以用"生"来表达，因为这涉及宇宙万物如何生成，何以生成。天道生生作为宇宙与人生的最终根据，也涉及"生"的问题，如程明道说"天只是以生为道"。人性论和人道论更是具有"生"的意义，人性禀赋的依据是"生理"，"生理"是人的道德根据。当然，"生"也指人的生命、生存。所以，本书将"生"的有关问题作为探讨对象，并以"生生"作为理解"生"的一种思想视域或角度。

"生"和"生生"一般是互通的，这也得到了近代学人的认可。晚近以来的思想界受到西方进化论、生命哲学的影响，曾出现"生元说""生的哲学""唯生论""生之原理"等提法。③ 虽然这些论述冠以"生"或"生元"的观念，但是基本观点都在于主张："生生不息"是宇宙和人生的本性。例如，陈立夫的《唯生论》主张："宇宙的本体即生元，生元以生为性。生生不已，化为万物。"④ 梁漱溟认为："中国的形而上学本来就是讲'宇宙之生'的，所以说

---

① （明）王夫之：《读四书大全说卷九·孟子》，《船山全书》第六册，第1019页。
② （明）王夫之：《读四书大全说卷六·论语》，《船山全书》第六册，第755页。
③ 有关"生元"的研究，参见吴展良《晚清的"生元思想"及其非启蒙倾向——以康有为与谭嗣同为中心》，《台大历史学报》第58期，2016年12月，第105—155页。"生的哲学""唯生论""生之原理"皆出自陈立夫的《唯生论》和《生之原理》。见陈立夫《唯生论》，正中书局1933年版；陈立夫：《生之原理》，《民国丛书》第三编，上海书店出版社1991年版。
④ 陈立夫：《生之原理》，第22页。

'生生之谓易'。"① 民国时期另一位学者李石岑以"生的哲学"概括戴震的哲学思想，然而在具体论证时则重点探讨了戴震所讲的"生生"。② 事实上，戴震确实更多使用"生生"而不是"生"。可见在近代学人的视域中，"生生"是"生"的思想或哲学的内在特质，"生"的问题的实质就是"生生"问题，两者是互通的。但是相比而言，"生生"更为形象而直接地表达了生生不已、变化连续的观念，因此学界逐渐更倚重"生生"的观念。③

"生生"的确在中国哲学传统中具有多重面向，基于不同的立场解释"生生"，"生生"可以具有宇宙论、伦理学等方面的不同意义。这充分表明"生生"是一种具有包容性的思想方法或理论框架，它可以指某个对象或某种状态的"生生"，而不限于"生生"这一概念本身。由此，关于"生生"的问题可以概括为两个层面。

其一，狭义的"生生"指对这一概念本身的解释和运用。"生生"在先秦两汉时期已见于《尚书》《周易》《老子》等经典，后代学者又不断地加以解释。在宋代理学中，周敦颐指出"万物生生"，④ 指万物皆处在不断发展、变化的状态中，程颐指出"生生之理，自然不息"⑤，强调"理"具有不断活动的意义。同样，"生生"也可以形容"心""理""气"，朱子在解释"天地之心"时说："此天命流行之

---

① 梁漱溟强调："这一个'生'字是最重要的观念，知道这个就可以知道所有孔家的话。孔家没有别的，就是要顺着自然道理，顶活泼顶流畅的去生发。他以为宇宙总是向前生发的，万物欲生，即任其生，不加造作必能与宇宙契合，使全宇宙充满了生意春气。"梁漱溟：《东西文化及其哲学》，载《梁漱溟全集》第一卷，山东人民出版社2005年版，第448页。

② 李石岑：《中国哲学十讲》第十讲"生的哲学"，中国致公出版社2009年版，第264—311页。

③ 吴飞在《论"生生"——兼与丁耘先生商榷》中讨论了前辈哲学家论"生生"的观点，也可见"生生"的重要性。吴飞：《论"生生"——兼与丁耘先生商榷》，《中国文化研究》2018年第1期，第1—24页。

④ （宋）周敦颐：《太极图说》，《周敦颐集》卷一，陈克明点校，中华书局1990年版，第5页。

⑤ （宋）程颢、程颐：《二程集》，王孝鱼点校，中华书局2004年版，第167页。

初，造化发育之始，天地生生不已之心于是而可见也。"① "生生不已"是对"天地之心"的内在规定，在万物生成、运行之时，生生不已得以可能的根源便是"天地之心"的存在。只是这个"天地之心"在朱子学中也指的是"仁"，是宇宙生生不息运行的本性。

其二，广义的"生生"旨在概括中国哲学强调连续性、过程性的思想精神。在此意义上，"生生"作为一种思想特质，普遍地存在于中国哲学史上的各种相关观念之中，例如"常生""日生""日新""广生"等与"生"有关的一系列观念，皆强调日生不已，生生不息的精神。当然，"生生"的精神也体现于"缊缊不息""天命不息""流行大用""流行不已""一阴一阳之谓道"等这些没有"生"的观念中。于是，"生生"的问题域便能从这一概念解放出来，获得更为丰富的意义。"生生"作为一种思想特质和精神，是中国哲学的思想主旨之一，这种理解丰富了"生生"所涵盖的范围，也正体现了中国哲学的包容性和多元性。

严格来看，本书关注的是"生"的"生生"，"生"的思想既涵盖宇宙观和本体观，也包括德性如何生成，工夫修养等人生问题。在中国哲学中，宇宙的生成和运行处在永恒的生成转化之中，而且宇宙的运行与人息息相关，二者之间具有一体连续的特质，人的生命存在无时无刻不禀赋天地生生之德，进而将其转化为人性的不断发展与道德价值的不断创造。因此，"生"的"生生"不仅是宇宙的运行过程和变易，更是具备内在秩序和方向的过程，它意味着生命的不断进步与超越。陈来在评论李泽厚的"情本体"时也指出："生不能只是生理肉体，更不能只是生命存活，必须联系仁来讲生，方是儒家。"② 必须以"仁"的生生为根本来讲"生"，才是中国哲学强调的"生"。

在"生"的思想中，有关"生生"的问题是中国哲学尤其是儒

---

① （宋）黎靖德编：《朱子语类》卷第七十一，王星贤点校，中华书局1986年版，第1792页。

② 陈来：《仁学本体论》，第401页。

家哲学对宇宙大化流行以及人的成德根据的深层次追问。天道、人道固然是生生之流且具有生命力的，但是更为深层的是追问具有持续创造性的生生之源，① 进而为成就儒学的理想人格奠基。在宇宙观层面，生生变化的最终实在依然是一个生生不息的根源；在伦理层面，道德的根据（心或性）也是人的生命价值创造的生生之源；在历史层面，推动历史发展进程的亦非不变的真理，而是生生之道。"生生"试图揭示的是"生"的根源义和过程义，由此才能保证"生"这一过程既有动力又有方向。②

第三节　目标取径

船山作为宋明理学末期的代表人物，在中国哲学史中具有重要而又特殊的意义，通过"生"的问题考察船山的哲学思想，亦有助于明确其思想定位和把握明清之际的思想状况。一般而言，明末清初思想界特别是儒学思想的特点可以概括为反省宋明理学。以朱子学和阳明学为核心的宋明理学是中国哲学发展上的一大理论高峰，但在中晚明时代，这一理论高峰却面临多重危机。从阳明学来看，阳明后学产生的"流弊"无论是理论上还是其现实影响均已显露端倪，明亡以后，明清之际的知识分子更是将亡国之罪加于阳明学所产生的负面影响，尽管这可能只是带有情绪的一种说法。但不管怎样，晚明时期阳明学内部的调适和修正，抑或是与朱子学的整合，均在进行中。从朱子学

---

① "持续的创造性"出自方东美的说法，方东美在《从比较哲学旷观中国文化里的人与自然》中指出："《易经》的基本原理，就在于持续的创造性。乾元为万物所自出，一切变化的过程，一切生命的发展，一切价值理想的完成和实现，创造和前进都无已时。"见方东美《生生之德：哲学论文集》，中华书局2013年版，第223页。牟宗三将其称为"创生不已之真几"，意指"天道的生生不息"，牟宗三：《中国哲学的特质》，上海古籍出版社2008年版，第20页。

② 陈来指出："生生有动力而无方向，则还不是道，仁体既有动力又有方向，仁体之生生，才能自身展开而富有其秩序。"陈来：《仁学本体论》，第407页。

的角度看，从内部质疑朱子学的声音自明初以来便已经不断出现，特别是对其理气论的质疑。明代中期以后，朱子学不仅面临着阳明学崛起带来的压力，其内部也面临反省和修正的问题，例如，究竟是顺着明代气学在"理"的去实体化道路上继续前进，[①] 直到解构朱子学以"理"（"天理"）为形上本体的理论体系，还是回到并重新发掘朱子学的义理本身，也是朱子学面临的考验。与此同时，明清之际的一些学者基于考据学，试图回到古典儒学，认为唯有古典儒学才是真实可靠的儒学。他们驳斥宋明理学所用的主要概念和文本在古典儒学中没有根据，甚至借用了佛道两家的资源，所以其用意在于清除宋明理学中的佛道因素，从而瓦解宋明理学的根基。但这只是一家之言，所谓的考据学与宋明理学、古典儒学的关系其实较为复杂，也非本书的核心问题。而明末清初的经史之学和经世致用之学，则批判道学空谈心性这些玄远之学，而主张应当更多地关注现实和政治。就此而言，宋明理学在明清之际无疑面临着巨大挑战，因而有学者将清代的学术思想称为"打破道统，重建学统"[②]。

王船山反省和修正宋明理学并不是旨在瓦解宋明理学，而是要挽救宋明理学内部和外部面临的双重危机，实现他心目中理想的儒学形态，即以张载的气学和易学为根基，上承孔孟之志，接续程朱理学，进而恢复道学以及儒学的正统。通过诉诸"生"的问题，船山的思想既奠基于宇宙万物生生连续的实有之"气"，以此排斥佛老以及排除道学内部的佛老因素，又维护道学中超越—现实（或"本来性"与"现实性"），"天道—人道"的严格区分。在他的思想中，生生连续的不仅是"气"，更是理气整体，因为"生生"必须是兼摄根源和过程义的持续创造性，因而不能只是气化不已的万物生生变化或人的生命存在的自然过程。这是船山面对明代以来"理"的去实体化所带来的

[①] 陈来：《元明理学的"去实体化"转向及其理论后果——重回"哲学史"诠释的一个例子》，《中国文化研究》2003年第2期，第1—17页。

[②] 张寿安：《打破道统　重建学统：清代学术思想史的一个新观察》，《中国文化》第32期，2010年，第4—33页。

解构超越性根据的危机给出的正面回应，也是面对阳明良知学"以良知为天理"（以心代天）所导致的僭越超越性的危机给出的反省和修正。天与人既是实有的生生连续体，又是有限者和超越者的关系，人道的价值挺立和理想人格实现，是在其生命过程中不断接近天的过程。由此，船山思想并不是唯物主义，也并非自然主义的宇宙论或元气宇宙论，而是旨在重建宋明理学乃至古典儒学的理想，试图为宇宙和人间万物确立一个超越性的根据。总之，考察船山的"生"的思想有助于明确船山思想的定位，对于进一步了解中国哲学的连续性、动态性、整体性的特质具有重要的理论意义。

此外，"气"与"生"的关系也是本书关注的重点，关键的问题在于"气"究竟能否以及如何成为生生连续的万物之源。"气"的概念在中国哲学史上由来已久，学界已经积累了大量研究成果，本书不再赘述。[①] 简而言之，"气"是万物构成的基本要素，人的存在、生物与非生物的存在、精神的活动，皆以"气"作为介质，而这种存在不是静止的存在，而是处在不断生成变化的过程之中，有学者指出"气"是贯穿人和自然生成过程的一个概念，[②] 是"哲理意义的'气'"[③]。"气"不仅是构成客观存在的要素，而且被用来解释宇宙万物生成和人及其价值生成，"气"弥漫于宇宙间，具有活动性，同时也充满于人的身体之中，为人的生命力提供能量。宋代的程朱理学以无感无形而又真实无妄的"理"为形而上的本体，"气"为万物的形

[①] ［日］小野泽精一、福永光司、山井涌编著：《气的思想：中国自然观与人的观念的发展》，李庆译，上海人民出版社2007年版；李存山：《中国气论探源与发微》，中国社会科学出版社1990年版；杨儒宾、祝平次编：《儒学的气论与工夫论》，台北：台湾大学出版中心2005年版。

[②] ［日］小野泽精一、福永光司、山井涌编著：《气的思想：中国自然观与人的观念的发展》，第71页。

[③] 李存山认为哲理意义的"气"，就是指作为世界万物之本原或元素的"气"，它可以化生万物，其本身与物理意义的"气"相通，而生理、心理、伦理乃至审美等意义的"气"都由此衍生而来。见李存山《"气"概念几个层次意义的分殊》，《哲学研究》2006年第9期，第34页。

而下的质具，由此构成了宋明理学的基本范式之一。通过"太极生阴阳""理生气"等命题，宋代道学主张"太极"和"理"作为万物生成的形上根据，"理"并不直接创造万物，但这一根源义亦可通过"生"而表达。也正因此，"气"的生生流行只是形而下之具，"理"是万物的价值及创造价值意义的最终根据。尽管明代以降的理学非常重视"气"，但是在今人的理解中，一般认为"气"的存在无法作为宇宙生命与道德本性的最终根源。长期以来，港台学界主流大多认为"气"无法承担价值，不能将道德根据落实在气上。① 而船山的哲学思想以回归张载的气学为宗旨，"气"的概念在其思想中显然具有核心地位，从"气"和"生"的关系问题出发，船山如何在宋明理学的基础上对气论的相关问题进行改造和发展，这也是本书关心的问题。

以"生"的思想为线索研究船山哲学，难以避免以偏概全，一叶障目。事实上，这是多数研究难以避免的问题，伽达默尔说"文本只是一个半成品，是理解过程中的一个阶段"②，文本是呈现给我们的客观资料，怎样加以解读，由诠释者决定，即使在历史研究当中，追求历史事实的客观性固然是传统历史学追求的目标之一，然而由哪些史料说话，采用怎样的史观，是由历史学家来决定的，故历史叙事、历史书写等方面的研究在晚近非常流行。当然，这并不是承认我们可以对文本随意解读。船山的著作与众多宋明理学家惯常的著述方式（如语录体）有所不同，围绕整本经典从头至尾展开讨论和评述是船山表达思想的方式，而且其论

---

① 牟宗三在谈及魏晋思想时认为，"用气为性"则所谓善只是"气质"之"善的倾向"，并非道德性本身（或当身）之性之定然的善。见牟宗三《才性与玄理》，广西师范大学出版社2006年版，第7页；郑宗义在《论儒学中的"气性"一路的建立》中回应了这个问题，其主要的根据是戴震的思想。总体上，郑宗义亦否认"气性"可以确立人有超越的道德本心，所谓的善只是气化过程中表现出来的生之理，它所蕴含的是生之价值，生之价值本身并无善恶，气性一路是将善安立在心知作用乎血气情欲以亟成生之价值上。见杨儒宾、祝平次编《儒学的气论与工夫论》，第247—278页。

② ［德］伽达默尔：《文本与解释》，严平编选：《伽达默尔集》，邓安庆等译，上海远东出版社2003年版，第60页。

著范围非常广泛，在理学思想以外，还涉及《易》、《诗》、《书》、《礼》以及道家、佛教、《楚辞》、《说文》等方面。本书由于问题设定及其背景所限，主要的问题线索仍然是船山的理学思想，聚焦的问题集中于宋明理学视域中的传统问题，并力求对其做出符合文本的解释，佛道两家以及船山的经学思想、礼学思想、政治哲学等方面则不在本书考虑范围之内。

由于船山的著述大多围绕某一本经典而谈，因而存在脉络诠释和问题研究两种大相径庭的方法，但两者不是互斥的。其一，遵循船山的文本脉络，在其经典诠释的语境下，顺着船山的思路而诠释，以求接近船山的本意。其二，打通不同经典和文本之间的隔阂，以船山思想中的某一问题或者某些共性的问题为对象。就现有研究而言，以第一种研究方法为取向，如陈来的《诠释与重建：王船山的哲学精神》、蔡家和《王船山〈读孟子大全说〉研究》，张学智的船山研究。第二种研究方法以曾昭旭《王船山哲学》、陈赟《回归真实的存在：王船山哲学的阐释》为代表。近年来，以第二种方法为取向的研究逐渐增多，较为综合性的有邓辉《王船山历史哲学研究》（增订版）、田丰《王船山体用思想研究》、程志华《宋明儒学之重构：王船山哲学文本的诠释》等。

上述两种方法皆离不开全盘了解文本以及解读重点著述，只是因研究的目标和问题意识不同，采取的方法也有所不同。本书立足船山"生"的思想，偏向于采取第二种路径，但需要指出的是，以问题为导向的考察其实仍然需要以第一种研究方式为基础，只有建立在对船山著述的细致分析的基础上，才能充分讨论其中的问题，所以这两种方式在具体的研究中并不互相排斥。同时，思想家关怀的核心问题在其思想发展过程中有不变者，也有变化者，也应予以重视。另外，船山的经典诠释并不完全是传统注疏式的解释，而是偏向于义理阐发。船山的解读围绕文本展开，不完全拘泥于文本本身。因此，本书以问题为导向，同样须兼顾船山思想早年与晚年的发展变化，以及经典诠释在某一语境下的个性脉络及其超越于语境的共性。

第四节　前沿研究

近年来,"生生"被视为可以抓住中国哲学的主旨,能够为当代哲学作出一定理论贡献,故有学者将"生生"问题的讨论概括为"'生生'问题对当代哲学的突围"[①]。因为在第一哲学或本体论的问题上,西方哲学的"being"问题在形而上学中具有关键地位,而中国哲学和语言中并没有系词,无法产生严格意义上的本体论(ontology)或形而上学(metaphysics),这也一直是中国哲学合法性争议面临的问题之一。然而这并不表明中国哲学没有自己的本体观念,中国哲学恰恰有关于"本体"问题的丰富思考,[②] 也有关于宇宙背后的终极实在的探讨,而这种终极实在的特征之一,可以概括为"生生"。宇宙间万物的终极实在,不是静而不动的终极实体,而是生生不息、不断发用流行的实在。陈来《仁学本体论》在这方面着力颇多,该书虽然没有冠以"生生"的题目,但是始终强调"生生"无疑是"仁体"的重要含义之一。[③] 尤其是宋代以来,宋明理学将仁与生生的宇宙观联系起来,"以生论仁"成为儒家根深蒂固的传统。陈来指出:"仁在宇宙的体现便是生生,生生便是宇宙之仁,宇宙之仁是人世之仁的根源和本源,换言之就是本体。"[④]"生生"是"仁体"的内在本质,中国哲学的本体强调"一个整体的存在,动态的存在,过程的全体,是

[①] 丁耘:《"生生"问题对当代哲学的突围》,https://new.qq.com/omn/20191114/20191114A0M4UY00.html。

[②] 张岱年:《中国哲学中的本体观念》,《安徽大学学报》1983年第3期,第1—5页;向世陵:《中国哲学的"本体"概念与"本体论"》,《哲学研究》2010年第9期,第47—56页。

[③] 陈来认为仁体有"生生之仁"和"一体之仁",而生生之仁是同体之仁的宇宙论根据。见陈来《仁学本体论》,第40页。

[④] 陈来:《仁学本体论》,第37页。

人对生命体验中建立的真实"①，而不是永久性的抽象概念。在近来的讨论中，丁耘对"生生"的解释也侧重于本体论或宇宙论，他将这一本体称为"道体"。②

当代学者对"生生"的诠释不是单一的，而是多元丰富的。"生生"并不限于本体观或宇宙观，也拓展至伦理学。③ 吴飞认为"生生"之德最核心的含义是父母生子这件事，这是中国哲学的起点，是人伦意义上起点。④ 孙向晨则认为"生生不息"具有不同于海德格尔的生存论意蕴，它揭示的不是"向死而生"，而是通过"孝"之德性体现生命连续的特征，"孝"不仅面向过去，也面向未来。⑤ 杨泽波提出的"儒家生生伦理学"则希望借助"生生"这个古老的说法，从时间性和空间性的角度对传统意义的道德本体加以新的诠释。⑥ "生生"的宇宙观和"生生"的德性，共同构成了中国哲学"生生"观的丰富向度。

在本书的博士论文原稿完成答辩以后（2020 年 12 月），关于"生生"的讨论热度仍然不减，更多的研究转向了从"生生"这一命题本身出发，回到中国哲学思想文本的语境中解读"生生"的意义，并以此重构生生哲学。除此之外，也有学者将问题进一步扩展至中西比较哲学视域。这一时期关注的问题有以下两点，第一，"生生"或"生"究竟在表达什么。它是一种宇宙运行的法则还是宇宙的本体或本源，抑或"存在观念"。例如余治平指出"生"是万物的本

---

① 陈来：《仁学本体论》，第 13 页。
② 丁耘：《〈易传〉与"生生"——回应吴飞先生》，《哲学研究》2018 年第 1 期，第 49 页。
③ 在《"生生"问题对当代哲学的突围》中，丁耘提道："实际上中国学界后来对'生生'的讨论大体不出两个倾向的讨论，即本体论的进路和伦理学的进路。"
④ 吴飞：《论"生生"——兼与丁耘先生商榷》，《中国文化研究》2018 年第 1 期，第 23 页。
⑤ 参见孙向晨《生生不息：一种生存论的分析》，载郑宗义主编《中国哲学与文化》第十三辑，第 1—15 页。
⑥ 杨泽波：《儒家生生伦理学引论》，第 16 页。

性，万物由生而成就自己的本能，生生是物之为物的存在方式。① 而丁四新则指出"生"或"生生"甚至是宇宙本体②，李承贵也认为"生生"可以成为儒家的新本体观念③。黄玉顺认为"生生"是前存在者的存在观念，代表了"存在"的"存在者化"。④ 上述讨论的关键差异在于，"生生"是本体或者类本体的事物，还是本体的某种属性、本性。第二，"生生"之于中西比较哲学差异有何意义。安乐哲在《生生论（Zoetology）：一种传统思维方式的新名称》一文中将古希腊的本体论看作"实体本体论"，而将中国的宇宙论假设视为"生生本体论"⑤，它展现了事物的关联性和整体性，可以说是一种过程宇宙论。安氏的说法继承了其一直强调的问题，即中国哲学的宇宙论没有超越性的实体，因而主要是过程论。曾海龙在评析最近几年"生生"问题的相关讨论后指出："基于'生生'课题的本体论，因引入了时间性从而与传统西方哲学的本体论或理性主义有了根本的差异。"⑥ 这是说时间性对于本体论建构具有重要的意义，如果建构中国哲学的本体论，需考虑纳入"生生"的时间性。但是本体的时间性究竟意味着什么，时间性和超越性是否互斥，时间性是否会消解本体的本源性等问题仍然值得进一步探索。

在已有的船山研究中，"生"和"生生"的问题也一直被提出，却没有详细的理论探讨。自近代以来，船山研究经历了百余年的发

---

① 余治平：《存在哲学的 Ereignis 与儒家的生生之道》，《周易研究》2023 年第 2 期，第 25 页。
② 丁四新：《〈周易〉的生生哲学及其诠释——以〈易传〉和"易一名而含三义"为中心》，《孔学堂》2021 年第 4 期，第 66 页。
③ 李承贵：《儒学"新本体"的出场——"生生"在何种意义上可以成为儒学的本体？》，《河北学刊》2022 年第 1 期，第 1 页。
④ 黄玉顺：《从"生生何谓"到"生生何为"——〈系辞传〉"生生"的原初观念与当代转化》，《周易研究》2023 年第 2 期，第 5—13 页。
⑤ 安乐哲：《生生论（Zoetology）：一种传统思维方式的新名称》，秦凯丽、关欣译，《孔学堂》2023 年第 1 期，第 6—15 页。
⑥ 曾海龙：《时间性与本体论的建构——基于当下中国哲学中的生生课题》，《思想与文化》2022 年第 2 期，第 195 页。

展已蔚为大观。"船山学"研究也已发展为一个重要的研究领域,这是因为船山思想在其所处的时代影响有限,直到晚清民初之际经由湖南学者"重新发现"之后,才逐渐带来学术和现实的双重影响。① 故船山学的出现和发展壮大,也是中国近现代历史的重要侧面,所以学界对于船山学史和相关研究动态已经完成了相当多的工作。②

---

① 关于这一问题的研究,可参看陈焱《发现王夫之:晚清以来的船山升格运动(1864—1982)》,上海人民出版社 2022 年版。

② 朱迪光《王船山研究著作述要》(2010)涵盖了截至 2008 年以前的船山学研究著作和论文,涉及船山学的各方面。见朱迪光《王船山研究著作述要》,湖南大学出版社 2010 年版;王兴国《王船山与近现代中国》和吴戬《晚清民国船山学的接受与传播:1840—1949》主要讨论了晚清和民国时期船山学的发展状况及其影响,见王兴国《王船山与近现代中国》,岳麓书社 2019 年版;吴戬:《晚清民国船山学的接受与传播:1840—1949》,中国社会科学出版社 2019 年版。方红姣《现代新儒学与船山学》从现代新儒家与船山学的内在关系出发,对现代新儒家接受船山的影响以及他们的船山研究作了详细探讨。方红姣:《现代新儒学与船山学》,中国社会科学出版社 2015 年版。台湾学者亦比较重视回顾与反思当代新儒家的船山研究,例如黄敏浩《唐君毅论王船山哲学》,载刘笑敢主编《中国哲学与文化》第七辑,广西师范大学出版社 2010 年版,第 83—122 页;蔡家和:《熊十力对船山学之判论》,《中共宁波市委党校学报》2019 年第 1 期,第 28—37 页;陈政扬:《船山继善成性观的当代省察:以唐君毅与劳思光之异诠为中心》,《当代儒学研究》第 25 期,2018 年,第 69—98 页。另外,关于唐君毅的船山学研究有大量文章和学位论文,兹不一一列举。陈焱分别从晚清百年以来,1949 年以来四十年,以及海外新儒家三个角度对船山学研究进行了综述,具有一定学术价值,不过限于时间分期,作者并未涉及近二三十年的船山研究。见陈焱《晚清以来百年王船山哲学与思想研究述评》,《船山学刊》2012 年第 4 期,第 44—51 页;陈焱:《新中国成立以来四十年船山思想与哲学研究述评》,《船山学刊》2013 年第 2 期,第 52—58 页;陈焱:《二十世纪后半叶海外新儒家的船山思想与哲学研究述评》,《船山学刊》2013 年第 4 期,第 25—30 页。海外(北美、日本、韩国)的船山学研究近来也受到了关注,见李相勋《韩国学者船山学研究成果目录》,《衡阳师范学院学报》2017 年第 1 期,第 172—176 页;李相勋:《韩国学者的船山学研究》,《衡阳师范学院学报》2017 年第 1 期,第 21—25 页;刘纪璐:《王船山哲学研究在北美的发展》,《衡阳师范学院学报》2018 年第 2 期,第 6—15 页;吕剑兰:《英语世界船山学研究成果目录》,《衡阳师范学院学报》2019 年第 2 期,第 29—33 页;彭群林、朱迪光:《日本船山学研究补白及参考资料目录》,《衡阳师范学院学报》2018 年第 1 期,第 32—38 页。此外,还有两篇文章介绍近四十年的船山研究以及最新进展,见王兴国《改革开放以来船山学的进展》,《船山学刊》2020 年第 1 期,第 10—17 页;施海平:《当下学术界关于船山思想研究的四个时新维度》,《船山学刊》2019 年第 2 期,第 108—112 页。

在早期研究船山的学者中，"生"的问题已受到一定关注，不过其理论视野相对较为局限，表现在他们将视角集中于船山提出的"人性"的"日生日成"观。① 嵇文甫更进一步，他在《王船山学术论丛》中指出："看性和命，亦即天和人，息息相关，并且变化日新，生生不已，完全是活动的。"② 嵇氏认为天和人息息相关，生生不已，这是一个值得注意的观点。此外，他关注到"生生不已"不仅指人性层面，也指"天"的层面。

近年来，学界逐渐开始重视"生"在船山思想中的重要性。与其说是开始重视，其实是"重新发现"。熊十力早已提出船山思想具有"尊生"的特质，"尊生"与"明有""主动""率性"共同构成了船山哲学的特点，这个观念最近受到了学界的充分注意③，尽管熊十力与船山的思想宗旨仍然有很大差异，但熊氏无疑吸收了不少船山的思想。唐君毅的思想受熊十力影响颇深，亦重视船山，他也指出船山思想有"尊生"之义。④ 当代的研究对此作了进一步推进。林安梧认为船山十分重视人性的历史性，所以他指出："船山将'生'这个字眼抓得颇紧，'生'乃是一绵延不绝的历程，在历程的每一点都显示日生日新的创造性。"⑤ 向世陵指出，"生生"思想是船山易学哲学体系的重要组成部分。⑥ 周广友的《周易外传》研究在探讨"天之性质"时主张"天"是生生不息的本体，并且注意到船山论"生"旨在证明

---

① 如钱穆在《中国近三百年学术史》中指出："船山论性最精之谐，在以日生日新之化言，故不主其初生，而期其日成。"钱穆：《中国近三百年学术史》，商务印书馆1997年版，第109页。
② 嵇文甫：《王船山学术论丛》，生活·读书·新知三联书店1962年版，第96页。
③ 郭齐勇：《尊生明有　主动率性——王夫之哲学的特质》，《船山学刊》2020年第1期，第1—9页。
④ 唐君毅：《中国哲学原论·原性篇》，中国社会科学出版社2005年版，第318页。
⑤ 林安梧：《王船山人性史哲学之研究》，台北：东大图书股份有限公司1991年版，第65页。
⑥ 向世陵：《论王夫之的"生"意体系》，《哲学研究》2009年第1期，第30—36页。

天地的实有。① 基于《外传》，周广友还分析了"生"的原因、状态、现象、动力等理论面向，认为"生"既是现象，又是涵括全有，遍布一切存在的动力。② 丁耘的《道体学引论》尽管不是船山学专著，但是该书对于"生生之谓易"的疏解则基于船山的"生生"观，如该书下篇第二章第一节指出："本节诂解'生生'，大体近宗船山，远绍明道。"③ 对于船山的"生生"，丁耘以"继"为"生生"之义，"天人相继"沟通了天人，所以丁耘指出："据此，船山之宗气虽源自横渠，然此天人相继之生生义，实明道学之精义也。船山'生生'之说，不外乎天人本一、一于生生。"④ 这些观点的出现足以表明船山思想中的"生"和"生生"的问题正在重新引起重视。

若回到熊十力的观点，熊氏提出的"明有""主动""率性"其实皆建立在"尊生"的基础上。在船山看来，"生"既意味着"有"，"生"同时也是更新和进步，即持续地创造价值，"率性"关涉"日生日成"的人性论，也与"生"有关。由此可见，"生"的思想在船山思想中具有关键的意义，是把握船山思想特质的关键线索。

---

① 周广友：《王夫之〈周易外传〉中的天道观》，中国社会科学出版社 2015 年版，第 25—29 页。
② 周广友：《王夫之〈周易外传〉中的天道观》，第 36 页。
③ 丁耘：《道体学引论》，华东师范大学出版社 2019 年版，第 212 页。
④ 丁耘：《道体学引论》，第 216 页。

第 二 章

"生"与"生生"的思想渊源和张力

引言已经指出"生"和"生生"的观念在形式上有区别,但是其内涵基本一致,"生生"的过程性是"生"的内在含义,"生"代表的宇宙生成、德性生成等"生成""创生"义也蕴涵"生生"之义。不过在最初时,"生"字及其概念早于"生生",两者原本是互相独立的概念,在后来的思想发展过程中,两者渐渐融合,具有内在蕴涵的关系。

在近年有关"生生"问题的讨论中,学界较多关注"生生"这一概念,同时也注意到"生"和"生生"的关系。吴飞认为"生"从日常用语到"生生"的演变,在于阴阳的引入,所以"生生"是指"阴阳消息变化"。[1] 李承贵在最近的一篇文章中指出早期儒家的生生之学经历了由"生"到"生生"的发展,但"生生"并非在形式上取代"生",而是丰富了"生"的含义。[2] 上述探讨有助于确定"生"和"生生"的基本内涵及其关系,但对于由"生"所引发的"生生"的构词以及"生生"观念的演变仍然具有进一步的探索空间。

---

[1] 吴飞说:"'生'这一日常用语而成为'生生'这一哲学概念,就在于阴阳概念的引入。"吴飞:《论"生生"——兼与丁耘先生商榷》,《中国文化研究》2018年第1期,第15页。

[2] 李承贵:《从"生"到"生生"——儒家"生生"之学的雏形》,《周易研究》2020年第3期,第101—105页。

一方面,"生生"由"生"而来,"生生"的构词结构对于理解"生生"至关重要,"生生"究竟是形容词、动词,还是动宾结构,是一个关键问题;另一方面,"生"和"生生"的关系随着思想发展而不断变化。"生生"究竟是中国哲学的"本体"或"道",还是对本体和万物生生不已的本性的刻画,是理解"生"的思想的关键所在。如果将"生生"作为"本体",这符合中国哲学思想的基本立场吗?基于此,本章旨在从哲学史的角度探讨"生"和"生生"的基本内涵及其张力。

第一节 "生"的基本含义

从词源上看,"生生"一词由"生"衍生而来。因而理解"生生"的前提在于确定"生"的含义。据现有研究,卜辞"生"字的用法大约有五种:(一)当作"生长"的意义,这也是金文和《说文》"象草木生出土上"的本义;(二)当作"活"的意思,例如在田猎时卜问是否获生鹿;(三)读作"姓",例如"多生"就是后来所谓的百姓;(四)当作"生育""子嗣"的意思;(五)当作"来"的意思,如"生月"即"来月"。[①] 由此可见,在词性上,"生"既是动词,也是名词。

甲骨文时代之后,"生"的含义随着字形的演变而发生了相应变化,逐渐引申为"生命"义,乃至"人性"义。具体而言,与"生"有密切关联的字有"眚"和"性",而与此相关的"生""性"关系是先秦人性论的重要问题。在学术史上,阮元、傅斯年、徐复观对"生"和"性"的关系问题提出了不同观点。阮元强调"性"从心从生,先有"生"字,后有"性"。傅斯年则主张将先秦时代的"性"

---

① 蔡哲茂:《卜辞生字再探》,《"中央研究院"历史语言研究所集刊》1993年第六十四本第四分,第1047页。

全部还原为"生",这一做法遭到了徐复观的反对,徐复观认为"性"的含义只能"由它的上下文来加以决定"①,例如在《尚书》中已有"节性"的观念,这显然不能解作"生"字。近年来的出土文献,特别是郭店竹简和上博简为我们提供了理解"生""眚""性"关系的新面向,丁四新在三者的基础上作了详细研究,认为郭店竹简中的"眚(性)自命出""凡人虽有生(性)"的"眚"和"生"都应当读作"性",他指出:"在字、词、概念的意义上,'生'都相应地先于'性'产生出来;先秦并不存在从心从生的'性'字,'性'字皆假'眚'、'生'为之。"② 据此,"生""性"二字已经清晰地分别开来,即使是在文字形式上也各自具有严格意义上的独立性。③ 丁四新认为"生"字乃是具体、现实而活动的生命或生命体,"性"字是指禀受在人、物之身的先天而本然的生命潜质或质体。④ "生"是指生命,而"性"指生命的某种根源,两者的内涵应有区分。

告子"生之谓性"的出现使"生""性"关系更为复杂。理解这个命题需考察"A 之谓 B"的句法结构,清代学者戴震曾经对"之谓"和"谓之"的句式差异有一个著名解释,"之谓"是"以上所称解下"⑤,"谓之"则相反,当代的语言学研究已基本肯定了这一点。⑥

---

① 徐复观:《中国人性论史·先秦篇》,载《徐复观全集》第四册,九州出版社2014年版,第12页。

② 丁四新:《生、眚、性之辨与先秦人性论研究之方法论的检讨——以阮元、傅斯年、徐复观相关论述及郭店竹简为中心》,载氏著《先秦哲学探索》,商务印书馆2015年版,第31页。

③ 丁四新:《生、眚、性之辨与先秦人性论研究之方法论的检讨——以阮元、傅斯年、徐复观相关论述及郭店竹简为中心》,载氏著《先秦哲学探索》,第31页。

④ 丁四新:《生、眚、性之辨与先秦人性论研究之方法论的检讨——以阮元、傅斯年、徐复观相关论述及郭店竹简为中心》,载氏著《先秦哲学探索》,第27页。

⑤ (清)戴震:《孟子字义疏证》卷中,何文光整理,中华书局1982年版,第22页。

⑥ 黄广生:《试论"谓之""之谓"在先秦古籍的用法》,《吉林大学社会科学学报》1963年第1期,第15—31页;何乐士:《论"谓之"句和"之谓"句》,载中国社会科学院语言研究所、古代汉语研究室编《古汉语研究论文集》,北京出版社1982年版,第103—129页。

那么，从字面意思看，"生之谓性"意味着"生"是"性"的重要特质，反之，"性"的意义必须诉诸"生"这一存在事实才能成立，人生而所禀赋的就是所谓的"性"，那么"生而所禀"是什么就决定了"性"的成分。在先秦时代，以"生之自然"或"生质"来理解"性"乃是一项基本共识，以善恶论性的所谓性善论或性恶论则反而是比较独特的观点主张。① 由这一立场出发，孟子基于"性本善"和人禽之辨对告子"生之谓性"的批评至少在当时不一定是主流解释。后来荀子对"性"的理解表达得更为清楚，他没有执着于生之自然，而是以"生之所以然为性"，"性"并不是自然生理表现出来的内容，而是生命活动的潜能，它是抽象的而不具有具体内容。② 宋代以降，理学家从《系辞》的"生生"观汲取了理论资源，赋予了"生之谓性"全新的解释，后文对此有详细论述。

先秦时期另一个颇具哲学意义的问题是宇宙生成意义上的"生"。近年来，同样得益于出土文献，道家的宇宙生成论颇受关注，郭店简中的"太一生水"，以及上博战国简《恒先》篇中的"气是自生，恒莫生气"足以佐证传世文献中的早期宇宙生成论，有学者指出《恒先》提供了"他生"和"相生"两种生成论模式之外的"自生"这一宇宙生成模式。③ 在《恒先》中，"气"的概念不仅用来解释天地间的自然现象，而且已经具有了宇宙生成论的意义。

在先秦时代的用法中，"气"不仅意指宇宙的生成和运行，同时也贯穿于人的生命活动。思孟学派的《性自命出》说："喜怒哀悲之气也。及其见于外，则物取之也"④，喜怒哀悲之气指生命的情感

---

① 陈来：《郭店楚简〈性自命出〉与儒学人性论》，载陈来《竹帛〈五行〉与简帛研究》，生活·读书·新知三联书店2009年版，第77页。

② 东方朔指出，人天生而有的非具体的心理倾向或生理驱动力，这种性大体合于荀子所说的"生之所以然"的"性"。东方朔、徐凯：《情性与道德转化——荀子论"化性起伪"如何可能》，《社会科学》2018年第4期，第121—129页。

③ 曹峰：《"自生"观念的发生与演变：以〈恒先〉为契机》，《中国哲学史》2016年第2期，第18—26页。

④ 荆州市博物馆编：《郭店楚墓竹简》，文物出版社1998年版，第179页。

活动。此外，孟子还有"浩然之气"的说法，这一说法历来备受关注，[1] 其显然赋予了"气"以伦理内涵，[2] 而不限于生命的表现或生命的自然意义。而帛书《五行》说部中有关于"仁气""礼气"等"德气"说，[3] 亦具有伦理内涵。显然，"气"是生命活动包括情感、伦理行为产生的载体和表现。在先秦两汉之际，"气"与"生""生命"具有密切关系是主流认知，《管子》中"凡物之精，此则为生"，"精也者，气之精者也"[4] 则更加明白地显示"气"与"生"的内在关联，气的精粹特质或内在能量表现为生。到了汉代，类似的说法更加流行，如《淮南子》有"夫形者，生之所也；气者，生之元也"[5]。形体是生命的载体，气是生命活动产生的根源。

根据以上论述，早期中国哲学"生"的主要内涵可以归纳如下：其一，指宇宙生成意义的创生、发生。对于其中的具体生成方式，庞朴认为有两种理解：一是"派生"，例如鸡生蛋，鸡还是鸡，蛋还是蛋；二是"化生"，例如蛋生鸡以后，蛋不复存在。庞朴还以为存在另一种生，即从无到有的"发生"。[6] 庞朴据此认为"太一生水"属于化生，即"太一"变化为水。太一不复直接存在，但仍然作为常在之物存在于相对的、具体的水之中。其二，"生"指生命的存

---

[1] 亦可参看李明辉《〈孟子〉知言养气章的义理结构》，载李明辉《孟子重探》，台北：联经出版事业股份有限公司2001年版，第1—41页；杨泽波：《孟子气论难点辨疑》，《中国哲学史》2001年第1期，第54—61页。

[2] 见黄俊杰《〈孟子〉知言养气章集释新诠》，载黄俊杰《孟学思想史论》卷一，台北：东大图书出版公司1991年版，第374页。

[3] 陈来：《帛书〈五行〉说部与孟子思想探讨》，载陈来《竹帛〈五行〉与简帛研究》，第161页；梁涛：《"浩然之气"与"德气"——思孟一系之气论》，《中国哲学史》2008年第1期，第17页。

[4] 《管子·内业篇》。关于"精气"说，同样不能以唯物主义的范畴来加以解释，可参裘锡圭《稷下道家精气说的研究》，载《裘锡圭学术文集》第五卷，复旦大学出版社2015年版，第307页。

[5] 刘文典：《淮南鸿烈集解》卷一《原道训》，冯逸、乔华点校，中华书局2013年版，第39页。

[6] 庞朴：《"太一生水"说》，载《中国哲学》编委会编《中国哲学》第21辑《郭店简与儒学研究》，辽宁教育出版社2000年版，第196页。

在，主要是指生命现象的活动，与死或不存在相对，例如"死生契阔，与子成说"。其三，从文字构造和形式上，"生"亦指"性"，"生"是"性"的假借字，"生之谓性"则直接地以生为性。其四，"生"指养育，《周官》有"六曰事典，以富邦国，以任百官，以生万民"。郑《注》指出"生犹养也"①。其五，"生"指生计、生产，例如《诗经·国风》的"既生既育，比予于毒"。其六，"生"指百姓、苍生、生民，这一含义在甲骨文中已有。这些含义显然无法穷尽"生"的所有内涵，不过大体具备了"生"的基本含义。

第二节 早期儒家与道家的"生生"观念

"生生"一词最早出自《尚书·盘庚》，为人熟知的《系辞》"生生之谓易"其实是晚出的。但"生生"一词在先秦文献中不止于此，儒道两家皆有"生生"的观念，只是其立场不同。因此有必要考察早期儒家与道家的"生生"观念，揭示其早期较为原始的意义。

《尚书》所见"生生"共有四处，皆出于《盘庚》：

> 汝万民乃不生生，暨予一人猷同心，先后丕降与汝罪疾，曰："曷不暨朕幼孙有比？"
> 往哉生生！今予将试以汝迁，永建乃家。
> 朕不肩好货，敢共生生，鞠人谋人之保居叙钦。
> 无总于货宝，生生自庸。

孔安国将四个"生生"皆释为"进进"，孔颖达进一步说："物

---

① （汉）郑玄注，（唐）贾公彦疏：《周礼注疏》卷第二，阮元校刻：《十三经注疏》，清嘉庆刊本，中华书局 2009 年影印本，第 1389 页。

之生长，则必渐进，故以生生为进进。"①"进进"意指渐进式地不断生长和更新。其实，这个解释也见于许慎的《说文解字》，《说文》有："生，进也。象草木生出土上。"不过，将"进进"放到这里的语境下解读存在一定困难，有两个可能的问题，其一，《盘庚》的历史背景是盘庚率民众迁都于殷，所以需要劝说民众。这里的"生生"当有其具体的内涵，并非较为广义的"不断生长"。其二，"进进"之义似乎受到了《系辞》"生生之谓易"的"生生"的影响，是否为本义需要进一步考量。

后来的注解已注意到孔安国之说的不妥之处，故提出了另一种解释。这个解释的最初依据来自对《庄子·大宗师》"杀生者不死，生生者不生"的注解，《释文》引崔云："常营其生为生生。"② 这里将"生生"解释为"常营其生"，前者是动词，指经营、建造，后者是名词，指财业、生计。虽然这个解释不是针对《盘庚》，却提示了"营生"是"生生"的另外一种含义，即不断丰富我们的生活、生命。宋代以后，苏轼《东坡书传》和蔡沈《书集传》皆以"厚生""乐生"解释"汝万民乃不生生"的"生生"，意指创造和丰富人们的生活，享受生活的愉悦。③ 由此，"生生"在《盘庚》的文本脉络中也就获得了解释，"汝万民乃不生生"和"往哉生生"皆是盘庚试图劝说民众迁徙，建立新的家园，追求美好的生活家业。"朕不肩好货，敢共生生"和"无总于货宝，生生自庸"旨在勉励民众不屑于财货，而应重视建立家业，丰富自己的生活。④ 这一解释是有经典依据的，《尚书·大禹谟》中有"正德、利用、厚生、惟和"，

---

① （汉）孔安国传，（唐）孔颖达正义：《尚书正义》卷第九，阮元校刻：《十三经注疏》，第362—365页。
② （清）郭庆藩：《庄子集释》，王孝鱼点校，中华书局2012年版，第254—255页。
③ "乐生兴事，则其生也厚，是谓生生。"（宋）苏轼著，李之亮笺注：《苏轼编年文集笺注》附录六《东坡书传》卷九，巴蜀书社2011年版，第371页；（宋）蔡沈：《书集传》，华东师范大学出版社2010年版，第111页。
④ 雷燮仁：《谈〈尚书〉中表勉义的几组字》，复旦大学出土文献中心网站，http://www.gwz.fudan.edu.cn/Web/Show/3152。

对君王来说,"厚生"意味着使人民过上富足的生活。① 总之,《盘庚》四言"生生"在于表明君王对迁徙民众建立家业的勉励。②

可见在《尚书》之中,"生生"的本义并没有"连续不断""生生不息"之义,因为前一个"生"是动词,后一个"生"是名词,两者构成动宾短语。③ 这个结构在先秦时十分常见,道家主张的"生生"同样也是这个结构,不过其含义与《尚书》不同。前面提到《庄子·大宗师》有"杀生者不死,生生者不生",这里的"生生"其实并不是《释文》的"常营其生"。根据前后语境,《庄子》这一段是南伯子綦和女偊讨论闻道之学,女偊告诉南伯子綦闻"道"的最高境界应是:

> 见独,而后能无古今;无古今,而后能入于不死不生。杀生者不死,生生者不生。其为物,无不将也,无不迎也;无不毁也,无不成也。

"见独"意味着达到了绝对的境界,由此能够超越时空的限制,不为生命的短暂、物境的变化所牵动,进而能够出入于不死不生的状态,超越肉体生命的生死。按成玄英的说法,"杀生者不死,生生者不生"是对"不死不生"的解释,他说:"夫系生故有死,恶死故有生。谓此死者未曾灭,然后能无生无死。"④ 不过,"不生"与"不死"究竟指的是人的不生不死还是"道"的不生不死?因为前面的"朝彻""见独"的主体皆是指"人",而根据后一句"其为物也","为物"的应是"道","道"与"物"相对,"物"有往来和

---

① (清)孙星衍:《尚书今古文注疏》卷六,陈抗、盛冬铃点校,中华书局2004年版,第235页。

② 顾颉刚、刘起釪:《尚书校释译论》,中华书局2005年版,第919—920页。

③ 除此以外,后来还出现了"生生死死"的表达,这里的"生生"表名词。唐宋以后,"生生"还作为副词出现,直至今日亦有这种用法,如"硬生生"。见闵捷《副词"生"与"生生"的多角度考察》,硕士论文,上海师范大学,2011年,第57页。

④ (清)郭庆藩:《庄子集释》,第254—255页。

成毁，但是"道"不生不死。所以"其"应当指的是"杀生者"和"生生者"，亦就是"道"。王叔岷指出："杀生者，生生者，道也。道生、杀万物，而道不死、不生。"① 若据此，这里的"生生"指道生万物，前一个"生"是动词，意谓生成，后一个"生"是名词，意指万物。《列子·天瑞》也有两处极为相近的说法，一是"不生者能生生，不化者能化化"②，"不生者"为生物之本，生物之本可以"生"出具体的"生"。二是"故生物者不生，化物者不化"③。这是说能生物和化物的生物之本，其自身是不生不化的。

道家的另一种解释以《老子》为代表，以"过分地奉养生命"解释"生生"，然而这其实又是老子批评的立场，老子的立场与儒家的立场正相反。帛书《甲本老子》第五十章出现两处"生生"：

〔出〕生〔入死。生之徒十〕有〔三，死之〕徒十有三，而民生生，动皆之死地之十有三。夫何故也，以其生生也。④

这与今本《老子》的文句有所不同，今本《老子》"而民生生"作"人之生"，"以其生生"作"以其生生之厚"。当民众努力奉养其生命时，却导致了十有之三反而结束了其生命，其原因就在于"生生"或"生生之厚"，可见老子的立场在于批评"生生"。高明认为"之厚"为妄增之词，因为"生生"本身便具有过分地奉养生命之义。⑤ 此条或可结合今本《老子》第七十五章（帛书《甲本老子》第七十七章）来看，今本为"民之轻死，以其求生之厚，是以轻死。夫唯无以生为者，是贤于贵生"，《甲本》、《乙本》、河上公本与今本基本一致。而《景龙碑》、敦煌辛、遂州、苏辙、吴澄诸本

---

① 王叔岷：《庄子校诠》，中华书局2007年版，第237页。
② 杨伯峻：《列子集释》卷第一，中华书局1979年版，第1页。
③ 杨伯峻：《列子集释》卷第一，第4页。
④ 高明：《帛书老子校注》，中华书局1996年版，第64页。
⑤ 高明：《帛书老子校注》，第65页。

的"以其求生之厚"作"以其生生之厚",与前引今本第五十章是一致的。这里姑且取年代较早的《甲本》《乙本》,通行本的修改很可能是传抄过程中发生的。"求生之厚"就是句末所说的"贵生",民众轻视死,所以导致了过分地奉养生命,而老子主张"无以生为",即不作为,不过分地奉养生命要优于贵生。池田知久认为这一章和第七章的思想一致,① 第七章有"以其不自生也,故能长生"。所以,老子反对的是主动地、人为地求生。那么,第五十章"生生"的前一个"生"是动词,后者指"生命",作为动词的"生"已经具有主观作为的意思。因此,帛书本第五十章实则反对主观有为,乃至过分地奉养生命。《鹖冠子·度万》的"生生"同样也作"养生"解,其谓"形神调则生理修。夫生生而倍其本则德专己,知无道"②,历代的解释皆以"生生"为养生。③

总之,在先秦时代,动宾结构的"生生"比较普遍。《墨子》也有"若饥则得食,寒则得衣,乱则得治,此安生生"。王引之认为"安犹乃也"④,所以最后一句的意思即"此乃生生",根据前文,此"生生"指安定、丰富的生活。《吕氏春秋·侈乐》说"人莫不以其生生,而不知其所以生"⑤,这里的"生生"也是指奉养生命,不过并不是道家式的养生,而是强调生生对于养生的重要性。总体而言,"生生"作为动宾结构是先秦的常见用法,经典文献足可证明这一点。

尚难确定的正是《系辞》"生生之谓易"的"生生"。后世对这一命题的解释在很大程度来自后来经学注疏的解释。例如孔安国提

---

① [日]池田知久:《〈老子〉的养生思想——以郭店楚简、马王堆帛书、北京大学藏竹书为中心》,《华中师范大学学报》(人文社会科学版) 2016 年第 4 期,第 139 页。
② 黄怀信:《鹖冠子校注》卷中《度万》第八,中华书局 2014 年版,第 136 页。
③ 黄怀信:《鹖冠子校注》卷中《度万》第八,第 136 页。
④ (清)孙诒让:《墨子间诂》卷二《尚贤下》第十,中华书局 2001 年版,第 70 页。
⑤ 许维遹:《吕氏春秋集释》卷五,中华书局 2009 年版,第 112 页。

出的"进进",以及唐代孔颖达以"生生"为"不绝之辞"①,这是说"生生"是对连续不断发展的状态的描述和形容,但是这是否符合"生生"的本义值得商榷。从句法结构上看,前面已经分析了"A 之谓 B"这个句式结构,根据这个结构,在"生生之谓易"这一个命题中,"生生"就是对易的形容,所以孔颖达的解释应当是合理的。依此,"生生"的构词便不是先秦时常见的动宾结构,而是叠词或重言词。叠词在先秦文献中常见于《诗经》,例如"关关雎鸠""忧心忡忡"等,学界主流意见认为叠词的词性大多为形容词或者是状态形容词。②那么,"生生"究竟用来描述、形容什么事物?或者说,"生生"的主语究竟是什么?孔颖达的解释是:"阴阳变转,后生次于前生,是万物恒生,谓之易也。"③ 韩康伯注为:"阴阳变易,以成化生。"④ 据此,阴阳的相互作用产生了事物的变化,万物生成有前后次序之分,但本质是阴阳变化的循环不息,这个过程构成了万物处于生生不息的状态。可见,"生生"的主体是阴阳亦即万物的不断变化,这也是《易》的本质。《易》本有变易、变动之义,《系辞》的思想旨在揭示天地万物和人事物理生生不已的变化特质。而"生生之谓易"的上文也有"日新之谓盛德"的观点,其要义在于强调不断的变化和进步,这也是后世解释的渊源所在。

与今本《系辞》"生生之谓易"不同,帛书本《系辞》此句作"生之胃(谓)马"⑤,与今本存在明显差异。帛书本将"生生"作"生","易"作"马",学界对于后者已基本达成共识,帛书本《系

---

① (魏)王弼、(晋)韩康伯注,(唐)孔颖达疏:《周易正义》卷第七,阮元校刻:《十三经注疏》,第 162 页。
② 郭锡良:《先秦汉语构词法的发展》,载郭锡良《汉语史论集》,商务印书馆 1997 年版,第 140 页。
③ (魏)王弼、(晋)韩康伯注,(唐)孔颖达疏:《周易正义》卷第七,第 162 页。
④ (魏)王弼、(晋)韩康伯注,(唐)孔颖达疏:《周易正义》卷第七,第 162 页。
⑤ 丁四新:《楚竹书与汉帛书〈周易〉校注》,上海古籍出版社 2011 年版,第 515 页。

辞》的"马"即"象"的异文，但对于如何理解"象"，则有不同意见。① 更为关键的是前者，这关系到如何理解《系辞》的"生生"以及"生"的问题。学界对此提出了很多看法，有学者主张这里的"生"应是抄写时遗漏了重文符号，魏启鹏、刘彬等学者持此观点。② 不过，魏启鹏也从道家的角度进行义理解释，"马（象）"即"道"，所以"生"指大道无形，化生万物。③ 也有学者认为这里的差异应从儒家的义理作出合理阐释，刘大钧认为"生之胃马"须根据后文来理解，后文以"乾坤的'动'和'静'释'大生'和'广生'之所本，亦即'广大配天地'之所本，故'生之胃马'的'生'字，在此是法于天地的，是指'成马之胃键'的，亦即《系辞》'天生神物，圣人则之'的'生'"④。这个说法将"生"与后面的"广生"和"大生"联系起来。实际上，从义理上看，"生"就是指《易》所反映的宇宙观，天地亦即乾坤是万物所本，天地共同创生了万物。但是天和地或乾和坤应有区分，（天）乾是资始，（地）坤是资生，乾的地位是万物之本，规定了万物应所是，所以是"资始"；而坤所代表的地是万物之存在得以生成的实际来源，人与物皆生活于地，与地发生实际的联结，因此坤的含义是"资生"。由此再根据上下文的句法结构来看，"之胃"前面的词是对其后面的对象的解释，乾的作用在于成象，而坤则在于效法乾（天），顺承天，坤本身并不是万物的最高之本，而是在乾的规定下生成万物。而象的作用亦在于"生"，由此，"成马之胃键"便是对"生之胃马"的进一步解释。今本《系辞》又有"是故《易》者，象也"，帛本作"是故易也者，马"，今本《系辞》

---

① 连劭名认为"象"应该解释为"数"，见其《马王堆帛书〈系辞〉研究》，《周易研究》2001 年第 4 期，第 9—20 页。
② 魏启鹏：《帛书〈系辞〉骈枝》，载陈鼓应主编《道家文化研究》第六辑，上海古籍出版社 1995 年版，第 296 页；刘彬、孙航、宋立林：《帛书〈易传〉新释暨孔子易学思想研究》，中国社会科学出版社 2016 年版，第 77 页。
③ 魏启鹏：《帛书〈系辞〉骈枝》，第 296 页。
④ 刘大钧：《帛书〈易传〉探析》，载刘大钧《今、帛、竹书〈周易〉综考》，上海古籍出版社 2005 年版，第 155—157 页。

下的"天地设位,圣人成能",帛本作"天地设马"。换言之,《易》的本质即在于体现或反映天地之象,而成象的关键在于乾,效法于乾的是坤。再结合后面提到的乾之"大生"和坤之"广生",乾静止时专一有定,活动时滋殖繁多,由此大生万物;坤静止时闭藏收敛,活动时开辟拓展,所以能广生万物。[1] 所以,"生之胃马"强调的就是《易》所代表的天地之象亦即乾坤创生了万物,这也符合"天地之大德曰生"的含义。

帛书《系辞》的"生之胃马"似也符合上下文语境,《系辞》中一直反复出现且贯彻的是"生"而不是"生生",但这并不是否认今本《系辞》。帛书本和今本应当视为不同的《周易》传抄本,两者的祖本应基本相同。[2] 只是不容否认的是,对后世儒学发展起关键作用的是今本《系辞》,而非帛书本。

理解今本《系辞》的"生生",目前的主要根据是汉代以后的解释,以"生生"为叠词。如果放在先秦的语境中,"生生"的主要用法并非叠词,而是大多作为动宾结构,而且后面的"成象""效法"等也都是动宾结构。那么,"生生"就应当理解为产生或生成万物,前者为动词,后者为名词。易有改变、变化之义,变化是产生差异性,亦即万物生成的根源。

总而言之,早期儒道两家的"生生"大多为动宾结构,前者为动词,后者为名词,而非叠词。而且儒道两家的解释呈现明显区别,《尚书》的四言"生生",意指建立家业;《系辞》的"生生"指创生万物或对连续不断的过程的形容。而道家的"生生"大体上有两层内涵,其一也是指创生万物,其二是(过分地)养生,但这是道家批评的立场。后世对"生生之谓易"的主流解释,亦即连绵不绝或不断创生之义,至少在先秦时代并不常见。

---

[1] 这个解释取自廖名春《〈周易·系辞传〉乾专直新释》,载郑吉雄主编《周易经传文献新诠》,台北:台湾大学出版中心2010年版,第123页。

[2] 廖名春:《论帛书〈系辞〉的学派性质》,载廖名春《帛书〈周易〉论集》,上海古籍出版社2008年版,第264页。

第三节 "生亦是生生之意"——从汉到宋

自汉代以后，"生"的思想与所谓的元气论产生密切关联，元气是万物的本原，元气的聚散运动生成天地万物，此消彼长的阴阳变化并无停止，因而具有"生生"的意义。例如，京房说："积算随卦起宫，乾坤震巽坎离艮兑，八卦相荡，二气阳入阴，阴入阳，二气交互不停，故曰'生生之谓易'，天地之内无不通也。"① 八卦相荡，阴阳的交互运动不停，所以称为"生生之谓易"。在京房看来，"生生"即意味着没有停止。由此，元气宇宙论便蕴含了"生生"的面向，宇宙间万物的生成过程是生生不息的。京房又说："阴生阳消，阳生阴灭。二气交互，万物生焉。"② 阴阳二气的消长运动产生了天地万物，阴阳的交互运动固然有生生不息的特质。此外还有"生生不绝之谓道"，"周而复始，上下不停，生生之义，《易》道祖也"等说法，③ 这些命题继承了《系辞》强调生生不息的精神，"生生"是对"道"的形容，《易》道的本质就在于周而复始的运动变化，这一点与京房易学以阴阳交互运动解释《易》卦生成有关。

这种宇宙观强调的"生生"是对宇宙生成特质的描述，"阴生阳消，阳生阴灭"表明阴阳时时刻刻、周而复始地处在运动状态中。宇宙生成的真正之源是阴阳之气，阴阳之气的化生产生天地万物，而"生生"是这一生成过程的内在机理，并不是生成之本。宇宙观关注的对象是阴阳之气如何"生"万物，而不是"生生"，"生生"是阴阳之气"生"万物的表现。因而在汉代学者的宇宙生成论中，出现频率更多的是"生"，而不是"生生"。《白虎通》说："地者，

---

① （汉）京房：《京氏易传》卷下，《四部丛刊》影印本，第28页。
② （汉）京房：《京氏易传》卷上，《四部丛刊》影印本，第6页。
③ （汉）京房：《京氏易传》卷中，《四部丛刊》影印本，第22—23页。

元气之所生，万物之祖也。"① "地"是元气所生，是万物的根源。《潜夫论》则说："上古之世，太素之时，元气窈冥，未有形兆，万精合并，混而为一，莫制莫御。若斯久之，翻然自化，清浊分别，变成阴阳。阴阳有体，实生两仪，天地壹郁，万物化淳，和气生人，以统理之。"② 这些表述具有鲜明的易学色彩，与易学的宇宙观一致。上古之时，唯有元气，还未产生具体的事物和形象，处在混沌的状态，此时元气已经蕴含了万物的精华，久而久之便会产生清浊的差别，形成阴阳之气。阴阳之气有其固定之体，能够"实生"两仪，"实生"表明阴阳是实际地产生了两仪，或者说阴阳直接转化成了两仪，进而形成天地万物，阴阳所生的和气产生了人。《论衡》也讲："气之生人，犹水之为冰也。水凝为冰，气凝为人。"③ 王充的说法更为明确，气之生人犹如水变成冰，那么这就意味着，元气或阴阳生天地万物是同一种物质不同存在形态之间的转化，宇宙的生成必须基于空间的维度，是在同一个已经存在的宇宙中的阴阳之气的形态转化，这是汉代宇宙观的特点。

元气宇宙观的突出特点是将宇宙生成过程看作一个时间序列。西汉末的纬书《乾凿度》也代表了当时的宇宙论之一：

> 有形生于无形，乾坤安从生？故曰：有太易，有太初，有太始，有太素也。太易者，未见气也；太初者，气之始也；太始者，形之始也；太素者，质之始也。气形质具而未离，故曰浑沦。④

---

① （清）陈立：《白虎通疏证》卷九《释天地之名》，吴则虞点校，中华书局1994年版，第420页。

② （汉）王符撰，（清）汪继培笺：《潜夫论笺校正》卷八《本训第三十二》，彭铎校正，中华书局1985年版，第365页。

③ （汉）王充：《论衡校释》卷第二十《论死篇》，黄晖校释，中华书局1990年版，第873页。

④ （清）赵在翰辑：《七纬（附论语谶）》，钟肇鹏、萧文郁点校，中华书局2012年版，第33—34页。

《乾凿度》将宇宙生成的过程分为若干阶段，分别为太易、太初、太始、太素，对应的是气未产生、气之始、形之始、质之始四个阶段。虽然《乾凿度》在气产生之前加上了"太易"，指宇宙产生前的寂静状态，但是它仍然明确地指出了一个生成序列，宇宙产生的后一阶段必须依于前一阶段，前者是后者生成的前提条件。在宇宙生成的过程中，"生"指宇宙中客观存在事物间的相互转化，类似于生产制造，例如制造木具，必须依于木材，宇宙生成的根源是在时空之中的某个元素和阶段。

学界历来认为真正突破这一思维的是魏晋玄学，有学者指出，魏晋玄学引领中国思想具备了超越于宇宙论的本体论维度，汤用彤认为"玄学盖为本体论而汉学则为宇宙论或宇宙构成论"[1]，其与汉代宇宙论的重要差异在于，魏晋玄学追求的宇宙实在或宇宙之本并不是宇宙生成序列之中的初始阶段，它不在宇宙生成序列之中，在生成序列之中的已然是某个具体的有限性存在，而不是无限性的终极本原。所以王弼以"无"作为宇宙生成变化之本，他说："寂然至无，是其本矣。"[2] "无"已经不是宇宙生成过程中的某一部分，而是宇宙全体，它超越于有形的形象，是万物最根本的实在。这样一来，万物的生成之源并不是已在宇宙中客观存在的元气，而是依"无"而"生"，这里"生"并非实际地产生、转化，而是以"无"为根据，"无"规定了万物何以并且如何存在。

魏晋玄学对宋明理学产生了重要影响，不过宋明理学并不完全认同王弼提出的以"无"为本的立场，而是认为万物须本于实有，但这种实有之物也可以是一种无，即无形无象的气。"有"既是对天地万物客观存在的承认，也是对儒家伦理价值的肯定，同时也意味着积极入世造福于苍生百姓的担当精神。在经历了魏晋玄学及隋唐

---

[1] 汤用彤：《魏晋玄学论稿》，上海古籍出版社2012年版，第60页。
[2] （魏）王弼：《周易注》，楼宇烈校释，中华书局2011年版，第132页。

佛道之学的洗礼之后，儒学建构了一套新的形态——宋明理学。其中，由理气论主导的宇宙观是理论基础，宇宙创生或生成的问题成为理学家关心的重要问题。

早期理学的宇宙观仍然具有浓厚的汉代色彩，被视为"宋初三先生"的胡瑗的太极观仍然注重元气生成万物，他说："太极者，是天地未判、混元未分之时，故曰太极。"① "太极"是天地未判时的元气。周敦颐的《太极图说》也明确指出："五行，一阴阳也；阴阳，一太极也。"② 在阴阳的作用下，周氏说："二气交感，化生万物。万物生生，而变化无穷焉。"③ 阴阳二气的交感运动化生万物，万物由于气的活动而处在生生变化的状态。张载以"太虚即气""太虚无形，气之本体"等命题为核心构建的气论将万物的实在归于弥漫于宇宙的太虚之气，在张载看来，所谓的太和、太虚即道体，道体并非形而下之气，道体并非有形质的固定形体，他说："体不偏滞，乃可谓无方无体。偏滞于昼夜、阴阳者，物也，若道则兼体而无累也。"④ 不偏滞于一方的体，可以称之为无方无体，虽然体可以是某种固定的形体，但是也存在一种无具体形体和空间存在的普遍之体，它不是昼夜、阴阳之气这些具体的物，道便是这样的体。"兼体而无累"是对"不偏滞"和"无方无体"的进一步解释，兼体是指道不是没有体，但是它不受具体的事物的牵累，也就是不偏滞。所以张载说"道""语其生生故曰'易'"⑤，对于这里的"生生"的含义，张载亦有相关解释，他说："以其生生，故言无体。然则易近于化。一阴一阳之谓道。"⑥ "生生"是指道的存在不是静而不动

---

① （宋）胡瑗：《周易口义·系辞上》，《景印文渊阁四库全书》第 8 册，台湾商务印书馆 1986 年版，第 498 页。亦可参见陈睿超《胡瑗〈周易口义〉中的天道观》，《云南大学学报》（社会科学版）2014 年第 3 期，第 42—48 页。
② （宋）周敦颐：《太极图说》，《周敦颐集》卷一，第 5 页。
③ （宋）周敦颐：《太极图说》，《周敦颐集》卷一，第 5 页。
④ （宋）张载：《张载集》，章锡琛点校，中华书局 1978 年版，第 65 页。
⑤ 《张载集》，第 66 页。
⑥ 《张载集》，第 187 页。

的某个具体之物，而是无形无象、生化不息的气的特点。换言之，生生之谓易就是说一阴一阳生化不息地流行和运转，这就是道，亦就是易，易就是变化而不具有定体。

然而张载的气论遭到了二程和朱子的批评，在他们看来，张载的"清虚一大""太虚之气"，一方面陷入了聚散轮回的困境，另一方面，"气"毕竟是形而下的、活动的、变化的存在，难以作为万化之根。[1] 二程和朱子在反思张载气论的基础上，提出以理气论为核心的宇宙观，完成了宋代理学的本体观建构。朱子通过吸收二程的"天理"思想，以"所以然"之"理"为形而上者，进而创造性地诠释周敦颐的《太极图说》。经由朱子的解释，"太极"不再是阴阳之气，而是作为阴阳之根据的"本体"，朱子说："此所谓无极而太极也，所以动而阳、静而阴之本体也。然非有以离乎阴阳也，即阴阳而指其本体，不杂乎阴阳而为言尔。"[2] 在朱子看来，"太极"指的是不离于阴阳，又不杂于阴阳的本体，"本体"是阴阳动静的所以然，这是朱子中年时期的太极本体论。在晚年时，朱子逐渐确立了以"理在气先""理气不离不杂"为核心的理气论，"理"是天地万物的形上根据，具有"无情意、无计度、无造作"的"洁净空阔"的特质。同时，朱子在解释宇宙生成时提出"理生气"的命题，试图将气的存在根源归于"理"的"生"。"理生气"并不是指"理"能够实际地制造或转化为气，如同鸡生蛋，父生子，而是说"理"作为万物之本规定了万物的存在，万物的具体存在皆以"理"为根据。所以，"理"已经内在地具有了万物的生成之理，是万物生成的内在推动根据。于是，"生"不是元气宇宙观意义上的生成和转化，而是对万物生成的形上规定。

"理生气"这一表述在朱子"生"的思想中并不占主要地位，更为重要的是"以生论仁"。"仁"或"仁体"的生生是宇宙间生生

---

[1] 程颢批评"清虚一大"是"乃以器言而非道"，见《二程集》，第154页。
[2] （宋）朱熹：《太极图解》，《周敦颐集》，第1页。

不已的本性,①"仁"内在地具有"生"的维度,这个"生"并不只是表明"仁"是万物的内在的规定,而是将"仁"作为宇宙运行的根本动力,"仁"对天地万物的创生本身就是一个生生不息的过程。"以生论仁"旨在表明"仁"之"生"内在地具有"生生"的维度。由此,"生"便与"生生"产生了理论链接,"生生"其实是"生"的本质规定,而"生"则是"生生"的化约性表述,"生"与"生生"成为互相诠释的概念。

从渊源上看,前文曾指出汉代的元气宇宙观强调阴阳之气生成万物是生生不息的过程,后来韩康伯将"天地之大德曰生"解释为:"施生而不为,故能常生,故曰大德也。"②"施生而不为"是道家的"生生"观,指任由天地生生而不主动为之,才能实现真正的恒常之生。"不为"即道家强调的"无为"。通过"常生"解释"生"已经具备融合"生生"与"生"的雏形,"常"指恒常。孔颖达的解释更为明确,他指出:"以其常生万物,故云大德也。"③ 天地创生万物是恒常不已的过程,由此才能将天地之生作为"大德",是万物的生成根源,同时也是价值根源。

在宋代理学中,程颢阐述了"生"与"生生"的紧密关联:

> "生生之谓易",是天之所以为道也。天只是以生为道,继此生理者,即是善也。善便有一个元底意思。④

"'生生之谓易',是天之所以为道"这一句有两种理解,其一,天+之所以+为道(V+P动词和动词短语),"之所以"作表结果

---

① "仁体"这个概念来自程颢的"学者须识仁体",见《二程集》,第15页。
② (魏)王弼:《周易注》,第362页。
③ (魏)王弼、(晋)韩康伯注,(唐)孔颖达疏:《周易正义》卷第八,第179页。
④ 《二程集》,第29页。

的连词,① 这是说天能够作为道，原因或依据在"生生"。其二，天+之所+以为道，"所"表示行为赖以实现的工具手段和方式方法，而非表示原因。这是指"生生"即天作为道的存在方式。从后一句"天只是以生为道"来看，第二种理解似更能说通。"生生之谓易"是对天作为道的规定，强调"天"创生万物的过程是生生不已的，因此，"道"自然也是生生不息的。如程颐也说"道则自然生万物"和"道则自然生生不息"②，二程皆主张"道生万物"的过程自然是生生不息的。

通过连接"生生"与"天地之大德曰生"，"生"与"生生"得以构成本质关联，"生生"是对"生"的规定，"生"则必有"生生"之意。同样，"继此生理者"的"生理"即"生生之理"，人从天道所承继的创生之理即"生理"，"生理"是善的来源和保证，善便具有"元"的地位，"元"是万物之本。一方面，"生理"是价值的最终根源；另一方面，"生理"自身也是生生不息的存在。于是，"生理"既兼有过程义又具有根源义，融汇了"生"和"生生"的双重维度，"生"与"生生"因而成了相互关联、无法分割的概念。事实上，这一"生理"即"仁"，明道以"生意"释"仁"，而且以"生"的本体依据为"仁"，还由此阐释了"生之谓性"这一命题的新意义：

"天地之大德曰生"，"天地絪缊，万物化醇"，**"生之谓性"**，（告子此言是，而谓犬之性犹牛之性，牛之性犹人之性，则非也。）**万物之生意最可观，此元者善之长也，斯所谓仁也。**人与天地一物也，而人特自小之，何耶？③

---

① "之所以"至南宋时作结果义的连词用法已经相当成熟。肖奚强、王灿龙：《"之所以"的词汇化》，《中国语文》2006年第6期，第536页。

② 《二程集》，第149页。

③ 《二程集》，第120页。

明道将"生"视作宇宙万物生生不息的创造过程,强调在天地絪缊的作用下,万物皆据此生成。从人性角度看,明道则肯定告子"生之谓性",其理由在于"万物之生意"最可观,因为天地的生生不已是万物生化之"元",即所谓的"仁","仁"是一切善的根源和依据,亦是连接宇宙生命与个体生命的中枢。在此意义上,人与天地万物一体,人禀赋了来自天地之大德的性,所以明道又说"天降是于下,万物流形,各正性命者,是所谓性也"①,"性"是人禀赋于天的性,而不是自然本性。所以明道认为,如果对"生之谓性"的理解没有提升到人与天地为一的高度,就是贬低了"生之谓性"的价值。

作为万物之生意的"仁"即"生理",同时也是"生生之理",这一思想构成了宋明理学"以生言仁"的主流,凡是言"仁",则皆有"生"的维度。朱子的仁学思想亦在北宋仁学特别是明道和伊川仁学思想的基础上建立起来。朱子《仁说》以"仁"为"天地生物之心",进一步确立了"仁之体"乃是万物生生的本性,仁是万事万物得以存在的根源,同时又是生生不息的本体存在。朱子说:"天地之心,只是个生。……这个是统论一个仁之体。"②"天地生之物之心"即"天地之心","天地之心"是不断创生万物的"仁之体"。而"天地之心"在人则表现为人之"仁",亦即恻隐之心,这是说天地之心唯有通过人的体认与发用才能真正显现。同时,朱子继承了伊川"心,生道"的说法,将"生"作为禀赋于人的天地之心的根本特质,那么,"仁"的"生意"同样也具于人之"心"。③正如朱子说:"一言以蔽之,曰'生'而已。'天地之大德曰生',人受天地之气而生,故此心必仁,仁则生矣。"④朱子认为,既然天

---

① 《二程集》,第30页。
② (宋)黎靖德编:《朱子语类》卷第一百五,第2634页。
③ 可参见向世陵《朱熹"心"论的生生思想》,《中国哲学史》1996年第1期,第102—108页。
④ (宋)黎靖德编:《朱子语类》卷第五,第85页。

地之大德曰生,那么人受到天地之气的禀赋得以创生,天和人的生生连续一体的关系决定了人心内在具有仁,而仁则意味着生,这里的"生"可以理解为道德义理的萌发和表现。由于人禀赋了天地之生,所以"仁"必然先天地内在于"心","心"具备了"仁"则意味着必然在人的生命活动中展现其自身。与明道一样,朱子所言的"生"也兼具了根源义和过程义的双重内涵,其中过程义是对根源义的进一步规定,例如朱子以"生"为"生生"的化约性表述,认为"生亦是生生之意"①。

二程和朱子通过"以生言仁",将"仁体"贯穿于天道、心性,仁不仅是宇宙本体,也是心性本体。同时,他们更强调的是,"以生言仁"其实也是"以生生言仁","生生"被纳入了"生"的问题视域,成为"生"最为首要的特质,其意在强调本体存在(仁体)并不是抽象不活动的形上实体,而是生生不已的根源。"仁体"的"生生"也兼具了过程义和根源义,仁的存在既是活动流行的,又是生生不已的根源。基于仁学的本体建构与理气本体的讨论并不是冲突矛盾的,而是并行的,可以视作理气论的补充。

但"以生言仁"并不是"以生为本体","生"终究无法成为本体,"生"最终只是"仁体"作为本体的首要且本质的一种规定。朱子在回应张栻的质疑时指出:"然所谓'以生为道'者,亦非谓将'生'来做道也。"②"生"并不是"道"本身,而是"仁"具有的内在属性。值得一提的是,在朱子《太极解义》的初稿中,也曾有"生生之体则仁也"这一句,后在定本中删除,③ 这是明确将"仁"作为生生之体,而不是"生生"本身。此外,诸如"生生之理""生生之道""生生之仁"等说法中的"生生",皆旨在形容

---

① (宋)黎靖德编:《朱子语类》卷第九十五,第2440页。
② (宋)朱熹:《答张钦夫》,《朱子文集》卷三十二,《朱子全书》第21册,上海古籍出版社、安徽教育出版社2002年版,第1408页。
③ 陈来:《朱子〈太极解义〉的成书过程与文本修订》,《文史哲》2018年第4期,第37页。

"理""道""仁"能够不断创生万物的特质。到了明代,"生"与"生生"更是成为中晚明时期的思想基调。①

第四节 "生之谓性"的重新评估——明代思想的趋向

中晚明以降,宋代理学提出的"以生论仁""心,生道也"在阳明心学的良知学体系中的地位更加凸显,"生生"及其化约性表述"生"逐渐成为中晚明时代的思想潮流,"生"必有"生生"的维度,"生生"是"生"的内在规定成为基本共识。例如湛若水指出:"生生者,天地也。人也者,生也。生也者,不息也。息焉则死矣,哀哉!"② 天地是生生不息的,人也是具备"生"的生命存在,这里的"生"应当理解为"不息",亦即"生生不息",如果有息则意味着死亡,生命也就不复存在。

与之伴随的是,"性与天道"被置于生生论域中重新思考,前面曾提到北宋时程明道以仁体生生的思想为基础,进而对告子"以生言性"表现出积极的理论同情,为告子"翻案"于此埋下了伏笔。中晚明时期的阳明学及其后学对"生之谓性"展开全面重估,以易学生生观来重估"生之谓性"的意义,揭示"生"既涵指天道生生的过程,更有生命价值创生的意涵,这与宋代理学强调"生"兼有过程义和根源义是一致的。对明代心学持有异议的气学思想同样肯定"生之谓性",然而其理论旨趣与心学并不一致。两者的关键分歧在于对"生"的理解有差异,不过这足以证明重视"生"的思想在晚明已成为一种思想现象。

---

① [日]岛田虔次:《浅议明代思想的一种基调》,载[日]岛田虔次《中国思想史研究》,邓红译,上海古籍出版社2009年版,第163—173页。

② (明)湛若水:《樵语·贵纯章第三》,《泉翁大全集》第一册,"中研院"中国文哲研究所2017年版,第32页。

前一节曾提到，程颢基于《系辞》的生生观念，发现"生之谓性"的"生"不仅可以阐明"生生"的宇宙观，而且可以通过"以生论仁"将"生"作为仁的基本特质，而仁体生生正是人性的本体依据。由此出发，仁体保障了人性之善的根源，并使人性不断流行呈现，从而赋予了此命题新的内涵。及至中晚明，程颢的观点获得了阳明心学的肯定，阳明强调良知心体不是抽象、静态的本质，而是生生不息，必定在当下展现自身的存在，因此程颢关于仁体生生的思考就为心学提供了理论依据。在这个意义上，中晚明时代"生之谓性"这一命题的新内涵也得以重建。

依据程颢以"万物之生意"作为"仁"的特质，阳明指出"仁"正是良知心体生生流行之根据。例如阳明说："所谓汝心，却是那能视听言动的，这个便是性，便是天理，有这个性才能生。这性之生理便谓之仁。"① 这里将"心""性""天理"视作了相同的概念。一般而言，"心"能够视听言动，具有一般的知觉功能，但阳明说这也是性，亦是天理，这符合阳明"心即理"说的一贯立场，这些在宋儒那里必须作理论区分的概念，阳明往往认为它们本质上是同一的。尽管如此，阳明又指出，有"性"才能"生"，这表明"性"才是"生"的前提，而性之依据——"生理"，即是"仁"。"生理"一词在宋明儒学中亦源自程明道，指事物生生不息造化的本体根据，在"生理"的作用下，由"心"发动的视听言动之合乎天理才得以可能。阳明又说："性之生理，发在目便会视，……都只是那天理发生，以其主宰一身，故谓之心"②，显示出阳明旨在强调天理必然通过五官得以呈现，在这个意义上，天理亦即心才能真正主宰人的活动。

阳明的另一说法则明确表明作为造化根据的"仁"本身便具有流行发生、生生不息的特质，他说："仁是造化生生不息之理，虽弥

---

① （明）王守仁：《传习录》，国家图书馆出版社2018年版，第122条，第181页。
② （明）王守仁：《传习录》，第122条，第181页。

漫周遍，无处不是，然其流行发生，亦只有个渐，所以生生不息。"① 在阳明看来，"仁"是宇宙万物不断生化的根源，它具有无处不在的普遍性，无处不在也就意味着时时刻刻都处在流行发用的过程中，所以阳明说"仁"的流行发用，必须是一个渐进的过程。归根结底，阳明意在说明心即性，即仁，即天理，亦是生生不息造化之理，心的发动根本上就是仁、天理、性的生生不息的发用。综合以上来看，阳明无疑已将仁学思想纳入了其良知心学的体系，突出强调仁不仅是宇宙本体，更是心之本体，它会自我发动和呈现。仁心普遍存在于宇宙万物，内在于每一个人，它无须依赖其他事物就能不断生生造化。

阳明在回答门人时已显示出对"生之谓性"的某种积极肯定：

> 问："'生之谓性'，告子亦说得是，孟子如何非之？"先生曰："固是性，但告子认得一边去了，不晓得头脑。若晓得头脑，如此说亦是。孟子亦曰'形色天性也'，这也是指气说。"②

弟子认为告子的"生之谓性"有合理之处，为何孟子却不以为然。对此，阳明给出的解答是，告子的"生之谓性"只是认得一边，"一边"指的是未晓得头脑。阳明主张基于"晓得头脑"这一前提预设，我们亦可认同"生之谓性"，"头脑"是阳明心学的常用语，喻指良知的主宰作用，实际上这已透露了对"生之谓性"的某种肯定。此外，阳明还指出"形色天性也"也是指"气"说，意指天性必须落在形色中见。而在阳明后学中，对"生之谓性"的重新评估其实已经扩散开来，"生之谓性"的重新解释其实不是秘闻，阳明弟子季本早在15世纪30年代便已注意到同门中出现了"多以自然为

---

① （明）王守仁：《传习录》，第93条，第139页。
② （明）王守仁：《传习录》，第242条，第408页。

宗，至有以生言性"①的流弊，反映了"以生言性"确实在阳明门下形成了一种"为告子辩护"的风气。其实，季本所指主要是阳明后学中的现成派。

现成派秉承阳明"即用求体"的主张，在本体论上主张"见在良知"，在工夫论上主张"当下即是"。本体与工夫的合一，正表现为"见在良知"之本体必在"当下即是"的工夫层面上展现自身。这种当下呈现实际上就表明了良知心体是生生不息的存在，而"以生释仁"的思想自宋代以来已是普遍共识，阳明的仁学思想更是其弟子门人遵循的对象。例如近溪在阳明门下以"求仁""识仁"为学问宗旨，他说："天地之大德曰生，夫盈天地间只一个大生，则浑然亦只是一个仁矣。"② 天地万物无不处在生生流行的状态，而这种天道生生最终被规定为"仁"，"仁"是天地万物生生的根据。

于是，人从天地和父母禀受而来的生命也具有"生"的特质，近溪说："而吾人从父母一体而分，亦纯是一团生意。故曰：形色，天性也，唯圣人而后能践形。践形即目明耳聪，手恭足重，色温口止，便生机不拂，充长条畅。"③ 也就是说，人的生命来自父母，禀赋了天性，而生命活动亦具有生生不息的特质。所以，近溪以"形色天性"说来说明"生意"须落实在践形上，口耳鼻舌等形色生命的活动正是"生意"的具体呈现。那么，"形色"就不仅指自然生命的现实存在，因为"形色天性"的一体结构，表明天性需要在生命的展开过程中不断呈现，因此"天性"就充满了"生"意，甚至可以说是"仁"在天地间的流行发用。

当有弟子问近溪告子的"生之谓性"和"食色性也"为何受到孟子排斥时，近溪便根据"生"在古语中十分常见的事实，提出何

---

① （明）季本：《赠都阃杨君擢清浪参将序》，《季彭山先生文集》卷一，《北京图书馆古籍珍本丛刊》第106册，书目文献出版社1988年版，第849页。

② （明）罗汝芳著，方祖猷、梁一群、李庆龙点校整理：《罗汝芳集》（上），凤凰出版社2007年版，第92页。

③ 《罗汝芳集》（上），第430页。

以不能"以生言性"的反问：

> 今且道生之为言，在古先谓"太上，其德好生"，"天地之大德曰生"，"生生之谓易"，而乾则"大生"，坤则"广生"，"人之生也直"，生则何嫌于言哉？至孟子自道则曰"日夜所息，雨露之养，岂无萌蘖之生"，"乐则生矣，生则恶可已"，是皆以生言性也。"嗜则期易牙，美则期子都，为人心之所同然"，"目之于色，口之于味，此也，有命焉"，是亦以食色言性也。**岂生之为言，在古则可道，在今则不可道耶？生与食色，在己则可以语性，在人则不可以语性耶？**……于此之际，若能响应承当，则性机神，顿尔圆通，天地万物浑然同体。①

近溪认为"生"的含义应从古语来理解，经典文献提供了诸多例证，如"太上，其德好生"，"天地之大德曰生"，"生生之谓易"，"大生"，"广生"，"人之生也直"等，并指出这些表述皆是以"以生言性"的证据。所以，我们何尝不能"以生言性"，以"食色为性"？通过恢复"生"的古义，近溪旨在对告子"以生言性""生之谓性"表示认同，如果能够认可从"生"的角度言性，那么便可以从天地之流行那里获得禀赋之性，由此便能禀赋天地之大德，实现天地万物浑然一体的境界。

通过天道、仁体的生生之义重构"生"的意义，并且肯定"生之谓性"的论调，影响了近溪门下的重要弟子杨起元，尽管杨起元学问以三教合一著称，却对"生之谓性"有着赞许之辞。杨氏在给来自福建的理学家苏濬的书信中写道："伏惟门下以'生之谓性'一句是言性之最妙者，此岂私告子哉？实大《易》之宗旨，孔子之

---

① （明）罗汝芳：《近溪子明道录》卷三，《续修四库全书》，上海古籍出版社2002年影印本，子部，第1127册，第33页。

微言也!"① 虽然杨起元并未直接阐明其对于"生之谓性"的理解,但从杨对苏濬的赞赏来看,其本人的立场非常明显。所谓《易》之宗旨,无外乎指的是"天地之大德曰生""生生之谓易"的生生思想,原来"生之谓性"正可与生生思想相提并论。实际上,苏濬非常重视《系辞》的生生思想,著有《易经生生篇》专门解《易》②。

重视"生"的思想不限于阳明学,在思想立场上倾向于朱子学的学者也对"生生"问题怀有理论兴趣。这是由于"天地之大德曰生""生生之谓易""以生论仁"这些思想观念是朱子学和阳明学所共享的,虽然朱子不赞同"生之谓性",却仍然主张"生之理谓性"③,这是中晚明时期朱子学者强调"生"的思想的渊源。这些学者很少直接认同"生之谓性",却对"生"的问题十分重视。关中学者冯从吾对"生"的问题有明确认识,他认为"'生'之一字,是吾儒论心论性之原"④,"生"字应当从"天地之大德曰生""生生之谓易""天地以生物为心"的角度加以理解,所以"生"指的是"生理"的"生",意味着人禀赋了天地之理,天是人之生的根源。而告子所言的"生"指"生死"之"生"字而言,论气不论理,⑤ 即在冯从吾看来,只讲气而忽略了理,这就是告子"生之谓性"的问题所在。明末高攀龙的弟子陈龙正甚至提出:"今日言学,只提个'生'字。"⑥"张子为天地立心四语包括极大,然一'生'字足以统之。"⑦ 学问工夫皆可归结为"生"的问题。而他所讲的

---

① (明)杨起元:《苏紫溪同年书》,载杨起元《证学编》卷二,上海古籍出版社2016年版,第110页。

② (明)苏濬:《易经生生篇》,何耿丰点校,商务印书馆2018年版。

③ (宋)黎靖德编:《朱子语类》卷第五十九,第1376页。

④ (明)冯从吾:《冯从吾集》,刘学智、孙学功点校整理,西北大学出版社2015年版,第50—51页。

⑤ 《冯从吾集》,第50—51页。

⑥ (明)陈龙正:《几亭外书》卷一,《续修四库全书》,上海古籍出版社2002年影印本,子部,第1133册,第203页。

⑦ (明)陈龙正:《几亭外书》卷一,第204—205页。

"生"亦即来源于易学"天地之大德曰生"和"生生之谓易"的宇宙观，因而他说"学不过体大生之德"①，为学的宗旨在于体会天地生生之大德。② "生"既是天地赋予人价值的过程，又是人不断成德、成圣，成就自我和天地的过程。

重视"生之谓性"也得到了一些对程朱理学和阳明心学持有异议的气学思想家的共鸣，王廷相、吴廷翰也对"生之谓性"说表现出了理论热情，但他们强调的"生之谓性"正是冯从吾所批评的立场。如吴廷翰说："盖'生之谓性'，未尝不是。"③ 表面上看，气学家不满孟子对"生之谓性"的质疑，试图为告子进行辩护，与前面提到心学家的解释看似同调。事实上，气学思想家对于"生之谓性"思想的肯定，其理路与心学不同。气学所重视的是"以气言生"的思路，而不免与心学的思维发生歧义。在心学看来，宇宙万物的存在根据不能由"气"来决定，而必须诉诸仁体生生才有可能。而在气学思想中，"气"的现实构成是第一性的存在，"性"或"理"是第二性的。气质生命是耳听、目视、心思等功能的现实存在依据。例如吴廷翰说："及其生人，则人得之以为有生之本，而形色、象貌、精神、魂魄，皆其所为，而心则全体之所在，故谓之性。"④ 必须先有"生"之本，此生之本便是"气"，由此才有形色、精神的作用，这是"性"。按气学思想的思路，人生而只有气质之性，"生之谓性"便是此气质之性，故人性的完善须由后天之"习"来实现。在此意义上，"性"也具有"生"的特质，气学所言的"生"更强调"生之自然""生质"的形质义。

虽然阳明也接受"气即是性"的说法，并因此认同"生之谓

---

① （明）陈龙正：《几亭外书》卷一，第204—205页。
② ［日］荒木见悟：《陈竜正的思想：东林学的一继承形态》，载九州大学中国哲学研究会编《中国哲学论集》，1975年，第10—11页。
③ （明）吴廷翰：《吉斋漫录》卷上，《吴廷翰集》，容肇祖点校，中华书局1984年版，第26页。
④ 《吴廷翰集》，第28页。

性",不过阳明仍然强调在性气一体的结构中追求"自性明白"才是为学应当努力的方向。明末受心学影响颇深的黄宗羲也曾指出:"无气外之理,'生之谓性',未尝不是。然气自流行变化,而变化之中,有贞一而不变者,是所谓理也,性也。"[1]"无气外之理"似乎与气学的立场一致,所以黄宗羲与吴廷翰一样,提出了"生之谓性"亦"未尝不是"的肯定性评价。但黄宗羲肯定"生之谓性"的原因在于,他认为气的流行变化之中就已有恒定不变者,即"理"或"性"。所以,"生之谓性"意同"气外无理","理"或"性"即气之变化中的不变者,它保障了气之变化具有一定的方向和秩序,因此,气是有性之气,有理之气,故"生之谓性"可以成立。

心学和气学的区别根源于两者在宇宙观、人性论方面的差异,心学强调"良知心体"是绝对的终极实体,是人生而禀赋的天命之性,是先天具足之性。心学之"生"的实质内涵更是指良知心体、仁体的生生不已的创生作用,即本体层面的创生。"生"并非指人的生命或自然事物的存在,而是指使事物存在变化得以可能的根据,也就是良知对于人之生命的主宰和创造。尽管在阳明及其后学中亦有大量关于"气"的论述,然而心学所言的"气"只是活动发用的承担者,并不是终极依据。良知发用流行,生天生地仍然在"良知心体""仁体"的本体基础上才得以可能,"气"并非良知的存在依据,只有仁心才是宇宙生命和人的生命生生不息的根源,所以良知心体自身便是普遍的本体存在,而无须气作为其存在保证。

从有关"生"的解释来看,心学和气学的思想差异其实涉及"生"字的两解,一是"生"的实指义,即在时空维度内现象层面的变化,因为现象是某种在经验中的时间性存在,所以它有生生不息、不断发展的内涵。二是"生"的虚指义,即指"生"的根源义、创生义,万物存在的依据在于仁体的生生,亦即天地之性。

---

[1] (明)黄宗羲:《孟子师说》卷六,《黄宗羲全集》第1册,浙江古籍出版社2012年版,第133页。

"生"并非仁体，却是仁体的首要特质，天道生生、良知之生即是这个意义的"生"。换言之，"生"到底是"气"之"生"还是"仁"之"生"在这里显示出理论的张力。一般而言，"气"之生不言自明，因为"气"本身就是活动的、不断变化的。其背后的问题是，只讲气之生还不是心学的根本立场，在心学家看来，只有本体的发动和显现，即"仁"之生才是心学的最终落脚点。"仁"之生是良知实现自身，仁体呈现自身的最终依据。但在这个过程中，仁体发用也离不开气的活动，不过气并非最终的发动根据。一方面，"仁"的发动不需要气来推动；另一方面，没有气，仁体发用不能实现。

小　　结

早期的"生"和"生生"是两个独立的概念，"生生"不可化约为"生"。然而这两个概念不是毫无关联的，"生"的基本含义决定了"生生"的意义，在构造"生生"这个词的时候已经预设了其意义来自"生"的相关含义。先秦儒道两家所用的"生生"主要为动宾结构，儒家的"生生"意为建立家业，道家的"生生"指创生万物，或指过分地养生，后者则是道家批评的观点。汉魏学者对"生生"的解读基本奠定了后世的"生生"观，"生生"是描述事物存在、发展、变化乃是生生不已的过程的形容语。与此同时，"生"与"生生"开始产生关联。

自宋代以降，程明道、朱子接续开始将"生生"化约为"生"，"生生"成为"生"的第一要义，同时也赋予这一问题重要的哲学意义。宋明理学的"生"的思想包括了宇宙观、天道论，进而扩散到心性论，涉及本体如何创生万物，德性如何产生和实践，人性的本质与发展等相关问题。"生"是这些问题的重要面向，是宋明理学试图在这些问题上揭示的重要特质。换言之，"生"是天地生万物、仁体生万物、良知发动的内在规定。儒家所言的"生"即"生生",意在表明性与天道、仁体、良知不是抽象的、静态的形上根源,而是动态活动的、不断创造的。在这个意义上,朱子的"生亦是生生之意"揭示了儒家所言的"生"不仅是过程,而是兼具了根源义。由此,"生"就不是生产制造,或者自然现象的变化,而是从根源处亦即天道的不断生成和创造。宋明理学强调天人是一体共生的存在,人禀赋了天地之生生大德,而且人在天地间不可能是一成不变的,而是"生生"的存在,人能够不断实践道德行为,在天地间不断创造价值意义,这是"生生"最重要的内涵。

"生亦是生生之意""生生之体则仁也"同时也揭示了"生生"是形容某种对象的描述语,不是某个对象自身。朱子对"以生为道"的反对也可以说明这一点,甚至以批评宋明理学著称的戴震也是如此主张的。戴震以气化流行、生生不息解释"道"和"仁",但并不是以"生"或"生生"为道,虽然戴震多次提出"生生者,仁也"[1],但这不是指生生即是仁,而是"生生之谓仁"[2],"生生"仍然是对"仁"的一种规定和描述。在戴震的用法里,他也使用"生生之道""生生之心"[3],"生生"是对"道""心"的形容。张岱年也指出:"以一阴一阳迭运为道,以生为天地之大德,然或未以道或生为宇宙最究竟之本根。"[4] 换言之,宋明理学突出强调的是天道、仁体、心体的"生生","生生"是宇宙生成、天道创生、良知发用的根本特质,并不是"天道""仁体""心体"本身,不能作为"主词"而存在,而是形容"仁体"具有不断运动、不断创生天地万物

---

[1] 戴震说:"生生者,仁乎!""生生者,仁也。"(清)戴震:《孟子字义疏证·原善》卷上,第62页。

[2] (清)戴震:《孟子字义疏证·原善》卷上,第63页。

[3] 戴震说:"在天为气化之生生,在人为其生生之心,是乃仁之为德也;在天为气化推行之条理,在人为其心知之通乎条理而不紊,是乃智之为德也。惟条理,是以生生;条理苟失,则生生之道绝。"(清)戴震:《孟子字义疏证》卷下,第48页。

[4] 张岱年:《中国哲学大纲》,商务印书馆2015年版,第129页。

的形容语，生生不已地创造这一特质内在具备于"仁体"。

总之，中国哲学中的"生"或"生生"并不是作为万物最终实在的实体或本质。同样，"生"的思想不是指"生"作为万物存在的最终根据，它不是本体、本根。按照宋明理学的立场，"生"或"生生"的最终根据不外乎是理、道、气、仁、良知这些"实体"存在。广义上看，"生"的思想包括宇宙观和德性论，"生生"旨在揭示"生"具有生生不已的面向，宇宙的生成和运行是连续不已的过程。同时，人道和德性的"生成"不仅是一个变易的过程，而且是一个不断生长、充实、发展的过程，人的生命具有不断超越自我、不断创造价值的特质，这是"生"的思想的最终落脚点。

第 三 章

"生"在船山思想中的形成与演变

"生"在船山思想中具有重要的地位,从其思想整体来看,有关"生"的问题是船山反省宋明理学的一个重要进路,贯穿其思想历程。因此,本章旨在结合船山的思想演变过程,了解其问题意识的根源与转变,由此确定船山谈论"生"的思想的关怀所在。

第一节 早年:易学与"生"的思想奠基

第一章曾提到"生"的问题的两个维度,其一是创生或创造;其二是"生"与"生成"的分离,"生"并不意味着"生成"的完成,而是"生生不息"意义上的不断生成。这一双重视野构成了船山的理论出发点,并且贯穿了他一生的思想历程。"生"必须以宇宙实有为根源,从实有的"气"而产生,而非"无中生有",宇宙的生化不可能来自真实无妄但无法以感官把握的理、道,更不是"无"。与此同时,他又不承认基于时空序列的宇宙生成论。在性命问题上,船山认为以程朱为代表的理学思想没有充分重视"生生"的传统,而是将"生成"等于一次性的"完成",所以在"生"的理解上存在明显的局限性。

在船山的思想体系中,易学为"生"的思想提供了重要的理论基础。《易》有三易，即变易、不易和易简。其中，变易是《易》的本质之一，指一个事物从无到有，或从一个状态转变为另一状态的过程，意味着生生变化，所以"生生之谓易"乃是易学思想的根本要义之一。易学的确在船山思想中占有非常重要的地位，这一点无须赘言。[①] 就著作数量而言，他早年作《周易外传》《周易稗疏》和《周易考异》，中年作《周易大象解》，晚年作《周易内传》，一共完成了五部著作。就时间跨度来看，易学贯穿了船山的一生，以《周易》之道来安身立命，于艰难险阻中得以求生，是其毕生的追求。

从写作时间上看，反省"生"的问题在船山早年的易学著作《周易稗疏》中就已出现。尽管目前尚不能确定《稗疏》的写作时间，但是学界一般认为早于船山 36 岁所著的《周易外传》（1655）。[②] 船山在《稗疏》中批评象数易学，特别是邵雍以"加一倍法"为核心的先天易学。根据邵雍的解释，六十四卦的产生来自卦变，太极生两仪、再生四象，再到八卦、六十四卦的变化遵循了一变而二、二变而四、三变而八的类似数学的原则，这就是伏羲的先天八卦。船山认为，这种看待易学的方法不是根据天地变化的自然运行，而是将人为的意志和观念施加于天地之自然，而人的主观设定是《易》本身不具有的，所以他否认邵雍的易卦生成论。他在解释《系辞》"两仪生四象"时指出：

> 生者，非所生者为子，生之者为父之谓。使然，则有有太极无两仪，有两仪无四象，有四象无八卦之日矣。生者，于上

[①] 嵇文甫在《船山的易学方法论》中认为"船山最深于易学"，载嵇文甫《王船山学术论丛》，第 75 页。

[②] 《周易稗疏》早于《周易外传》，最主要的依据是《外传》中有"详见《稗疏》"的说法。也有持不同意见者，谷继明在《王船山〈周易外传〉笺疏》的前言中指出《外传》当早于《稗疏》，参看谷继明《王船山〈周易外传〉笺疏》，上海人民出版社 2016 年版，第 7 页。

发生也，如人面生耳、目、口、鼻，自然赅具，分而言之，谓之生耳。①

"生"不是父生子意义上的"生"，如果以"父生子"的模式理解"生"，就有可能出现有"太极"而无"两仪"，有"两仪"无"四象"的状况。这是说如果后者的生成需要依赖于前者，那么就意味着前者不需要依赖于后者亦可独立存在。以这种方式理解易卦的生成论，就陷入了基于时空生成序列的宇宙生成论。在宇宙生成次序中，时间次序中的前者可以独立于后者而存在。但是船山并不认同这种基于时空的生成论，他主张"生"是"于上发生"，例如人面具有五官，自然本具五官，而不是先有人面，然后从面上生成了五官。所以，"生"意指从一个本有的事物中分化而产生，"于上"表明"生"不是无中生有，而必须基于某个已有事物。故船山在此基础上进一步指出："太极即两仪，两仪即四象，四象即八卦，犹人面即耳目口鼻；特于其上所生而固有者分言之。"② 太极即两仪，四象亦即八卦，这里的"即"不是指太极与两仪、四象、八卦的本质同一，而是指太极已经全具于两仪、四象、八卦之中，两仪内在地具有太极，四象亦内在地具有了太极、两仪，以太极、两仪为根据。所以他认为易卦的生成如同人面上有耳目口鼻，是基于固有的事物而分化。

"于上发生"意味着"生"是根源于本有之物的分化，太极作为内在的根源，是天地万物的生成根源，实际地生出了天地万物，从这一点看，"于上发生"的确具有宇宙生成论的特质。但是，船山又强调太极—两仪—四象—八卦并不是基于时空序列的宇宙生成，而是根源于本有事物的分化，太极产生两仪、四象并不导致太极的消失，太极仍然作为宇宙的根源，是无生无灭的存在。这一思想后

---

① （明）王夫之：《周易稗疏附考异》卷三，《船山全书》第一册，第789页。
② （明）王夫之：《周易稗疏附考异》卷三，《船山全书》第一册，第789页。

来在《周易外传》《周易内传》中得到了进一步的阐发，后文还会详细论述。

相比较为简明的《周易稗疏》，成书于1655年的《周易外传》的思想内涵更为丰富。船山在该书中将"生生"的精神贯彻于易学思想，例如，在解释《易》之末卦未济时，他说："天地之终，不可得而测也。以理求之，天地始者今日也，天地终者今日也。"① 未济在《周易》中位于既济之后，代表末卦，意味着天地没有结束之时。故他认为根本不存在天地之终，天地在今日始，又在今日终，便意味着天地没有始终。于是，他否认天地有"初生之始"和"万物皆尽之终"的观点，主张万物既没有初生的起点，也没有结束的终点，而始终处在生生不息的流行过程之中，这就是易学强调"天地之大德曰生"的主旨。在《外传》中，船山详细地阐释"天地之大德曰生"这一章，其核心思想是万物皆处在生生不息的流行之中，万物不存在生灭，只有"来往"。

在天地的生生不息运行之中，人的存在同样也是生生不息的。所以船山在《外传》中亦强调"天下日动而君子日生，天下日生而君子日动"②，"动"是天地的流行变化和人的生命展开，这是成德的前提，亦具有"生"的含义。当然，船山之所以重视万物皆生，不仅旨在强调个体生命的自我更新和完善以及天地的生生运行，更重要的是，他怀有一种强烈的宇宙意识和历史意识。在他看来，"万物皆生"的一个直接推论是生灭有无的不存在，世间万物不可能完全消亡，而是处在聚散变化的过程中。如果一个人能够尽其德性，使其生命达到完满，其德性并不会因为生命的死亡而流失，相反，德性会归尽天地，对当下的存在与后世产生影响。

船山"生"的思想之所以重视易学，也与他推崇张载具有内在关联。张载的气论思想具有鲜明的易学色彩，其著作《正蒙》虽然

---

① （明）王夫之：《周易外传》卷四，《船山全书》第一册，第979页。
② （明）王夫之：《周易外传》卷六，《船山全书》第一册，第1033页。

不是易学著作，但也具有易学的特色。① 在《张子正蒙注》的序言中，船山认为张载的《正蒙》无非就是易学，《正蒙》本质上是易学著作，进而可以统摄《六经》和《论》《孟》之学。船山说：

> 《周易》者，天道之显也，性之藏也，圣功之牖也，**阴阳、动静、幽明、屈伸，诚有之而神行焉**，礼乐之精微存焉，鬼神之化裁出焉，仁义之大用兴焉，治乱、吉凶、生死之数准焉，故夫子曰"弥纶天下之道以崇德而广业"者也。**张子之学，无非《易》也**，即无非《诗》之志，《书》之事，《礼》之节，《乐》之和，《春秋》之大法也，《论》、《孟》之要归也。②

在这段序言里，船山明确将《周易》置于其他经典之上。首先，《周易》彰显了天道性命、作圣之学。具体言之，阴阳、动静、幽明的变化，礼乐的精微义理，仁义等德性的呈现，吉凶、治乱的预测和推定，皆是《周易》的重要内容。通过《易》，人们可以体察天道，进而以天道之变化，来探求人事的道理，天人之理都蕴藏于《易》。因此，船山将《易》的地位提升至其他经典之上，并指出张载的思想学说本质上即易学，同时也涵盖六经和《语》《孟》的思想精神，包括《诗经》的志，《尚书》的政事，《礼记》之仪节，《乐》之和，《春秋》的法，《论语》《孟子》的要旨。因此，在船山看来，张载思想的理论要旨在于易学，并且可以通过《正蒙》统摄《六经》和孔孟之学。那么，理解船山易学思想的要义亦不可忽略张载《正蒙》思想的影响，反过来说，透过船山的《张子正蒙注》，也可以把握船山易学思想的核心要义，这两者是一体两面不可

---

① 相关研究还可参见辛亚民《张载易学研究》，中国社会科学出版社 2015 年版；胡元玲：《张载易学与道学——以〈横渠易说〉及〈正蒙〉为主之探讨》，台北：学生书局 2004 年版；杨立华：《气本与神化：张载哲学述论》，北京大学出版社 2008 年版，第 161—182 页。

② （明）王夫之：《张子正蒙注》卷一，《船山全书》第十二册，第 12 页。

或缺的。

中年时期，船山对"生"的思想的理解不仅体现在宇宙观上，同时也表现在人性论，其中最为重要的是船山基于"生生""日生"的观念开始反省宋儒的人性论，提出"日生日成"的人性论主张，这一观点也是船山思想的标志性主张。在他看来，过去人们常将人性的根源推之于天命，由"天命之谓性"来论证人性，但是由天命赋予的初生人性并不圆满，生命的"创生"并不是人性的"生成"，人性是在后天的修为工夫中不断生成的。我们一般以为这个主张形成于稍晚于《周易外传》的《尚书引义》，但是在早年的《周易外传》中，船山已有其思想雏形。在解释乾卦"元者，善之长"时，船山指出：

> 夫一阴一阳之始，方继乎善，初成乎性，天人授受往来之际，止此生理为之初始。故推善之所自生，而赞其德曰"元"。成性以还，凝命在躬，元德绍而仁之名乃立。天理日流，初终无间，亦且日生于人之心。①

这里的文本依据其实并非乾卦，而是《系辞》的"一阴一阳之谓道，成之者性也，继之者善也"，其大意是说天道是人性的根源，人性继承了天道之善，天道之生理成就了人性的初始状态，我们将这种善的产生根源称为"元"。不过，更为关键的是后面几句，船山进一步指出，人性初生以后，凝聚并且承受天命的主体——人，由此便获得了"元德"。他在后一句继续讲，这种元德亦即仁德。事实上，"元"即是"仁"，"仁"即"生理"，这是宋明理学的基本观点。作为"生理"的"仁"是人性之善，同时也是人性不断完善的根源所在，成性以后，天理（仁）日日流行，没有始终，在人心中时时发用。船山虽然点明"元"是善的根源，是人性的初始，但是

---

① （明）王夫之：《周易外传》卷一，《船山全书》第一册，第825—826页。

没有直接指出人性的日生日成，而是认为天理流行会日生于人心，日生的主体是人心，依据是天理。

根据上述说法，船山在《外传》中已经明确地引入"初生"或"初始"与"成性以还""日生"的对比，强调人性不仅具有其初始所赋的天道之善，还有赖于后天的修为努力。当然，《外传》的这个论述只是"日生日成"说的雏形，并没有交代为何要提出这一观点，也未详细解释"生"的思想内涵。这个问题在后来的《尚书引义》和《读四书大全说》中得到了进一步深化。

在《尚书引义》中，船山对"天命之谓性"作出了诠释：

> 天命之谓性，岂但初生之独受乎？①
> 故天日命于人，而人日受命于天。故曰性者生也，日生而日成之也。②

天命在人获得生命以后并没有止息，因而从天命禀赋的人性也处于不断生成的过程中，具备生生发展的维度，在后天的生活之中不断扩展，获得新的内容，是谓"日生而日成"。《尚书引义》对"日生而日成"的讨论标志着船山以"生"为核心观念的人性论正式登场。

在船山中年时期的著作中，他始终将"性日生，命日受"作为经典诠释的重要依托。不过，由于他的著作多以经典诠释来呈现，而经典文本的内容不同，导致在不同的解经著作中，他的思想旨趣很可能受文本脉络所限，因而存在较大差异。但是不同的经典中也有一定的相通之处，"生"的思想便是其解释不同经典的重要依据，贯穿于多部著作中，这在他中年的著作中更为明显。这不仅是船山性命论、人性论的重要特质，也是破解船山问题意识的关键所在。

---

① （明）王夫之：《尚书引义》卷三，《船山全书》第二册，第301页。
② （明）王夫之：《尚书引义》卷三，《船山全书》第二册，第300页。

第二节　中年：以《读四书大全说》为中心

在完成《周易外传》和《尚书引义》两部重要著作后，船山于1665年完成了一部重要的著作——《读四书大全说》，该书反映了船山与理学思想有深厚的渊源关系，向来被认为是船山思想的重中之重，一直以来是船山学的研究重点。① 总体上看，该书基本赞同朱子《四书》解释的立场，同时也有批驳，而对于朱子后学的解释，船山的评论则言辞较为激烈。

在《大全说》中，船山将"性日生，命日受"作为其经典诠释的重要理论依据之一。但是这并不表明他将这一观点运用于整本《四书大全》的诠释，由于《大全说》是对明初所编的《四书大全》中宋元程朱理学一系的《四书》解释的分析和再诠释，他的解释必须顺着《四书大全》的文本脉络，因而不可能随意地发挥自己的思想。在诠释理气、性命、心性、工夫这几个理学的核心概念时，他已自觉地运用《周易外传》和《尚书引义》中提出的"日生日成"说。

例如，在诠释《大学》第二章所引《尚书》"顾諟天之明命"时，船山说：

> 当有生之初，天以是命之为性；有生以后，时时处处，天命赫然以临于人，亦只是此。盖天无心成化，只是恁地去施其命令，总不知道。人之初生而壮、而老、而死，只妙合处遇可受者便成其化。在天既无或命或不命之时，则在人固非初生受

---

① 也有学者对此提出不同意见，邓辉认为船山晚年的《四书训义》和《四书笺解》亦有重要价值，蕴含了各种丰富的具有创造性的思想资源。邓辉：《王船山四书学思想研究略论》，载邓辉《王船山历史哲学研究》（增订版），上海人民出版社2017年版，第415页。

命而后无所受也。①

愚于《周易》、《尚书》传义中，说**生初**有天命，向后日日皆有天命，天命之谓性，则亦日日成之为性，其说似与先儒不合。今读朱子"无时而不发现于日用之间"一语，幸先得我心之所然。②

在生命之初，人禀受天命为性。自此以后，天命时时降临于人，但"天"无心对人施加命令，只是时时常在，因此我们固然无法知晓甚至掌控天命，但是从人的初生至壮年和死亡，生命一直处于日生变化的过程中，在此过程中亦时时受天命的影响。在船山看来，"生"不仅意味着生命之初，更是生命展开的过程。进一步，他借由"生"的问题赋予了"天命之谓性"以全新的意义。他明确指出在《周易外传》及《尚书引义》中曾明确提出这一点，"天命"不仅在生初之时具有，且在生命过程中时时降临，因而天命所赋予的人性也是日生不断的，他认为这种说法与先儒有所不合，而这正是他的问题意识所在。然而，当他读到朱子"无时而不发现于日用之间"的观点时，又发现朱子的说法先得其心，"无时而不发现"的"无时"可以证明朱子也有强调生生不息的意旨。

此外，船山还有一个说法也可以表明其《四书》诠释十分倚重"性日生，命日受"的观点。在解释孟子性善论时，船山说：

孟子亦止道"性善"，却不得以笃实、光辉、化、不可知全摄入初生之性中。……愚**每**云"性日生，命日受"，正于此处分别。③

---

① （明）王夫之：《读四书大全说卷一·大学》，《船山全书》第六册，第407页。
② （明）王夫之：《读四书大全说卷一·大学》，《船山全书》第六册，第407页。
③ （明）王夫之：《读四书大全说卷九·孟子》，《船山全书》第六册，第1019页。

孟子只提出了"性善"，但不能据此将人性的笃实、光辉、变化以及后天不可预知的内容全部纳入初生的性善之中。依其看法，人性在后天的生命过程中是发展变化的，"每云'性日生，命日受'"表明在船山的经典诠释中，"性日生，命日受"这一命题时常是其理论基础，这里的"每"字十分关键，体现了船山对该命题的高度重视。

归根到底，船山反对将"生"理解为一次性完成的"生成"和"创生"。所谓一次性地生成，指的是人性的初生便意味着完满人性是现成的，已经完全内在于人。而在他看来，"生"应当是生生不息、绵延不断的生成过程。当然，船山不仅强调"生"是时间性的过程，而是认为在这一过程中，人性具有自我完善、不断扩充的特点。他明确指出"生非一次生"，将"生"的意旨引向了"生生"的维度，凸显了"生"乃是生生不息的不断生成之义。也就是说，"不断生成"，即"日生"的"生生"精神才是"生"的内在含义。如船山所言：

> 愚于此，窃疑先儒说死生处都有病在。以圣人之言而体验之于身心形色之间，则有不然者。今且可说死只是一死，而必**不可云生只是一次生**。[1]

船山此说针对《论语》"未知生，焉知死"而展开，朱子在《四书章句集注》中引《易·系辞》"原始反终，故知死生之说"的观点，指出知生死的要义在于推本溯源以及求万物之终[2]，船山的怀疑正是由此而来。他的出发点在于"以圣人之言而体验之于身心形色之间"，这是说对生死问题的理解来自生命的实际经验。由身心体

---

[1] （明）王夫之：《读四书大全说卷六·论语》，《船山全书》第六册，第752页。
[2] （宋）朱熹说："非原始而知所以生，则必不能反终而知所以死。盖幽明始终，初无二理，但学之有序，不可躐等，故夫子告之如此。"（宋）朱熹：《四书章句集注》，中华书局1983年版，第125页。

验来看，姑且可认为"死"只有一次，但必不可认定"生"是一次完成的，"生"不仅仅是生命的创生、初生，人的生命初生时并没有完全具备人性的全部能力，而需要在后天的生命展开过程中不断扩展。在此意义上，"生"指无数次的不断创生，亦即"生生"的精神。又如船山说：

> 朱子于《大学补传》，亦云"一旦豁然贯通焉"，"一旦"二字亦下得骤。……孟子曰"是集义所生者"，一**"生"字较精切不妄。循循者日生而已**，豁然贯通，固不可为期也。①

按船山之义，朱子《大学补传》提出的"一旦豁然贯通"的"一旦"之语下得过急，在工夫开始之际便已预设了豁然贯通实现之日，而且隐含了豁然贯通可以马上实现的含义，因而无需后天的不断努力。船山通过援引孟子的"集义所生"的"生"，认为这里的"生"体现了不断积累和发展的含义，所以较为精确，其本质内涵是循循不断日生。与此类似的还有船山对"克己复礼"章"一日克己复礼，天下归仁焉"的解释，根据朱子的解读，克己复礼便能天下归仁意谓"克己复礼"的见效之快。对此，船山谨慎地指出，"一日克己复礼"不等于"一日己克礼复"，不代表在很短的时间内便能完成"克己复礼"，故船山指出："'克己复礼'之功无有止息。"②

总之，船山《读四书大全说》的"生"的思想试图破除两种思想倾向，一是佛老和宋儒将事物的本性看作某种固定不变的本质；二是既然生而具有圆满德性，因而不需要后天修为工夫。故船山强调人性应当是不断完善发展的，这一观念贯穿了船山的理气论、性命论、心性论以及工夫论，是理解《大全说》的主要线索之一。在

---

① （明）王夫之：《读四书大全说卷六·论语》，《船山全书》第六册，第813—814页。

② （明）王夫之：《读四书大全说卷六·论语》，《船山全书》第六册，第769页。

《大全说》以外，船山有关四书学的著作还有《四书笺解》和《四书训义》，成书稍晚于《大全说》，约在船山61岁时（1679）。"日生日成"说在这两本著作中并未得到充分体现，至少在其诠释中没有承担重要的角色。其原因可能是这两本著作是船山给门人弟子授课时的讲义，授课讲义的风格需要较为平实。而且，《笺解》和《训义》的根据是朱子《四书章句集注》，而不是融合了朱子后学思想的《四书大全》。总体上看，船山较推崇朱子本人的解释，但不满朱子后学对朱子的误读，所以《笺解》《训义》与《大全说》言辞较为激烈不同，船山后期对朱子的态度渐就平实。[1] 不过，《训义》和《笺解》的立场不并表明船山在中年以后完全抛弃了"日生日成"的观点，这一点从船山晚年思想中可以得到印证。

第三节　晚年：安生安死，生生无穷

中年以后的船山，思想稍有转向。当然，这种转向也要归功于其著作风格更趋于遵循经典文本的结构进行诠释，而不是早年时更多地倾向抒发己意。除了上面提到的《四书训义》《四书笺解》，《礼记章句》《船山经义》《周易大象解》等著作体现了船山中年以后思想风格的转向。以1685年所著的《周易内传》为例，其风格就完全不同于早年的《外传》，[2]《外传》中有大量关于"生"的问题论述，《内传》中却并不常见，这是否意味着船山晚年抛弃了"生"的思想呢？

在船山晚年的思想归宿——《张子正蒙注》（1685，修订于1690）中，他不仅没有抛弃中年以前形成的"生"的思想，而是进一步将

---

[1] 陈来：《诠释与重建：王船山的哲学精神》，第85页。
[2] 杨自平：《王船山〈周易内传〉解经作法析论》，《鹅湖学志》第三十九期，2007年，第113—114页。

"生"的问题引向了人对宇宙和未来的道德责任,他追求的宇宙论意义上的"生"和"日生日成"说渐渐发展为这样一个问题,人的生命应该在宇宙生命生生不息的运转中发挥怎样的道德责任。

正如前文已经指出,这个问题在船山早年的思想中已有影子。在《周易外传》中,他在解释"天地之大德曰生"时已经提出了"贞生死以尽人道"的思想,认为天地间不存在生灭有无的现象,事物的死亡或灭亡只是归于"太虚",继续存在于天地间,一个人的善恶亦将影响其死后的归宿,如船山所言,"德归于天地,而清者既于我而扩充,则有所埤益,而无所吝留"[①],如果一个人在其生命过程中成就了德性,那么德性在其死亡后会归于天地,影响到后世之人。这个思想在晚年的《张子正蒙注》中得到了进一步的发挥,也是船山晚年的价值选择。

船山的思想宗旨与《正蒙》的主题是相符的。在宇宙生成的问题上,《正蒙》揭示了宇宙万物的生成及大化流行根源于"气"的生生运动,"气"的本体虽然是无形无象的"太虚",但其是与"虚无""虚空"相对的实有。船山同样否认"生"是"无中生有",而是基于本有事物的宇宙生化。那么,在宇宙开端的问题上,就不存在一个非实有(虚无)的根源。整个宇宙的运行是建立在实有基础上的大化流行。不过,船山更为强调的是这个作为宇宙开端或根源的实有本体本身就是生生不息、不断运动的,唯有如此才能通过生化流行产生宇宙万物。此外,他一生始终强调"性日生,命日受",无非旨在表明人应当重生和珍生,在其有限的生命过程中尽可能地成就完满的德性。他之所以重生和珍生,不仅在于解决个人意义上的生死问题,更是在于对宇宙生命尽其责任。依《正蒙》之见,人死后不是消亡殆尽,而是归于太虚之气,所以船山以此出发主张人应对宇宙负有重要责任,人在世间所做的善恶不会因死亡而消失,而会影响到后世的归宿乃至子孙后代。这也符合《正蒙》强调宇宙

---

① (明)王夫之:《周易外传》卷六,《船山全书》第一册,第1046页。

万物实有的主旨，因为凡是世间之物，必定以某种形式存留于世间。这一思想旨在说明，人必须要对生命负责，只有尽其生命的圆满，才能安生安死，让自己的德性留存于世间。这是"性日生，命日受"说的思想深化，它回答了完善德性的最终目的和归宿。总之，不管是"日生日成"说还是《正蒙注》中强调的安生安死，都蕴含了丰富的"生生"精神。船山说：

> 至虚之中，阴阳之撰具焉，絪缊不息，必无止机。故一物去而一物生，一事已而一事兴，一念息而一念起，以**生生无穷**，而尽天下之理，皆太虚之和气必动之几也。①

"至虚"在《正蒙》中指"太和""太虚"，是指万物之气的根源，无形无象而没有具体形态。张载说"至虚之实，实而不固"②，意指"至虚"是实在物，并不是固定不变的，因为在"至虚"之中充满了不断运动的阴阳二气。"阴阳之撰"出自《系辞》"阴阳合德，而刚柔有体，以体天地之撰"，这里的关键是理解"撰"的含义。清代李鼎祚将其解释为"数"③，所以"天地之撰"指天地之数。另一种解释认为"撰，具也"，天地之撰指天地所产生的一切事物。④ 根据此处的语境，"撰"应指后者，至虚之中具备阴阳之体。船山在《外传》中解释"体地之撰"时还特别指出："然可见者，所撰者也。"⑤ 那么这里的阴阳之撰即指由阴阳构成的可见事物絪缊运转不息，永无停止，也透露了"生生"的意蕴。船山进一步说，物的消亡和产生，事的停止和开始，念头的消失和兴起，即生生不息、永无穷境的过程。天下之理，是"太虚"或"至虚"之气动静

---

① （明）王夫之：《张子正蒙注》卷九，《船山全书》第十二册，第364页。
② 《张载集》，第64页。
③ （魏）王弼、（晋）韩康伯注，（唐）孔颖达疏：《周易正义》卷第八，第185页。
④ 高亨：《周易大传今注》，齐鲁书社2009年版，第515页。
⑤ （明）王夫之：《周易外传》卷六，《船山全书》第一册，第1056页。

变化的根源。在船山的宇宙图景中，宇宙生生不息的变化，人伦物理的产生，皆来自太虚之气絪缊不息的不断运动，它在天地间从无停止，生生无穷。人应当做的是在其生命中尽道德之事，由此才能死后归于作为宇宙本体的太虚，造福整个宇宙。

船山晚年的这种思想转变不仅发生在《正蒙注》，《正蒙注》并不是其思想转变的孤证。同样作于晚年的《庄子解》也存在与《正蒙注》类似的生死观①，他基于《庄子·达生篇》的解读亦十分强调人的生命历程和价值对于宇宙生命的伦理责任。故有学者指出："船山对于《庄子》相天说的诠释，既循着《庄子》生死气化的基本思路，又主要结合张载的生死观来诠解。"② 不过，船山晚年的思想变化与其说是一种实质的转变，不如说是晚年的一种思想选择，意味着"生"的思想的重要性在船山的思想视野中更为凸显，而不是改弦更张。

思想的发展和深化并不表明船山抛弃了早年和中年的思想，基于相应的文本，船山依然坚持了"日生日成"的思想，例如在重订于1683年的《诗广传》中，当论及《孟子》的"大人者，不失其赤子之心"时，船山如以往那样，主张君子并不只持"赤子之心"，而是不断扩充其性，于是又诉诸"性日定，心日生，命日受"的主张。③ 又如《西铭》也有"不息，天命也"的表述，船山在解释中

---

① 目前尚难确定《庄子解》的写作时间，大多认为作于1679年著成的《庄子通》之后几年，或者大体与《庄子解》接近。见徐圣心《浑天、天均与易庄会通——王夫之〈庄子解〉发微》，《北京大学中国古文献研究中心集刊》第9辑，北京大学出版社2010年版，第410页；邓联合：《王船山庄学话语的两种形态及其思想旨趣》，《人文杂志》2017年第3期，第11页。

② 林明照：《王船山庄学中"相天"说的伦理意义》，《台湾大学哲学论评》第49期，2015年3月，第105页。邓联合亦指出："他（船山）希图以道学化尤其是张载的某些思想观念对庄子之学进行精神再造。"见邓联合《王船山庄学话语的两种形态及其思想旨趣》，《人文杂志》2017年第3期，第12页。

③ 《诗广传》中有："古之善言性者，取之有生之后，阅历万变之知能，而岂其然哉！故诗之言天，善言命也，尤善言性也。'君子万年，介尔昭明'，有万年之生，则有万年之昭明；有万年之昭明，则必有续相介尔于万年者也。此之谓命日受，性日生也。"（明）王夫之：《诗广传》卷四，《船山全书》第三册，第453—454页。

依然指出:"是以聪明可以日益,仁义可以日充。"① 在《四书训义》中,也可见船山坚持"日生"这一富有生生精神的观点。② 在《思问录》中,他仍然强调"日新"的观念,他说:"守其故物而不能日新,虽其未消,亦槁而死。不能待其消之已尽而已死,则未消者槁。故曰'日新之谓盛德',岂特庄生藏舟之说为然哉!"③ 如果仅守着本有之物,而无法不断更新,尽管该物未消亡,但也已失去了活力,如同枯槁而死。因此,不能消极等待消亡,否则在有生之时,生命和事物也会枯槁。所以船山赞赏"日新之谓盛德",德性的存在应当是不断更新完善的,而不是《庄子》所讽刺的"藏舟"。

小　　结

"生"的问题贯穿了船山的整个思想历程,在其思想中具有根源性的地位。"于上发生"和"生生"意义上的"日生日成"说构成了船山早年和中年反省"生"的问题的起点,也是船山反省宋明理学的核心要义之一。他提出"生非一次生""性日生,命日受""循循日生"等命题的共同之处,都旨在强调"生"应从"生生"的角度加以解释,宇宙万物、天道、人性皆处于生生流行、不断发展的状态之中。当然,船山对宋明理学的批评未免有过度的嫌疑,因为理学家其实从未忽视"生生"的观念,近年来的研究足以表明,"生生"的观念无论在朱子学还是在阳明心学,都是关注的重点之一,只是朱子和阳明没有将"生生"作为其思想的突出问题意识,

---

① (明)王夫之:《张子正蒙注》卷九,《船山全书》第十二册,第360页。

② 例如船山在诠释《中庸》"天命之谓性,率性之谓道,修道之谓教"时指出:"人无不生于天,则性与生俱生,而有一日之生,则一日之性存焉,人固宜法天以建极矣。""而天日在人中,性日在心中,道日在性情之中,教日在天下。"(明)王夫之:《四书训义》,《船山全书》第八册,第105、109页。

③ (明)王夫之:《思问录外篇》,《船山全书》第十二册,第434页。

而只是其思想中的一个面向。就此而言，船山的批评显然是一种"偏见"，然而有的时候恰恰是这种"偏见"构成了思想起点。

晚年以后，船山在相关问题上进一步深化，他认为人性的自我完善，德性的不断生成的真正目的是指向宇宙，面向未来的，因为人的生命及其价值在宇宙间并不因人的生命死亡而消失，而是归于"太虚"，从而留存于天地间，对整个宇宙和后世产生积极影响，成为整个宇宙生化的根源，这是船山论"生"的最终旨趣。尽管船山晚年的思想变化离不开其注解文本本身的变化，例如中年的《大全说》较重视理学的性理、性命、心性问题，晚年的《正蒙注》注重贞生安死的问题都是文本自身的主旨，但是由于文本变动而导致的这种演变毋宁说是船山在生命历史中思想选择的结果。无论是主张"生"是从宇宙本有之物而生，还是强调"生"非"初生"，其最终的旨意都指向了晚年安顿生死问题的思想宗旨。而安生安死本质上则在于揭示"生生"的重要性，宇宙的生成变化，人事的流行即生生不息的永恒变化过程，不存在绝对的生灭，也没有一成不变的事物。所以船山呼吁，作为现实存在的人只有珍重自己的生命历程，不断地完善德性，才能安顿生死问题，并且对宇宙生命负有重要的道德责任，这是船山"生"的思想的最终归宿。

第四章

船山论"生"的多重含义

第一节 功用发见

船山对"生"的理解有多重含义,首要的是"生"的过程义,即生生连续的时间性(过程性)和变易性。绵延不断的发展和变化之所以可能,必须建立在前后相续的时间性的基础之上,而变易性又依赖于时间性,如果没有时间的维度,也就没有变易的产生。只有具备了时间性和变易性,其他如根源义包括价值的创造从何而来,生生的动力等问题才能进一步展开。不过,时间性和变易性并不是不言自明的,宇宙万物和人事物理生生不息的动态变化如何可能,须有理论支撑。

这个理论支持来自易学,易学强调的阴阳相感、变易正是事物生成、变化、发展得以可能的依据。动态变化的本质是阴阳两个实体的"变合"作用,一阴一阳的相互作用产生了宇宙万物和人事物理的变化。而理学家普遍以易学中的阴阳相互作用来呈现万物生成乃至天道流行的过程。船山在此问题上也不例外,他明确指出,在阴阳相感的作用下,"生生不息"才得以可能:

有阴则必顺以感乎阳,有阳则必健以感乎阴,相感以动而

生生不息，因使各得阴阳之撰以成体而又生其感。①

这是说有阴则必须与阳发生相感作用，有阳则必能与阴发生相感作用。阴阳的相互作用是阴阳本身所蕴涵的特质，而非外力强加于其中。更重要的是，阴阳的相感作用生生不息，永不停止。在相感作用下，阴和阳并不因此而消失殆尽，而是存在或显现于具体的事物中，所以是得"阴阳之撰"，前面已提及"撰"指阴阳之体。阴阳相感后并不是就不再变化，而是在相感的作用下继续不断生成变化。

船山将阴阳二气的动静所产生的推移摩荡贯彻于其易学思想的解释。在《周易内传》中，他指出卦爻的变易所反映的阴阳二气的推移往来，产生了六十二卦和三百八十四象的错综，这便是《易》的发用流行。他说：

"生"，以化理言之，则万物之发生；以爻象言之，则六十二卦、三百八十四爻，皆一阴一阳之所生。②

这是船山对《系辞》"广生""大生"的解释。"生"从生成变化之理的角度看，"生"是指万物的发生，"发生"既指万物从无到有的生成，也指万物的生长和活动。"化理"是指变化、生成之理，是万物产生的原理。另外，从《周易》的爻象来看，六十二卦和三百八十四爻皆来自一阴一阳的动静变化。一阴一阳的动静变化并不是人为确定的排列顺序，而是真实的生生不息的宇宙运动。所以他又说：

其曰"一阴一阳之谓道"者，阴阳十二皆备，唯其所用之谓也，非一阴而即间以一阳，一阳而即杂以一阴，**一受其成型，终古而不易之谓**也。经之纬之，升之降之，合之离之，而阴阳

---

① （明）王夫之：《张子正蒙注》卷九，《船山全书》第十二册，第363页。
② （明）王夫之：《周易内传》卷五，《船山全书》第一册，第533页。

之不以相间相杂，画井分疆，为已然之成迹，则乾坤易简之至德，固非人事排比位置之所能与矣。①

在"一阴一阳之谓道"这个命题中，易学卦象中的六阴六阳其实皆备于其中，六阴六阳的错综变化指阴阳的流行发用和具体运动，而不是一阴杂一阳或一阴隔一阳的固定组合，由此成型后便终古不易。"一阴一阳"恰恰是指其经纬、升降、合离的永恒运动，而非由画疆、分界规定的确定不易的排列组合。《易》所反映的是阴阳、乾坤在天地间不断运动生成的图景，而非由人为规定的固定不变的安排。在六十四卦之中，《易》始于乾坤二卦，终于既济和未济。从字面上看，"既济"意味着结束，"未济"则表明尚未结束。虽然"未济"位列最后一卦，但是其旨意是要说明天地之"生"并没有终点，天地生生不息的状态是无始无终的。因而船山说：

> 尝试验之。**天地之生**亦繁矣，倮介、羽毛、动植、灵冥，类以相续为蕃衍。由父得子，由小向大，由一致万，固宜今日之人物充足两间而无所容。……**故《易》成于既济而终未济，未济之世，亦乾坤之世，而非先后之始终也**。②

据船山所言，基于人之经验，天地之"生"无疑是丰富多样的，主要体现在人类和生物的繁衍上，所有的生物都存在代代相传的现象，这便是"生"的过程。具体来说，随着生物繁衍，宇宙间的生物大量增加；每一个个体生物又存在由幼至老的生命历史，因而今日的宇宙间充满了人和生物。由天地之"生"，船山指出《周易》成于既济，终于未济，未济实际上又如同乾坤，作为天地之大始，乾坤和未济并不是时间意义上的先后始和终，因为基于阴阳二气往

---

① （明）王夫之：《周易内传》卷四，《船山全书》第一册，第491页。
② （明）王夫之：《周易外传》卷四，《船山全书》第一册，第976—977页。

来运动的天地之"生"始终处在绝对的永恒状态。

"生"固然是指生成意义上的发生、出生,但是在船山这里更多地意味着事物的变化和运行所表现出的一种永恒持续的状态,而"生"之所以可能,则必须有阴阳作为动静变化的载体,他说:

> 生者,其(阴阳)功用发见之谓,动则阳之化行,静则阴之体定尔。非初无阴阳,因动静而始有也。今有物于此,运而用之,则曰动;置而安处之,则曰静。然必有物也,以效乎动静。太极无阴阳之实体,则抑何所运而何所置邪?抑岂止此一物,动静异而遂判然而两耶?夫阴阳之实有二物,明矣。[1]

他认为"生"的内涵是"功用发见",这是指事物的存在及变化所产生出来的功能,"生"的过程即阳动而行,阴静而定。既然是"功用发见",必须要有发用的实际载体,阴阳的动静变化,即其载体。唯有在实有的载体基础上,动静才有可能,"运而用之"谓"动","置而安处之"谓"静",这都是动和静的相对状态。阴阳的动静不是从无到有,而是本来即有,所以船山说"必有物也,以效乎动静",这是说实有物的存在是动静的逻辑前提。据此,船山提出了两个质疑,首先,基于易学中"太极"生"阴阳"的宇宙生成问题,他说倘若太极无"阴阳之实体",其动静则何以可能?这里的"实体"是指实际的存在载体,[2] 在此意义上,实体自身便能产生动静的作用。其次,如果由于太极的动静才产生阴阳,可能导致太极与阴阳判然为二物,但太极与阴阳并非二物。总之,阴阳是实有之物,阴阳虽为二物,但是在"太极"中,阴阳的动静共同组成总体的太极。

---

[1] (明)王夫之:《周易内传·发例》,《船山全书》第一册,第659—660页。

[2] 张岱年曾说"实体"一指客观实在性,二指永恒的存在。见张岱年《中国哲学中的本体观念》,《安徽大学学报》1983年第3期,第3页。

"功用发见"的实质在于"变合","变合"即一阴一阳的运动,由此产生了万物的个体差异,包括善恶的分化,这是万物得以生成变化的重要前提。如船山说:"天不能无生,生则必因于变合,变合而不善者或成。"① "天"不是静止的抽象存在,而是时时处于生化不息之中,而生化不息便源于阴阳的变合。但是阴阳变合仍然不是"生"的最终依据,其根本动力在于"天","天"才是万物化生的动力。依此而言,"变合"的存在意味着变合之根源存在,这个根源即"天",同样也由阴阳之气构成。"天"是万物的存在根源和价值根据,而"变合"为后天的善恶分化提供了解释依据,"变合"有可能产生善与不善。因此,船山将气的变化的过程分为"阴阳"和"变合"两个部分,他说:"气之诚,则是阴阳,则是仁义;气之几,则是变合,则是情才。"② "气"之诚的状态是阴阳本身,具备仁义的价值。而气之几,则是变合,表现为情才,情才可善可不善。也就是说,未变合时的阴阳是具备价值意义的,变合则产生了善恶价值的分化。那么,阴阳为何具有仁义?另外,"阴阳"与"变合"是宇宙生成的关系,还是宇宙结构上的关系?这两个问题关涉到船山的太极本体论,将在第五章进一步展开。

总之,阴阳二气在相感作用下形成的生生不息运动是船山"生"的思想的理论基础。在宇宙观上,这属于"相生"的宇宙论模型,阴阳的相互作用是宇宙生成的基本原理。③ 但是,以阴阳相感变合作

---

① (明)王夫之:《读四书大全说卷十·孟子》,《船山全书》第六册,第1055页。
② (明)王夫之:《读四书大全说卷十·孟子》,《船山全书》第六册,第1057页。
③ 本书借鉴了曹峰对中国哲学史上宇宙论类型的划分,分别有"他生""相生""自生"三种模式。"他生"即创生,侧重探究最终的源头和出发点,以及万物之所以成为万物的总根源、总依据、总前提,并且强调万物是如何一步步生成出来的。"相生"主张阴阳的相互作用是万物生成的基本原理,最为典型的是"阴阳气化论"。"自生"指的是万物的产生,不依赖于"造物者"的作用,而主要依赖万物自身的力量。或者说虽然承认"造物者"的存在,但"造物者"在生成过程中所起的作用极为微弱,甚至可以忽略不计。曹峰:《"自生"观念的发生与演变:以〈恒先〉为契机》,《中国哲学史》2016年第2期,第18—19页。

为"生"的模型,那么相感变化的动力是什么?将"生"的动力归于阴阳相感,还不是一个最终答案。阴阳相感的动力究竟是来自阴阳气化本身,还是根源于阴阳相感之外更为根源性的力量,这是决定船山思想特质的关键。

第二节 生而始有

上一节指出,天地之"生"没有始终,万物皆处在流变之中。流变往往意味着不真实甚至不存在,一般的哲学思考旨在追问流变的现象背后固定不变的永恒实在。在古希腊早期哲学中,赫拉克利特就已经提出"万物皆流"的主张,然而自柏拉图以后的主流哲学论述以某种超越性的根据作为万物的最终实在,万物皆流只是万物的现象,所以是不真实的。尽管中西哲学传统的本体论存在不少差异,但是都试图探究万物的最终实在。在船山的思想中,他强调"生"才是对万物的"实有性"的保证,认为事物的生化流行正是事物客观存在的有力确证,用他的语言来说即"生者实,不生者虚"[①]。

"生"的过程性、持续性不只是揭示万物皆变,更是内在地蕴含"生"的实有性。因为在"生"的最基本的含义中,除了过程义以外,"生"的"生存""存有"之义,在于揭示"客观实有性"。而且实有性与时间性是一体两面的,并非割裂的。"生"意味着生命的真实存在,人之生命的存在与生命不存在的"死亡"相对,而死亡意味着"无"。另外,生命存有的实质是时间性的存在,因为人之生命的存在是建立在时间绵延基础上的持续过程,生命初生的一刹那,就被赋予了时间性。若无过程性,也就不存在所谓的存有性。人和物的存有即过程,在此意义上,存有性与过程性就产生了内在关联。

船山以"生"论"有"侧重以过程性来证明"生"的实有性、

[①] (明)王夫之:《周易外传》卷二,《船山全书》第一册,第884页。

无妄性，这一点显然与他批评佛老的立场密切相关。而其批评也受到张载的影响，张载提出以"气"为本的思想学说正是为了应对佛老喜谈"无"的思想，特别是在宇宙生成的问题上，佛老喜言从"无"生"有"，在人生问题上，释氏有"人生幻妄"的倾向。① 船山充分肯定张载以"气"证成天地万物的实有性的做法，并且主张实有性的实质在于"生"。实有性不仅是对事物存在的客观性的实质规定，而且确证了事物不断变化发展的变化性。反过来说，事物的生生变化其实正反映了事物的客观实有性。故船山说：

不生而无，生而始有，则又莫妄于有矣。②

"不生"即"无"，只有在"生"的意义上才能谈"有"。不过，"生而始有"并不是指"有生于无"。船山拒绝道家所讲的"有生于无"，他说："生非创有，而死非消灭，阴阳自然之理也。"③ "生"并非从无到有的创生，死也并非消灭，而是阴阳消长变化的自然过程。所以，"生而始有"的内涵应是指"生"能够证明存有，而不是"生"创生了存有。然而船山又指出"则又莫妄于有矣"，"生而始有"往往又会导致"妄于有"。这个批评旨在针对佛老"以生为妄"，即视生命的存在皆是虚妄的。船山的立论前提是"生"即意味着"有"，如果顺着佛老"以生为妄"，将"有"视为虚妄，而追求"有"之外的实在，那么就是误解了"有"。举例而言，船山说释氏"索真不得，据妄为宗，妄无可依，别求真主"④，这是说

---

① "浮屠以心为法，以空为真，故《正蒙》辟之以天理之大，又曰：'知虚空即气，则有无、隐显、神化、性命通一无二。'老子以无为为道，故《正蒙》辟之曰：'不有两则无一。'至于谈死生之际，曰'轮转不息，能脱是者则无生灭'，或曰'久生不死'，故《正蒙》辟之曰：'太虚不能无气，气不能不聚而为万物，万物不能不散而为太虚。'夫为是言者，岂得已哉！"《张载集》，范育序第5页。
② （明）王夫之：《周易外传》卷二，《船山全书》第一册，第886页。
③ （明）王夫之：《周易内传》卷五，《船山全书》第一册，第520页。
④ （明）王夫之：《周易外传》卷二，《船山全书》第一册，第886页。

释氏求真不得,便认定人生"如梦如幻",进而追求另一个恒常不变的存在。而老氏"以有为迹,以无为常"①,这是批评老子以"有"为变化的形迹,而以"无"为恒常。在对待佛老喜谈"无"的问题上,船山与张载基本一致。不过,船山更明确地将"生"和"有"的问题联系起来,他说:

> 夫可依者有也,至常者生也,皆无妄而不可谓之妄也。奚以明其然也?
> 粟依土长,浆依水成。依种而生,依器而挹。以萁种粟粟不生,以碪取水水不挹。相待而有,无待而无。若夫以粟种粟,以器挹水,枫无柳枝,粟无枣实,成功之退,**以生将来,取用不爽**,物物相依,所依者之足依,无毫发疑似之或欺。而曰此妄也,**然则彼之所谓"真空"者,将有一成不易之型**,何不取两间灵、蠢、姣、丑之生,如一印之文,均无差别也哉?是故阴阳奠位,一阳内动,情不容吝,机不容止,破碪启蒙,灿然皆有。②

按其定义,"可依者"是"有","至常者"即"生","有"和"生"不能流于"妄"。船山进一步解释,"可依者"意指事物的存在尤其是生命的存在须有客观实有的条件和基础,如粟在土中才能生长,浆由水而构成。有种子才能有植物的生长,有容器才能注入液体,上述例子旨在表明事物的存在不是孤立的,而须依赖于其他条件。由此,他得出"相待而有,无待而无"的结论,事物都是在其他客观条件的基础上才能存在,没有事物不需要依赖于其他事物而存在,否则只能是"无"。在"物物相依"的基础上,事物便能"以生将来,取用不爽",这是说只有在相依相待的基础,事物才能具有互相促成、不断发展的特质,事物的发展才能够始终取用于他

---

① (明)王夫之:《周易外传》卷二,《船山全书》第一册,第886页。
② (明)王夫之:《周易外传》卷二,《船山全书》第一册,第887页。

物。"相依相待"是事物之间的联系与变化，这显示了"生"的真实无妄性。事物的真实无妄性也并不意味着事物绝对的一成不变，因为物物相依足以证明，真实无妄的事物不是某种看不见、摸不着的永恒实在，而是具有相互联系、生生不息特质的真实存在物。所以，船山极力反对"真空"这一类一成不变的所谓恒常不变的事物。阴阳二气的生生运动足以证明事物的真实存在，在阴阳之位中，一阳发生变动，因而产生了情势的变化，时机的不断出现，万物的存在不可能永恒不变。在这个意义上，"生"反过来又证明了客观存有是万物存在的根本特质。如船山所言：

> 又既已为之人矣，生死者昼夜也，昼夜者古今也。祖祢之日月，昔有来也；子孙之日月，后有往也。由其同生，知其同死；由其同死，知其同生。同死者退，同生者进，进退相禅，无不生之日月。春暄夏炎，秋清冬凛，寅明申晦。非芽不蕊，非蕊不花，非花不实，非实不芽。进而求之，非阴阳定裁，不有荄茎；非阳动阴感，不相柎萼。今岁之生，昔岁之生，虽有巧历，不能分其形埒。**物情非妄，皆以生征，征于人者，情为尤显**。踢折必喜，箕踞必怒，墟墓必哀，琴尊必乐。性静非无，形动必合。可不谓天下之至常者乎！若夫其未尝生者，一亩之土，可粟可莠；一罂之水，可沐可灌。型范未受于天，化裁未待于人也，乃人亦不得而利用之矣。不动之常，唯以动验；既动之常，不待反推。是静因动而得常，动不因静而载一。**故动而生者，一岁之生，一日之生，一念之生，放于无穷，范围不过，非得有参差傀异，或作或辍之情形也。其不得以生为不可常者而谓之妄，抑又明矣**。①

船山旨在表明"生"非虚妄，而是实有，并揭示天地万物之

---

① （明）王夫之：《周易外传》卷二，《船山全书》第一册，第887—888页。

"生"即万物存在的恒常性和绝对性。生死、日月、昼夜始终处在交替、进退的运转中，不存在静止不变的日月，由日月的更替变化产生了春夏秋冬的四季更迭，乃至具体到芽蕊花实的生命历程中，从芽发蕊，由蕊开花，及至开花结果最终又生出芽，这是说"生"具有绝对性，而不是相对的。"生"由阴阳的相互作用及感通而产生，无阴阳二气的作用，则不可能存在花开花落的过程。因此，船山得出的结论便是"物情非妄，皆以生征"，物的非妄性、客观真实性是由"生"的特质而规定的。

在后半段文字中，船山进一步指出"生"不仅存于"物"的层面，而是"征于人者，情为尤显"，人的生命具有"生"的面向，特别是喜、怒、哀、乐的情感变化，更是"生"的体现。"性静"并不是指性不存在，而是性的未发。形体之动意味着必有形体之合。所谓的"天下之至常者"不是指静止不动的永恒实在，而是指变和动本身才是恒常不变的，世间本无绝对恒常不变的事物。凡事皆先有"未尝生"，才能有"生"，否则"生"无从而来。对于这种"未尝生"的状态，他指出"未尝生"是指蕴含了"生"的可能性，如土可耕种，再如倘若人尚未出生，便不能受"天命"。这是说"未尝生"应是"生"的题中应有之义。船山认为"常"不限于"不动"时的恒常，属于"动"的范畴的"生"在某种程度上亦是"常"，具体来说，唯有通过"动"才能验证"不动"的存在。事实上，这亦可看作"由用显体"的思维模式，例如孟子以心善证性善，即通过"性"的发用来证明"性"之本善的存在。与此相对，船山认为无须通过反向推导的方式来证明"动之常"，"生"的恒常性和绝对性乃是自证而得的。所谓的"动而生者"，如一岁、一月、一念的存在和变化，皆是自证而明的事实。

船山的最终结论可以归结如下，虽然生生不息的变化是"生"的根本含义，但是"生"也表现了存有的绝对性和恒常性，因为生生不息的变化性反映了事物存在的真实无妄性，其背后的逻辑是，事物的存在是具有时间性的，只能随着时间变化，不可能存在绝对一成不变的事物。所以，"生"保证了事物存在的实在性，即客观实有的特质。

第三节　一本与生

前两节勾勒了宇宙观中的"生"，但是中国哲学素有天人合一的传统，宇宙观的最终目的在于为人生论、人性论奠基。天是人的最高价值根源，人皆由天地之生而得以产生，天地之生是人之生的根源。然而因为现实之人并不总是完满的，所以天人合一不仅是人的存在的根据，也是人的道德实践的价值理想。不过，船山对"天人合一"持有一定保留意见。尽管天是人的生命存在的最高根据，然而问题在于人不可抬高了自我的地位，将自己作为如同天道一般的无所不能的全能存在。

船山试图为调解天人之间的距离寻找一个合理的中介，这个中介就是父母。当我们认识到自己是天地所生时，不可忽略了父母是给予我们生命的直接来源这个切身的事实，父母即天地之乾坤的化身，承担了天道之责，赋予了我们生命。船山发现《西铭》中的"乾称父，坤称母"所蕴含的"天亲合一"观恰好符合其旨，而且他认为天亲合一的问题是程朱未阐发的，因此其目的在于补程朱之不足。他说：

> 然濂溪周子首为《太极图说》，以究天人合一之原，所以明夫人之生也，皆天命流行之实，而以其神化之粹精为性，乃以为日用事物当然之理，无非阴阳变化自然之秩叙而不可违。然所疑者，自太极分为两仪，运为五行，而乾道成男，坤道成女，皆乾、坤之大德，资生资始；则人皆天地之生，而父母特其所禅之几，则人可以不父其父而父天，不母其母而母地，与《六经》《语》《孟》之言相为跖盭，而与释氏真如缘起之说虽异而

且同。则濂溪之旨,必有为推本天亲合一者,而后可以合乎人心、顺乎天理而无敝;故张子此篇不容不作,而程子"一本"之说,诚得其立言之奥而释学者之疑。[①]

《太极图说》旨在说明天人合一的根源,特别是阐明人之生从何而来,人之生无非根源于天命流行,由此产生了本善之性和人伦日用所当然之理,这是人的意志不可违背的。但有疑之处在于,据《太极图》所示,太极生两仪,阴变阳合产生五行,然后通过"乾道成男、坤道成女"生成了人的存在,男女亦即人的生成,其根源在于乾、坤之大德,所以船山认为这有可能导致这样一种观点,即人皆由天地而产生,直接以天地为父母,而遗漏了亲生父母,因此违背了《六经》《语》《孟》的传统,从而等同于佛教的"真如""缘起"之说。应该说,这个批评与宋明理学对佛教的批评是一致的,理学家一向认为佛教讲性空缘起,却忽视家庭人伦。船山认为《太极图说》的字面意思可能导致忽略人之生本于父母这一血缘亲情的事实,因而与佛教混同。不过,他仍然认为周敦颐其实有"天亲合一"的意旨,只是未明确阐发而已,所以张载不得不作《西铭》对此加以解释。此外,程颐的"一本"说同样也可以澄清这一问题,程颐在与杨时辩论《西铭》时,以"理一分殊"指明《西铭》的要义,指出墨氏陷于"二本"。[②] 不过,船山理解的"一本"究竟何指还须结合此处的上下语境来判断,"二本"出自孟子对墨家的批评,孟子认为墨家夷之虽然在原则上讲"兼爱"和"爱无差等",在施行时又讲"自亲者始",所以这是"二本",在原则上发生了对立和自我矛盾。而程颐则主张爱有差等,爱亲人与爱他人有先后次序,

---

[①] (明)王夫之:《张子正蒙注》卷九,《船山全书》第十二册,第351—352页。
[②] 程颐在《答杨时论〈西铭〉书》中说:"《西铭》明'理一而分殊',墨氏则二本而无分。(老幼及人,理一也。爱无差等,二本也。)"《二程集》,第609页。相关研究可参看李存山《程颐与杨时关于〈西铭〉的讨论》,《人文论丛》2017年第2期,第29—37页。

但是其理皆来在自天道,因而其理是"一"。船山并不是从孟子对墨子的批评立论,也不是从程颐与杨时的辩论出发来讨论"一本"和"二本"的问题。

船山对"一本"的解释围绕天人关系而展开,旨在解决墨家与佛家"天亲分离"的弊端。墨家与佛家讲性根源于天,而形体来源于父母,导致性与形的分离,是"二本"的问题所在。① 船山之所以认为"人皆天地之生"与"释氏'真如''缘起'之说虽异而同",因为这一说法只解释了人的价值根源在天,无法解决人的生身肉体的来源问题,所以忽视孝亲与人伦。对墨家而言,"二本"的错误根源亦在于此,一方面讲无差等之爱的原则,另一方面又讲爱由亲始,这是缘于没有认识到孝亲之理与爱他人之理其实并不矛盾,孝亲之理是最为根本的,与天地之理一致,爱他人之理是以孝亲为代表的道德规范的推衍或"分殊"。天地是人的最高价值根源,作为形色生命直接来源的父母在本质上与天地是一致的,这就是"天亲合一"。他说:

> 其曰"乾称父,坤称母",初不曰"天吾父,地吾母"也:从其大者而言之,则乾坤为父母,人物之胥生,生于天地之德也固然矣;从其切者而言之,则别无所谓乾,父即生我之乾,别无所谓坤,母即成我之坤,惟生我者其德统天以流形,故称之曰父,惟成我者其德顺天而厚载,故称之曰母。故《书》曰"唯天地万物父母",统万物而言之也;《诗》曰"欲报之德,昊天罔极",德者,健顺之德,则就人之生而切言之也。②

《西铭》说"乾称父,坤称母",而不言"天吾父,地吾母",

---

① "若墨之与佛,则以性与形为二矣。性与形二者,末之二也。性受于无始,形受于父母者,本之二也。"(明)王夫之:《读四书大全说卷九·孟子》,《船山全书》第六册,第976页。

② (明)王夫之:《张子正蒙注》卷九,《船山全书》第十二册,第352页。

船山认同《西铭》的表述,透露了他并不认同"天父地母"的说法,不过船山未明言其理由。根据义理推测,极有可能与船山不同意基督教的观点有关,详见后述。另外,"天父地母"是一个判断性的陈述,即将天等同于父,将地等同于母;而"乾称父,坤称母"只是一种描述性的判断,毕竟乾坤不是真的父母。船山继续说,从天的角度看,乾坤为父母表明人的价值根源来自天地;而从切身的角度看,父母之外并无乾坤,父母即是创造我的生命的生成根源。父是生的来源,乾德是天,为生命赋予了形体。母是成的来源,顺乾德而载物。所以《尚书》的"唯天地万物父母"是指天地是万物的根源;《诗经》的"欲报之德,昊天罔极"则是指报答父母的恩德,这是就切近人身的角度而谈的。总之,乾坤是人之生的最高根源,不过天道并不直接将生命赋予人,真正给予我们生命的是父母,所以父母承载了天地之大德,作为天地的中介成为人之生命的来源。

在这个意义上,实现天人合一的"事天"工夫便没有什么高妙之处,而是基于孝亲的伦理实践,所以船山说:

> 尽敬以事父,则可以事天者在是;尽爱以事母,则可以事地者在是;守身以事亲,则所以存心养性而事天者在是;推仁孝而有兄弟之恩、夫妇之义、君臣之道、朋友之交,则所以体天地而仁民爱物者在是。[1]

孝敬父亲即"事天",敬爱母亲即"事地",实现尽孝的事亲工夫,即意味着履行了存心养性进而事天的道德实践。将仁孝工夫推之于兄弟、夫妇、君臣、朋友,也就可以体察天地之道,实现仁民爱物的价值理想。船山并不是强调孝亲伦理是道德实践的全部,而是说在如何面对天人一理、天人合一的问题上,应从孝亲伦理入手,再扩展至其他儒家伦理,否则过度地强调天人合一容易过于抬高人

---

[1] (明) 王夫之:《张子正蒙注》卷九,《船山全书》第十二册,第352页。

的全能性。有学者在分析船山的天亲合一时指出，在理学史的脉络下，先秦儒家的孝亲之道与宋明儒家思维范式之间存在着张力，因此船山提出"天亲合一"旨在缓解这种张力。①

事实上，船山的"天亲合一"意在通过孝亲伦理收紧天人之间的密切关系。这一思想继承了宋明理学强调天人合一的传统，但是它始终认为天道高高在上，是人的意志不可违背也无法完全把握的超越性力量。由此，"天亲合一"旨在将天人合一、尽性知天的工夫落实为以孝亲实践为基础。船山对此有明确解释：

> 人之与天，理气一也；而继之以善，成之以性者，父母之生我，使我有形色以具天性者也。理在气之中，而气为父母之所自分，则即父母而溯之，其德通于天地也，无有间矣。若舍父母而亲天地，虽极其心以扩大而企及之，而非有恻怛不容已之心动于所不可昧。是故于父而知乾元之大也，于母而知坤元之至也。此其诚之必几，禽兽且有觉焉，而况于人乎！故曰"一阴一阳之谓道"，乾、坤之谓也；又曰"继之者善，成之者性"，谁继天而善吾生？谁成我而使有性？则父母之谓矣。继之成之，即一阴一阳之道，则父母之外，天地之高明博厚，**非可躐等而与之亲**，而父之为乾，母之为坤，不能离此以求天地之德，亦昭然矣。②

人与天的理气是同一的，人之生根源于天，禀赋了在天之理气。父母继善成性，承续了天道，进而创造了我的生命，父母是我具备形色和天性的真正根源。理在气中，气直接来源于父母，而德源于天地。如果舍弃父母而只接近天地，无论怎样扩大其心，试图达到

---

① 刘梁剑：《天亲合一与身体的成长——船山〈西铭〉题解孝道思想引义》，《船山学刊》2020年第2期，第14页。

② （明）王夫之：《张子正蒙注》卷九，《船山全书》第十二册，第352—353页。

天的高度，也不会出现发自内心、无法克制的恻怛之心。所以须通过父母而获得作为天道的乾元、坤元。基于此，船山认为"一阴一阳之谓道"是指天道，父母承续天道而成为我的生命根源。所以，对于我而言，天地高高在上，是存在于父母之外的天道，我们不可越过父母的存在而随意接近于天，不能离开父母而求天地之道。

船山之所以再三强调"事亲以事天"，在于"补周子天人相继之理，以孝道尽穷神知化之致"①，从而补程、朱的不足。除此以外，船山旨在针对宋明理学"天人合一""天人一理"观以及晚近传入的天主教的"天主"之说。在天人合一的问题上，阳明学主张人人心中皆有良知，良知即天理，尽管这只是表明人人皆有成圣之可能性，但是强调道德工夫的简易性和直接性很有可能走向反面，因为在现实层面，究竟有多少人能够真正成圣，可能并不尽如人意。② 所以船山试图为天人关系找到一个切实的落脚之处，孝亲伦理就是其解决之道。在天道—父母—人的三层架构中，人通过孝亲实践接近天道，而不是直接面对天道。所以，船山主张的"事亲以事天"亦非宗教学意义上的对越神灵，据现有研究，晚明清初的儒者出现了重视"事天""尊天"等宗教倾向，③ 但船山意不在此，其说法旨在强调人们当以孝亲实践为基础，通过道德工夫合于天地之德。

船山不满"天吾父，地吾母"，可能源自对基督教"天主"思想的批评。船山曾在《周易外传》中批评了"忘天"和"主天"两种倾向：

---

① （明）王夫之：《张子正蒙注》卷九，《船山全书》第十二册，第353页。
② 吕妙芬亦指出船山的"仁孝观"反对把孝提到明德本体的层次，或将孝的工夫等同于求仁尽性的本体工夫，吕妙芬：《儒门圣贤皆孝子》，收于吕妙芬《成圣与家庭人伦：宗教对话脉络下的明清之际儒学》，台北：联经出版事业股份有限公司2017年版，第71—104页。
③ 吴震：《"事天"与"尊天"：明末清初地方儒者的宗教关怀》，见吴震《明末清初劝善运动思想研究》，台北：台湾大学出版中心2009年版，第447—509页。

忘天者禽，主天者狄。羔乌之恩，知有亲而不知有天；蹛林之会，知有天而不恤其亲。……而又有进焉者，如近世洋夷利玛窦之称"天主"，敢于亵鬼倍亲而不恤也，虽以技巧文之，归于狄而已矣。①

"忘天"者是禽兽，只知有亲而不知有天，"主天"者是夷狄，例如匈奴的祭祀典礼——蹛林之会，只知有天而遗忘了孝亲。所谓的"主天"，是指人可以主宰天的意志，超越于天的存在。对于这种倾向，船山认为利玛窦主张的"天主"同样也是亵渎了鬼神，背离了孝亲而不自知，利玛窦试图加以掩饰，却仍属夷狄的范围。而"天吾父，地吾母"正是天主教的主张，利玛窦明确说过："凡人在宇内有三父：一谓天主，二谓国君，三谓家君也。"② 由此而言，船山的主张可能是受利玛窦等人的刺激所发，他坚持儒家的义理不可同于天主教，至少在他看来，天主教并不主张孝亲。

总之，船山秉承儒家尤其是宋明理学强调的"天人合一"传统，但是对于天人之间的差等，具有清醒的警惕意识，认为人不可擅自将自己与天等同起来，认为天人合一已完全实现于自身。同时，面对天主教的刺激，他坚守儒家的立场，认为不可将儒家的天道与父母画上等号，天道与父母是有差等的存在。因此，船山从《西铭》"天亲合一"出发，力图为天人问题找到一个切实的落脚之处，人若要接近天道，必须从事亲的道德工夫做起，然后扩展至其他儒家伦理，进而通达天道。故船山在理论上通过"形色天性"的命题将人之生亦即形色生命和价值根源归之于父母，因为父母是承继天道的中介，这与船山将人之生归于天地之生是辩证统一的。天地是人之生的最高根源，而父母承载了天地之道，

---

① （明）王夫之：《周易外传》卷五，《船山全书》第一册，第1015页。
② ［意］利玛窦：《天主实义》，载朱维铮主编《利玛窦中文著译集》，复旦大学出版社2001年版，第91页。

是人之生命的真正来源，如此一来，船山为孝亲伦理乃至儒家伦理奠定了根基。

第四节　人者生也

天人合一的观念揭示了人的生命并不是孤立的，而是从属于天地万物的大用流行。不过，与宇宙的自然运行不同，人是具有情感、可以思考的存在物，人的生命存在要追问其生命的意义所在，否则人之生命就如同动物与自然存在一样，任其生命由自然本性发展。人不仅可以掌握自我生命的方向和价值意义，而且可以创造宇宙生命的价值意义，而这种意义之所以可能，则是因为人能够意识到自己是一个有限的存在，有生必有死，短暂的生命对人而言的意义十分珍贵。在上一节揭示了人之生的根源之后，有必要进一步探讨人之生的相关问题。

船山将人的本质规定为"生"，如其所言：

　　人者，生也。生者，有也。①
　　既已有是人矣，则不得不珍其生。②

人的生命存在不仅是生生不息的存在，也是客观实有的存在。这也是第二节谈及以"生"论"有"得出的结论，因为"生"的客观实有性正是通过生生不息的变易性得以确证的。在第二条引文中，船山指出只要有"人"，就不得不重视其生命的存在及其过程。"生"是人的生命存在的根本特质。而且在他看来，在天地万物的生生之中，"人"之生是最具价值意义的：

---

① （明）王夫之：《思问录内篇》，《船山全书》第十二册，第421页。
② （明）王夫之：《周易外传》卷二，《船山全书》第一册，第869页。

且天地之生也，则以人为贵。草木任生而不恤其死，禽兽患死而不知哀死，人知哀死而不必患死。哀以延天地之生，患以废天地之化。故哀与患，人禽之大别也。而庸夫恒致其患，则禽心长而人理短。愚者不知死之必生，故患死；巧者知生之必死，则且患生。所患者必思离之。离而闪烁规避其中者，老之以反为用也；离而超忽游佚其外者，释之以离钩为金鳞也。①

"天地之生，人为贵"源自《孝经·圣治》"天地之性，人为贵"。第二章曾指出，早期文本中"生""性"二字并未分离，即使在分离之后，"以生言性"也是先秦两汉时期儒家的普遍共识。但在此外，"天地之生"应指天地间万物的生命，因此"天地之生，人为贵"是指在天地万物之中，人是最为尊贵的。这一解释在《荀子》和董仲舒那里皆可找到根源，人在天地之中超越于群生之上，贵于天地万物，从天地万物中脱离而具有一种道德自觉。②船山强调"人为贵"，旨在说明人能够追求仁义道德，同时，他也旨在强调人之生对于天地万物具有重要的道德责任。在天地万物之中，草木并非有意志的存在者，它们不可能患死，只能任其生死。与草木有区别的是禽兽，禽兽可以患死却不知哀死。人则哀死，但不担忧死亡。"哀"导致天地之生的延长，"患"造成天地之化的废弃，亦即损害天地之生。对人这个生命物种而言，患死无益于天地之造化，导致人无法承担对于宇宙的责任，哀死则可以感受到生命的有限，因此有动力在生命中尽其生。更令人担忧的是现实中庸人倾向于患死，与禽兽类似，所以缺少人之为人的理。而愚昧之人不知死之必有生，所以患死。投机取巧之人明知生必有死，因此对生命的存在感到忧愁。正是由于对生命的存

---

① （明）王夫之：《周易外传》卷二，《船山全书》第一册，第889页。
② 陈壁生：《经义与政教——以〈孝经〉"天地之性人为贵"为例》，《中国哲学史》2015年第2期，第56—63页。

在和意义持有怀疑态度，释老之学才会选择脱离于生命的真实存在，寻找规避与解脱现实生命的手段，寻求一个超越的存在者。故船山对"贱生""离生"的观点予以批评，他说：

> 则既生以后，百年之中，阅物之万，应事之赜，因物事而得理，推理而必合于生，因生而得仁，因仁而得义，因仁义而得礼乐刑政，极至于死而哀之以存生理于延袤者，亦盛矣哉！终日劳劳而恐不逮矣，何暇患焉！……近生者可依而有常。**然则仁义之藏，礼乐刑政之府，亦孰有所妄也哉！故贱形必贱情，贱情必贱生，贱生必贱仁义，贱仁义必离生，离生必谓无为真而谓生为妄**，而二氏之邪说昌矣。①

在人初生之后的生命历程中，人通过"阅物"和"应事"获得物事之理，因生命活动的展开才能获得仁义以及礼乐刑政，这是说人的道德生命乃至政治实践皆离不开"生"的维度，即使在人的生命行将结束出现"哀死"的状况时，仍然会珍重其一生中丰富的生命历程。船山认为生命中的忙碌操劳使人无暇顾及死的来临，为何还有时间哀生患死？基于此，船山指出"近生者可依而有常"，仁义、礼乐刑政皆非抽象之物，而是依于人，离不开人的真实存在。因此，船山反对"贱形"和"贱情"，形指代外在的身体活动，或者生理欲望引发的活动，情指人的多重情感，如喜怒哀乐，这些都是人的生命的具体表现。"贱形"和"贱情"必然导致"贱生"与"贱仁义"，最终导致"离生"。形色生命和情感不是应当加以排斥的对象，人的生命如果没有形色所指代的身体、生理的活动和情感的显现，也就不成为真正的生命，这些都是生命活动得以彰显的重要部分。当然，船山并不是主张人们应当任由生理欲望和情感的自由发用，而是说实现人的生命价值，尤其是道德价值和责任，并不

---

① （明）王夫之：《周易外传》卷二，《船山全书》第一册，第889页。

能脱离人的情感和与身体有关的活动。如果脱离了人的生命情感和身体的存在，就会陷入以"无"为真或以"生"为妄有的佛老之学。

  船山也用"人者，天地之心"的命题来表达"天地之生，人为贵"的观点。"天地之心"这一概念在儒学传统中由来已久。最早出自《周易·复卦·象传》："复，见其天地之心乎？"另一个出处是《礼记·礼运》篇："故人者，天地之心也，五行之端也。"宋明理学对"天地之心"的解释根源于王弼，王弼将动静的范畴纳入到《复卦》"天地之心"的诠释中，并以"静"为"天地之心"①，这对理学家关于"天地之心"的解释产生了深远影响，甚至成为他们的矛头所指。② 程颐认为先儒（王弼）皆以静为"天地之心"，实际上"动之端"才是"天地之心"③，"天地之心"不是静止不动的造化之根源，而是生生不已的动态根源。值得注意的是张载的解释，张载一方面结合《系辞》中的"天地之大德曰生"强调天地之心的"生"的特质，④ 另一方面认为天地无心无主宰，一直生生不息，因此人的德性才能与天地之心具有相同的特质。故他说：

  天则无心无为，无所主宰，恒然如此，有何休歇？人之德

---

① 王弼说："复者，反本之谓也，天地以本为心者也。凡动息则静，静非对动者也。语息则默，默非对语者也。然则天地虽大，富有万物，雷动风行，运化万变，寂然至无，是其本矣。"（魏）王弼：《周易注》，第132页。这段话有两层意思，首先，王弼强调复是返回其初，天地万物生发的根源是心。其次，以静和无解释"天地之心"，天地万物有动静变化，但动静并不是对立的关系，而是相互转化的关系。天地万物运行变化的根源是寂然不动的静，是无，而不是有，如果以有为心，则事物的存在不能显现。只有从静的状态出发才能生发出天地万物，复归天地万物造化之根源就是反本。

② （清）李道平：《周易集解纂疏》，中华书局1994年版，第260页。

③ "先儒皆以静为见天地之心，盖不知动之端乃天地之心也。非知道者，孰能识之？"《二程集》，第819页。

④ 《张载集》，第113页。

性亦与此合，乃是已有，苟心中造作安排而静，则安能久！①

这是说，天地的流行运转恒然如此，无心无为，亦没有主宰，唯有人的德性与天合一，由人之心才能获得与天为一。朱子对"天地之心"的规定同样既有宇宙论意义又有心性论意义，彰显了天道性命相贯通的内涵。在《仁说》中，朱子将人心与天地之心建立沟通，并以"仁"为"天地生物之心"②，进而将人物生成的根源推之于"天地之心"，人得"天地之心"以为心，所以心之德也如同天地运化一般，无所不包。天地生物之心具备生生不已的维度，人物在天地之心的不断作用下得以生成。

船山基于"人者，天地之心"这一观点，认为从人心之中才能体察天地之心。这在根本上是由于船山否认天是有意志的存在者，人心的根源在于天地之心，天地之心的实际承担者和表现者是人心。而人心自然具有生生不息的活动面向，是人的生命存在的中枢，所以他延续了"天地之心"的"生"的面向，以"动"为"天地之心"的理学传统。他说：

故所贵于静者，以动之已亟，则流于偏而忘其全，故不如息动而使不流，而动岂可终息者哉！使终息之，而槁木死灰之下，心已丧尽。心丧而形存，庄周所谓"虽谓之不死也奚益"，而不知自陷其中也。程子曰："先儒皆以静为见天地之心，不知动之端乃天地之心也。非知道孰能识之！"卓哉其言之乎！③

---

① 《张载集》，第113页。
② 朱子在《仁说》中说："天地以生物为心者也，而人物之生，又各得夫天地之心以为心者也。故语心之德，虽其总摄贯通无所不备，然一言以蔽之，则曰仁而已矣。"（宋）朱熹：《仁说》，《晦庵先生朱文公文集》卷六十七，《朱子全书》第23册，第3279页。
③ （明）王夫之：《周易内传》卷二，《船山全书》第一册，第228页。

与理学家主"动"的立场相同,船山认为在有关"天地之心"的解释中,贵于静的观点只看到了静而忽略了"动"的绝对性,故他主张"动"不存在终止,没有静息的状态。倘若使天地之心停止,如同槁木死灰一般,"心"也就不存在了,如果"心"不存在而形体尚存,这种存在便没有任何意义,如庄子所说的"虽谓之不死也奚益"。因此,他重申了程颐的观点,反对以"静"为天地之心,认为动之端才是天地之心。他所谓的"天地之心"并不是宇宙意义上的天地运行,而是指人心,其理由在于他所讲的"心丧而形存"中的"心"应指人心。另外,船山也以"阳之动"为恻隐之心的呈现,他说:"阳之动也,一念之几微发于俄顷,于人情物理之沓至,而知物之与我相贯通者不容不辨其理,耳目口体之应乎心者不容于掩抑,所谓恻隐之心是已。"① 据此,"阳之动"即是人心的发动,当人情物理纷至沓来时,人心辨其事物之理后的道德自然流露,便是恻隐之心。总之,船山有关"天地之心"的论述并不是立足于天地生物之心对人的创生,而是将其落实于人心。人心并不是流于利欲的"人心",而是天地的生生大德在人的呈现,即是说人是天地之心的呈现。他说:

  天地之生,以人为始。故其吊灵而聚美,首物以克家,聪明睿哲,流动以入物之藏,而显天地之妙用,人实任之。人者,天地之心也。故曰:"复,其见天地之心乎!"圣人者,亦人也;反本自立而体天地之生,则全乎人矣。②

  船山认为"天地之生,以人为始",这里的"始"可以有两种解读,一是其字面义,天地之"生"开始于人;二是天地之"生"必须落实到人的层面才能显现。从之后的论述看,可取第二种解

---

① (明)王夫之:《周易内传》卷二,《船山全书》第一册,第229页。
② (明)王夫之:《周易外传》卷二,《船山全书》第一册,第882页。

读。因为船山指出人是至灵的存在，能够凝聚并显现美好的德性，主导事物的运行，人以其完美的德性承担家业以及国事的重任，从而表现出聪明睿智的一面，显示人物的全部的善良品质，造福于天地生化。所以船山提出"人者，天地之心"的论断，在于表明圣人反其本心便能体察天地之"生"。

通过"人者生也""天地之生，人为贵也""人者，天地之心"等命题，船山表明人的生命不仅是生生不息的现实存在，而且能够不断实现其价值意义，造福于天地之化。人的生命是有限的，但是人的价值创造是无限的，人是理性的、有感情的存在者，能够对其生命过程有所掌控，并能够通过人的生命价值实现其对于宇宙万物的责任。如果人在生命中能够实现道德生命的完善，仁义的践行，也就意味着人的生命实现了其价值。所以，船山反对"贱形""贱情"，从而主张人应当重视自然生命，例如身体的活动，情感的发用对于人的价值实现的意义，人的道德生命的彰显离不开人的自然生命。人的生命是人的道德生命与自然生命合为一体的整体存在。

第五节　生死始终

上一节指出，船山以人之生是天地之生中最珍贵者，人与生物的区别在于人可以主宰自己的生命，不必哀生患死，已触碰到生死问题。从日常经验来看，个体生命的存在显然不是永恒的，而是有限的，有生则必有死。因而如何理解和面对生死问题，也是船山的重要关怀，乃至有学者指出船山提出了一个比较完整的生死哲学理论。[1]

生死问题是古今哲学的共同话题，因为生死对人而言是一个普遍的、永恒的终极问题。在明清之际，"生死"问题是士大夫的共同

---

[1] 郑晓江：《论王船山的生死哲学》，《中州学刊》2003 年第 5 期，第 126—131 页。

困扰，船山的立场与心境与这些士大夫是一致的。"生死"问题之所以在明清之际成为士大夫的核心议题，其一，动荡的时代造成了个人的生命体验出入险阻，一直需要与保全生命、立身于世作抗争，所以如何安顿生死是一个现实问题。其二，尽管儒家士大夫此时或无力挽救旧朝的衰败，但仍然保有成就个人的道德价值，乃至拯救天下苍生的愿望。因为唯有如此，才能无愧于死。其三，在易代之际，"生死"还涉及出处选择和生死抉择的问题，此乃关涉政治伦理问题。①

总体而言，明末之际儒者对"生死"问题的判断与儒家传统重生的传统也是一致的。中晚明时代，"生死"问题在三教合一的背景下不再是佛老二家所独有，阳明学将生死问题视为儒家终极关怀的内在向度。② 大多数阳明学者在生死问题上仍然立足于儒学存有论上"有"的根本立场，提供了有别于佛老的生死智慧与解脱之道。③ 生死的问题不在于死后的解脱，而是重视当下的生命，特别是重视道德生命的成就，晚明清初的诸多士大夫皆主张生命中的道德修养将决定死后的生命情状。④ 如果在生命中实现了其道德价值，也就无须忌惮死的问题，生死问题也就自然超脱了。"生死"既是"常事"，因为死毕竟无法避免；"生死"又非"常事"，人的生命不可沦为常人，而是应当日日用功，实现其生命的道德价值。

在经典文本之中，《论语》"季路问事鬼神"章留下了儒家生死观的经典表述，孔子提出的"未知生，焉知死"的论题已透露出其重视现世人间的思想。历来的注解亦不外乎此，皇侃称"周孔之教

---

① 关于这个问题的探讨，见赵园《明清之际士大夫研究》，北京大学出版社1999年版，第23—48页。
② 彭国翔：《良知学的展开：王龙溪与中晚明的阳明学》（增订版），生活·读书·新知三联书店2015年版，第468页。
③ 彭国翔：《良知学的展开：王龙溪与中晚明的阳明学》（增订版），第469页。
④ 吕妙芬：《成圣与家庭人伦：宗教对话脉络下的明清之际儒学》，第41—57页。

唯说现在"①。到了宋代，朱熹《四书章句集注》的解释最具代表性，船山的解释正是针对朱子而来。朱熹说："非原始而知所以生，则必不能反终而知所以死。盖幽明始终，初无二理，但学之有序，不可躐等，故夫子告之如此。"②朱子引《系辞》"原始反终，故知死生之说"认为，知生死的要义在于推本溯源以及求万物之终，"生"和"死"代表了"始"和"终"两个关节点。不过，船山指出"窃疑先儒说死生处都有病在"③，直接点出了朱子的问题所在。那么，船山究竟如何理解原始反终之说呢？他说：

> 《易》言"原始反终，故知死生之说"，"始终"字，自不可作"生死"字看。使云"原生反死，故知死生之说"，则不待辨而自知其不可矣。所以然者，言死生则兼乎气，言始终则但言其理而已。如云气聚而生，散而死，可以聚为始而散为终乎？死生自有定期，方生之日谓之生，正死之日谓之死。但自形气言之，则初生者吾之始也，正死者吾之终也。原始反终而知死生之说，则死生所指有定，而终始所包者广矣。④

针对"原始反终，故知死生之说"，船山认为不能将"始终"理解为"生死"，"生"和"死"与"气"相关，死生是以"气"言，始终是以"理"言。气聚为生，气散为死，是否就能将"聚"和"散"看作"始"和"终"呢？船山的答案是否定的，从人的形气上说，"原始反终知死生"表明死生皆有定期，"生"是作为开端的"始"，"死"是作为终结的"终"，但是"终始"所表达的含义

---

① 皇侃说："周孔之教唯说现在，不明过去未来。"这也表明孔子此言注重的是当下的现实，而非过去与未来，更毋宁说死后。(清) 程树德：《论语集释》第三册，程俊英、蒋见元点校，中华书局1990年版，第760页。
② (宋) 朱熹：《四书章句集注》，第123页。
③ (明) 王夫之：《读四书大全说卷六·论语》，《船山全书》第六册，第752页。
④ (明) 王夫之：《读四书大全说卷六·论语》，《船山全书》第六册，第752页。

却更广。

在"生死"和"始终"这两对概念的诠释上，船山认为："生既非死之始，又不可为生之始，则'始终'二字，当自有义，断不可以初生之一日为始，正死之一日为终也。"① 生不是死之始，亦非生之始，"始终"应当有独特的含义，不可以"生"为"始"，以"死"为"终"。他继续说："今且可说死只是一死，而必不可云生只是一次生。生既非一次生，则始亦非一日始矣。"② 姑且可说"死"只有一次，但必不可说"生"是一次性的"生"。"生"不仅仅是创生、初生，"始"也不能只作为开端的"初始"解，因此他概括说："诊其受病之原，只误认一'生'字作生诞之日'生'字解。"③ 他认为"生"应当从"日生""生生"的观念加以理解，这才是"生"的真正内涵：

> 要以未死以前统谓之生，刻刻皆生气，刻刻皆生理；虽绵连不绝，不可为端，而细求其生，则无刻不有肇造之朕。若守定初生一日之时刻，说此为生，说此为始，则一受之成型，而终古不易，以形言之，更不须养，以德言之，更不待修矣。④

何谓"生"，船山认为未死以前的有生之日皆谓"生"，"生"是绵连不绝、生生连续的生命过程，每时每刻都存在生气和生理的运动，生气日新变化，随时有新的气产生。同时，气之生化不息不仅是气本身的运动，而且具有价值意涵，"生理"即天赋予人的本性，是人之价值生命的根源，它也在"生气"之中随着气不断活动。这意味着只要人存在于世上，便时时有"肇造之朕"，即无时不有开端与创始。气是人之生命的载体，人有生命以后，便有生命之气，

---

① （明）王夫之：《读四书大全说卷六·论语》，《船山全书》第六册，第753页。
② （明）王夫之：《读四书大全说卷六·论语》，《船山全书》第六册，第752页。
③ （明）王夫之：《读四书大全说卷六·论语》，《船山全书》第六册，第755页。
④ （明）王夫之：《读四书大全说卷六·论语》，《船山全书》第六册，第753页。

生命之理。气是人的真实生命存在,它是活动的、不断流行于天地人物间的载体。"生"不再是作为开端、肇始意义上的"生"之最初起点。船山之所以如此反对将"生"作为初始的开端,是因为"气"与"生"密切相关,"气"是人的生命活动的能量,其本身具备的活动性正是生命生生不息的具体来源。如果仅把初生之时看作"生",以此为始,那么人初生时也就获得了其完整的本质,此后终古不易,也无须后天的修养工夫,而这则是船山所要破斥的。

比执生死两端更为重要的是人生在世之时的成圣工夫,只有在其生命中实现生命的价值,领会了生命的意义,才能知生死之大义,从而破解执着"生死两端"的迷误,甚至在生命行将结束之际,也不可忘记实践生命的道德价值。船山说:"古之圣人画卦序畴,于有生以后,显出许多显仁、藏用之妙,故云'穷理尽性以至于命',云'存其心,养其性,所以事天',云'莫非命也,顺受其正',直是有一刻之生,便须谨一刻之始。到曾子易箦时,也只是谨始,更不可谓之慎终。"[①] 古人作易,画卦序畴,彰显了人生以后成德成仁的工夫,因此有"穷理尽性以至于命""存其心,养其性,所以事天""莫非命也,顺受其正"的说法,只要人生存于世间,便不能离开养性尽性的工夫,人的生命诞生和工夫的开端是同时的,没有起点与终点。《礼记》中记载了曾子临终时易箦,表现了君子的良好品格,是曾子有生之日以来所展现出来的德性,这是生命即将结束时才得以具有的品质,仍然是生命过程中获得的全新的道德品质,因此不能将其归之于慎终。曾子的故事素来以"慎终"的角度来加以看待,船山为何独取"谨始"的意义?他的解释是:

> 凡自未有而有者皆谓之始,而其成也,则皆谓之终。既生以后,刻刻有所成,则刻刻有所终;刻刻有所生于未有,则刻刻有所始。故曰曾子易箦,亦始也,而非终也。反诸其所成之

[①]（明）王夫之:《读四书大全说卷六·论语》,《船山全书》第六册,第753页。

理，以原其所生之道，则全而生之者，必全而归之；而欲毕其生之事者，必先善其成之之功：此所谓知生而知死矣。①

从字面义来看，从"未有"到"有"谓之"始"，而从"有"到"成"谓之"终"。但是船山主张，在人生以后，时时刻刻皆有终始，"始"并不是作为人生起点的出生，"终"亦非生命的终点。生命过程中不止有一个"始"和"终"。这是因为人在生命历程中不断接触新的社会生活，不断接受新的境遇，生命中的各种体验与境遇塑造了我们的价值观念，人性特质。只要生命尚存，人们就能从生命体验中获得新东西，所以船山说刻刻皆有始，处处皆有终。习得某件事情即由无到有的过程称之为"始"，在习得的基础上进而不断涵养完善，成为某种稳定的品质，便是所谓的"成"。就此而言，尽管曾子易篑发生在临终之际，但是也可被视作"始"而非"终"，因为易篑这一行为表明，只要人之生命存在，就不能离开生命中的伦理实践，曾子通过尽孝的方式，将从父母那里禀受的生命之道在个人生命中回报父母，使从父母所受之形体不受损伤。由此便可以说明，若想在有生之世圆满完成自己的生命价值，就必须回报赋予我们生命的源头。在此意义上，易篑是尽生之事，也是在生命尚存之时获得的品格，完成易篑意味着完成了生命的价值，这就是所谓的"知生而知死"。

在本章的诠释中，船山还通过引经据典提出了"生之命""生之性""生之气"三个概念，丰富了"生"的含义：

> 故夫子正告子路，谓当于未死之前，正生之日，即境现在，反求诸己，求之于"昊天曰明，及尔出王，昊天曰旦，及尔游衍"之中，以知生之命；求之于"不闻亦式，不谏亦入，不显亦临，无斁亦保"之中，以知生之性；求之于"直养无害，塞

---

① （明）王夫之：《读四书大全说卷六·论语》，《船山全书》第六册，第754页。

乎天地之间"者，以知生之气。①

孔子提出"未知生，焉知死"正是为了告诫子路要珍惜当前的生，在"正生之日"，把握现在，反求诸己。船山求之于经典，分别列举何谓"生之性""生之命""生之气"。"昊天曰明，及尔出王，昊天曰旦，及尔游衍"出自《诗经·大雅·思齐》，旨在揭示在天之命赫然临于人，无时不在。"不闻亦式，不谏亦入，不显亦临，无斁亦保"亦出自《诗经·大雅·思齐》，描绘了"生之性"时时常在，隐而不显却又临于人的特点，"无斁亦保"亦说明"性"乃是孜孜不倦、时时常有的性质。而"直养无害，塞乎天地之间"则出自《孟子》中著名的"知言养气"章，强调通过善养"浩然之气"便可知"生之气"。船山未对所引材料作详细说明，不过我们不难理解其意图，知"性""命""气"是"知生"的具体内容，因为"生"只是用以描述某个事物生生不息的特质，并非实体性的事物本身，所以，生生不息的维度体现在性、命、气这些要素之中。

要之，船山对于"未知生，焉知死"章的解读旨在表明，在生死问题上，重要的并不是追问死亡是什么，而是强调人在生命展开过程中应当实现生命的意义和价值，不断奉行良好的伦理品格，如此就可以死而无憾。人的生命中的各种人伦事务之理，不可能皆由天赋，先天的禀赋无法包括人生后所遇到的各类具体情境，人的存在始终是一个有限的不完满存在。只要人生在世，面对人间事务，则时时刻刻有始有成，道德的涵养和完善不离人伦日用，永远没有终点。所以，"知生"是一个永无止境的过程，而知死的要义和前提即在于知生。船山通过对"始"和"终"的反省和重构，再度明确了其所理解的"生"并非开端意义上的初生，而是"生生"观念所代表的绵延不止的发展，即持续的创造性。

---

① （明）王夫之：《读四书大全说卷六·论语》，《船山全书》第六册，第754页。

第六节　往来曰生

船山对"未知生，焉知死"章的解读，认为个体生命面对生死之时，重要的是在生命活动中不断实现其价值和意义。至于如何直面死亡，他采取了存而不论的态度。不过，他也批评了朱子"死便是都散了"的论断，反对将死亡理解为气之消散，这透露了其拒绝将"死"理解为消亡或不存在，而是指向生的延续和重新开始。这一点在船山的思想中至关重要，值得进一步说明。

个体生命固然有生死，如果超出个体生命，从宇宙万物的角度来看，在天地万物的层面，万物新陈代谢、死此生彼，一物消亡一物又生，从这个意义上说，天地万物皆处在生生不息的状态中，"生"具有永恒的绝对性，不存在消灭或死亡。例如在历史和政治进程中，具体的王朝和君主的统治亦存在建立与消亡的更替现象，但改朝换代同时也意味着历史的延续，这是确定无疑的事实。

问题在于"生"的永恒性或绝对性如何从理论上进行证明。船山的理论依据仍然来自张载。张载由"太虚即气"的命题出发，认为天地万物的生成和消亡即"气"的聚散，"气"之散并非归于"无"，而是转化成另一种形态，因此不存在所谓的"生灭"。如张载指出："气之聚散于太虚，犹冰凝释于水，知太虚即气，则无无。"[①] 有关"太虚即气"这一命题的解释，历来是张载思想研究中的核心议题，其争论的焦点在于"太虚"与"气"的关系，即"太虚"是"气"的超越的形上根据，还是"气"的某种无形状态的本来状态。[②] 就船山而言，"太虚"与"气"显然不是异质（超越—现实）的，而是同

---

① 《张载集》，第 8 页。
② 关于"太虚即气"这一命题的争论，可参看陈政扬《张载"太虚即气"说辨析》，见陈政扬《张载思想的哲学诠释》，第 23—56 页；黄敏浩：《张载〈太和篇〉"太虚"与"气"之关系的再检讨》，《嘉大中文学报》2016 年第 11 期，第 105—129 页。

层的,"太虚"即气之本来状态,但仍然属于"气"。① 船山说:

> 于太虚之中具有而未成乎形,气自足也,聚散变化,而其本体不为之损益。②
> 散而归于太虚,复其絪缊之本体,非消灭也。③

气具备于"太虚"之中,只是还未发展到"成形"的状态。不过船山认为,"太虚"之中"气"已自足,并且具备了"气"聚散变化的"本体"。"本体"一般有两解,一指本来状态,二指现象背后的根据。然而是否可以将两者完全区分开来是存在疑问的,太虚既是聚散变化的根据又是气的本来状态。因此,万物散而归于"太虚",这依然属于"气"的某种形态,而非完全归于绝对的"无"。

主张事物的消灭并非归于"无",而是转化成"气"的某种状态,并不等于事物在消亡的同时又重新开启了生机。依船山之论,"气"之聚散乃是一个循环往复的过程,这个过程本质上即宇宙万物生生不息地往来。放眼于整体的宇宙生命,他将个体生命置于天地之间加以审视,旧事物的消亡,新事物的产生,表明宇宙间天地万物之"生"的永恒性与绝对性。通过解释《系辞》的"天地之大德曰生"这一命题,他由此揭开了天地万物生生流行的图景:

> **天地之间,流行不息,皆其生焉者也。**故曰"天地之大德曰生"。自虚而实,来也;自实而虚,往也。来可见,往不可见。来实为今,往虚为古。来者生也,然而数来而不节者,将一往而难来。一嘘一吸,自然之势也,故往来相乘而迭用。相

---

① 杨立华也这么理解张载"太虚"与"气"的关系,他说:"太虚与气的关系就是无形之气和有形之气的关系。"见杨立华《气本与神化:张载哲学述论》,第40页。
② (明)王夫之:《张子正蒙注》卷一,《船山全书》第十二册,第17页。
③ (明)王夫之:《张子正蒙注》卷一,《船山全书》第十二册,第19页。

乘送用，彼异端固曰"死此生彼"，而轮回之说兴焉。死此生彼者，一往一来之谓也。夫一往一来，而有同往同来者焉，有异往异来者焉，故一往一来而往来不一。化机之妙，大造之不可为心，岂彼异端之所得知哉！①

据船山所言，天地之间流行不息即是"生"的表现，这可以称为"天地之大德曰生"。自虚而实谓之"来"，自实而虚谓之"往"，来者可见而往者不可见，来者为今，往者为古。值得一提的是，来可见，往者不可见，这并不等同于"来者存在，往者不存在"，"虚"和"实"亦不能对应于"无"和"有"。"不可见"不是指绝对的不存在，而是指人的目力所不能及。因为他接着说，一往一来，一呼一吸是自然之势，往来相互交替而乘用，这绝非异端所认为的"死此生彼"和"轮回"说。船山力图证明的是"生"的绝对性，尽管"死此生彼"意味着一往一来的过程，一物生则必有该物的消亡，但他指出"往"和"来"并非一一对应的关系，有同往同来，也有异往异来。"往"和"来"表明天地万物日新变化的一种普遍状态，在往来的过程中，存在日新的"异"和不变的"同"。船山解释道：

其异者，非但人物之生死然也。今日之日月，非用昨日之明也；今岁之寒暑，非用昔岁之气也。明用昨日，则如镫如镜，而有熄有昏；气用昨岁，则如汤中之热，沟浍之水，而渐衰渐泯。而非然也。是以知其富有者惟其日新，斯日月贞明而寒暑恒盛也。阳实而翕，故昼明者必聚而为日；阴虚而辟，故夜明者必凝而为月。寒暑之发敛而无穷，亦犹是也。不用其故，方尽而生，莫之分剂而自不乱，非有同也。②

---

① （明）王夫之：《周易外传》卷六，《船山全书》第一册，第1042—1043页。
② （明）王夫之：《周易外传》卷六，《船山全书》第一册，第1043—1044页。

异的方面并不限于人物的生死问题。船山说今日的日月非昨日的日月，寒来暑往，年复一年皆不尽相同。甚至在日常生活中，今日和昨日的灯和镜子的明亮程度也有所不同。通过列举上述天象及日用经验的例子，他试图证明所有事物都存在绝对的日新变化，没有绝对恒常不变的事物。昼明的是日，夜明的是月，日月的交替，寒暑的流转皆无止息，所谓的"异"，即是指事物变化的绝对性和事物本身的相对性。与此相对，船山对"同"的问题提出如下解释：

> 其同者，来以天地之生，往以天地之化，生化各乘其机而从其类，天地非能有心而分别之。故人物之生化也，谁与判然使一人之识亘古而为一人？谁与判然使一物之命亘古而为一物？且惟有质而有形者，可因其区宇，画以界限，使彼此亘古而不相杂。所以生者，虚明而善动，于彼于此，虽有类之可从，而无畛之可画，而何从执其识命以相报乎？夫气升如炊湿，一山之云，不必其还雨一山；形降如炭尘，一薪之粪，不必其还滋一木。有形质者且然，奚况其虚明而善动者哉？则任运自然，而互听其化，非有异也。①

在他看来，所谓的"同"是指天地的生化"各乘其机而从其类"，即天地万物的生化并非任意的流行变化，而要遵循某种变化之"机"，即归属于一定的类别和秩序。显然，这是从事物存在的恒定性来说的，故船山指出，使得人亘古为人，一物亘古为一物的缘由，就在于事物都是"有质"和"有形"的存在，变化和发展均由其存在结构而决定，这种结构划定了相对固定的"区宇"和"界限"，所以人和物自古以来不相夹杂，人不可能变成物，物也不可能化成

---

① （明）王夫之：《周易外传》卷六，《船山全书》第一册，第1044页。

人。更重要的是,"所以生"者是"虚明而善动"的,这里的虚明而善动实则指有意识的存在,人的意识可以确证其为属人的存在,但是人的具体生命的展开显然不是遵循一物报一物的规定,不必按照一物之消亡,必还一物之生的轮回逻辑。一言以蔽之,日新变化必须"从其类",遵循一定的秩序,万物并不因为"从其类"而失去其生化流行的意义。

概而言之,尽管"生"并不意味着恣意妄生,而是具有一定的秩序和方向,须遵循一物之为一物,人之为人的原理,这种从其类式的代代相传,不是根据一物报一物的轮回、报应逻辑进行。这一观点具有超越个体的深远意义,它为宇宙万物的代代相传留下了变化的空间,这种变化可以是相对于前代的进步,也可以是倒退。尤其从政治或伦理的角度来看,既然人的生命繁衍是"气"之纲缊本体的传承和接续,那么存世的人的生命价值的善恶优劣并不随人的肉体生命的死亡而消失,无论是"善气"抑或是"恶气"仍然在世间流传不灭,而且善气仍为善,恶气仍为恶。[1] 如船山又说:"故尧、舜之神,桀、纣之气,存于纲缊之中,至今而不易。然桀、纣之所暴者,气也,养之可使醇,持之可使正,澄之可使清也;其始得于天者,健顺之良能未尝损也,存乎其人而已矣。"[2] 一方面,尧、舜之精神,桀、纣之恶气皆存于纲缊之中,在天地间流传。另一方面,对于桀、纣之暴气,后人应通过涵养对其进行改正,因为桀、纣之气原本也源于天,仍然具有健顺的良好品性,只是没有表现出来。

人之生的重要性不仅是生物意义的,因为今生的生命价值会以"气"的形式在历史中流传并作用于后世。那么对人来说,在有限的个体生命中修身成德,尽性知天的终极意义并非只是个体意义的,

---

[1] "故善气恒于善,恶气恒于恶,治气恒于治,乱气恒于乱,屈伸往来,顺其故而不妄。"(明)王夫之:《张子正蒙注》卷一,《船山全书》第十二册,第19页。

[2] (明)王夫之:《张子正蒙注》卷一,《船山全书》第十二册,第23页。

而具有社会关怀、天地情怀。① 特别是对于圣贤和君王来说，其治理的好坏并不因其政权的更迭而消失，它仍然以絪缊之气为介质流传于世间，影响着后世之人。生命中呈现出的德性与为民生社稷的政治治理的根本意义就在于能造福于子孙后代。所以，船山强调天地生生的最终落脚点在于呼吁"尽性而利天下之生"：

> **是故必尽性而利天下之生**。自我尽之，生而存者，德存于我；自我尽之，化而往者，德归于天地。德归于天地，而清者既于我而扩充，则有所埤益，而无所吝留。他日之生，他人之生，或聚或散，常以扶清而抑浊，则公诸来世与群生，圣人固以赞天地之德，而不曰"死此而生彼"，春播而秋获之，铢铢期报于往来之间也。②

人之"生"具有超出生物繁衍的价值意义，是一种对于宇宙的责任意识，故尽性的目的在于造福天下苍生。如果在生命历程中成就了德性，在有生之时，德性就保存于自我；而当人死去时，德性归于天地，回归"天地之德"。气质清明者受此德性影响，进而扩充德性，这是一件有益于个体生命的事，所以不应有保留。所有人的生命皆有聚有散，但是重要的是发扬善的一面，而革除恶的部分，留给来世和一切人物，圣人因此称赞天地之大德，而不说"死此而生彼"，例如春种秋收，春种的努力已经预设了确定的回报之日，这

---

① 关于这一点，可参看陈来《诠释与重建：王船山的哲学精神》第十一章《船山〈正蒙注〉的善恶生死论》，第401页。"'全而归之'的论述，显示出船山思想中的一种根深蒂固的意识，即人对于宇宙的责任意识，而所有的意义都是建构在这一责任意识上的：即人对于宇宙的原生生态的保持和净化，是一件具有根本意义的事情，人要以善生善死来承担起他对宇宙的这种责任。船山把这样一种意识作为其整个思想的基础和目标，这不能不说是相当独特的。"陈指出船山思想尤重视"全生全归"，认为人之死并不意味着消失殆尽，其善恶的表现具有连续性，会延续至后世的天地间，影响子孙后代。

② （明）王夫之：《周易外传》卷六，《船山全书》第一册，第1046页。

是船山所反对的。

要之，船山将生死问题提升至整个宇宙层面加以思考，主张人应该具有宇宙层面的责任意识，因为自我的成德努力并不会因为个体生命的消亡而消散，它仍然留于天地之间，成为天地之德，在宇宙间生生不息地流传。进而言之，"生"的问题就不仅关涉到当下个体生命的存在，而且涉及承接过去，指向未来的生命延续问题，因而打开了历史—现在—未来的时间向度。

船山论"生"的含义十分丰富。总体而言，"生"有两个要义，一是"生生"的精神，二是"功用发见"或"于上发生"，亦即庞朴所谓的"化生"。前者强调"生"应当是持续性的创造，后者则认为"生"必须基于本有之物。在船山看来，"生"不是从无到有的生成，而是基于本有事物的"于上发生"，"上"表明是在本有之物基础上的生成变化，这个化生的过程即阴阳之气的变合运动带来的万事万物的不同表现。既然将"生"理解为基于阴阳变合的生生运动，那么，"功用发见"或"于上发生"本质上也具有生生的精神。

基于"生生"的基本预设，船山认为"生"不能只是"初生"意义上的生成，而是将"生"理解为生命的持续过程。而且，"生生"的现象证明了万物的客观且真实的存有，而非万物皆虚妄，唯有不变的本源才是真实存有。最为重要的是，"生生"不仅是连绵不绝的过程，而是具有根源义的持续性创造。"天地之生，人为贵""人者，天地之生"表明了两个维度，天地的"生生"是人之生命的永恒价值根源，而人的"生生"又是具有价值意义的创造，人之生对于自我和天地万物皆能不断赋予意义，因为人的本质即"生生"意义上的"生"。归根到底，船山对"生"的根本理解兼具了"生"的过程义和根源义，体现为双重内涵，而且这个双重意义不是不行的，而是交互的。

第 五 章

"絪缊"与"是生"——生生连续的本体观

"生"不仅是宇宙的大化流行、日新变化，更是不断进步更新、创造价值的过程，然而生生变化和进步的根据何在，无疑是"生"的思想探究的核心问题之一。第二章已经指出，对此有两种基本理解模式，① 第一，"生"是宇宙的自然大化中各要素相互作用的结果，生的依据和动力在于自然运行本身，所以对于"生"只能从构造和起源上进行理解，② 最典型的是汉代的气化宇宙论。第二，生生变易的过程中存在一个不生不灭的根据，这个根据不因宇宙的生成变化而变化，虽然它始终处在变化的过程之中，但具有恒常不变的特征。两者的区别和联系在于，前者的宇宙本原是宇宙在时空中的开端，可能会随着宇宙的生成而不断变化，新事物的生成也就意味着对旧事物的否定，后者则强调本体依据不会随宇宙大化而消失，它具有时空上的无限性。

学界通常认为，魏晋玄学突破了汉代元气宇宙论，建构了中国哲学

---

① 杨立华在《一本与生生：理一元论纲要》中提出了使永恒变化得以可能的两种模式，一是变化只是有分别的要素之间相互作用的结果，二是在变化的背后有一个永恒的发动者。杨立华：《一本与生生：理一元论纲要》，第4—5页。

② 张岱年称之为"大化论"，见张岱年《中国哲学大纲》，第178页。

的本体论,① 进而影响了宋明理学的本体观念。宋代以降,以朱子为代表的程朱理学以"理"作为万物之本体或本原,它无声无臭,无情意亦无计度,永恒存在,而气是形而下的、变化的存在,是万物的质具。自明代以降,随着"理"的"去实体化"现象的展开,② 理学及气学逐渐开始主张理在气中、理气一物,否认在气之外或之上存在一个感官无法把握的"理"的实在。由此,气是构成宇宙生生不息的存在介质,整个宇宙皆是"一气流行"的连续整体,"理"只是气中之理。

"气"具有生生不已的变易性和过程性,是否意味着无法将具备价值根源的本体观建立在"气"之上？这是气论研究必须解决的重要问题,也是本章试图探索的问题。在有关船山气论的研究中,学界长期受到理学、心学和气学三分架构以及气论研究范式的影响,认为船山的本体论、理气论继承了张载的气论,反对朱子的理气二元论,主张理气一元,或者以气为本体,气是第一性的,理是第二性的。③ 但是近年来,有关气论的研究取得了长足进步,通过对气论进行分类,学界逐渐开始反思过去对气论的单一看法,认为气既有形而上之义,又有形而下之义,例如杨儒宾将气的形上义、超越义理解为"先天之气",④ 其依据是先天之气在根源上是有理的存在,因而不是形而下的气。

其实,唐君毅在船山气论问题上有深刻反省,值得我们重视,他

---

① 汤用彤:《魏晋玄学论稿》,第60页;杨立华:《中国哲学十五讲》,北京大学出版社2019年版,第84页。

② 陈来:《元明理学的"去实体化"转向及其理论后果——重回"哲学史"诠释的一个例子》,《中国文化研究》2003年第2期,第1—18页。

③ 这里仅举一例,《宋明理学史》认为王夫之批判理本论,对世界本原问题的回答,得出了与朱熹截然不同的结论:"若其实,则理在气中,气无非理;气在空中,空无非气,通一无二者也。其聚而出为人物则形,散而入于太虚则不形。""天人一蕴,一气而已。"世界的根本是物质性的,这就破坏了程朱理学的基石。侯外庐、邱汉生、张岂之主编:《宋明理学史》(下),人民出版社1997年版,第918—919页。

④ 杨儒宾:《两种气学,两种儒学》,载杨儒宾《异议的意义：近世东亚的反理学思潮》,台北：台湾大学出版中心2012年版,第135页。

认为船山所言的"气"涵具乾坤健顺之理,并且"未尝否认此使一切宇宙人生历史之日新富有之变化得'成为可能'或'根据'"①。林安梧也提出在船山那里,"就本体论而言,理气为一;就具体实在而言,理气亦为一"②。不过,他还指出:"就本体论之意义层面而言,气是首出的。"③ 那么真正的问题在于,气的本体义是由气本身决定的还是由气中之理决定,如果是后者,那么如何与程朱理学的立场区分?

本章基本赞同上述学者的观点,认为船山思想中的气是本有理之气,或是理气合一之气。但本章的目的不在于将他的本体观置于某个理论框架之中加以评判,例如宇宙生成论、本体论、本体宇宙论,以及理学、心学、气学的三分架构,而是试图厘清船山所论的"本体"的基本特质,然后再进行适当的理论定位。

第一节　理气与本体

本章使用"本体观"一词,区别于"本体论"。"本体论"一词通常用于西方哲学,以"本体论"来翻译"Ontology"不可避免地以西方哲学传统的 Ontology 一词来看待汉语中已有的"本体",④ 而在西方形而上学传统中,Ontology 与动词"to be"的系词用法有关,是探究作为事物的"是什么"或"什么是",即事物自身的原因,

---

①　唐君毅:《中国哲学原论·导论篇》,中国社会科学出版社 2005 年版,第 306 页。陈祺助实际上继承了这一观念,亦十分重视船山的"气"的形上义,他说:"横渠之气与船山的最大之不同,在其所谓气乃纯属形而下者,并不具形而上之主宰或气化之所以然之'理'之义。船山所谓气则本为有理之气,故其行文经常径以'理气'一词代替'气'。"陈祺助:《论王船山气论的义理特色——与传统主要气论之说比较》,《鹅湖学志》第 35 期,2005 年,第 130 页。

②　林安梧:《王船山人性史哲学之研究》,第 105 页。

③　林安梧:《王船山人性史哲学之研究》,第 101 页。

④　张汝伦:《邯郸学步,失其故步——也谈中国哲学中的反向格义问题》,载张汝伦《中西哲学十五章》,上海书店出版社 2008 年版,第 50 页。

也就是说，谈论一个事物时，"总是要确定它是什么"①。

即使从广义上来看，如海德格尔在《存在与时间》中所批评的，在古希腊以后的西方哲学的演变中，对"是"的追问总是停留在"是者"的层面。因而通常所谓的"是者"便是与经验世界的现象相对的，作为世界构成本质的"本体"存在，② 所以中国学界一般认为西方哲学强调"现象—本体"二分。与之相关的还有"实体"（substance）一词，实体可以分为可感实体和作为存在之依据的实体，一般所谓的"实体"指独立自存，作为终极根源的实体。追问本体、实体便是追问世界的构成本质即其本性。这是哲学的基础问题，影响了中国哲学的早期建构，中国哲学同样也要建立自己的本体论。这种对照模式引发了近代以来对中国思想中的"本体"的探讨，于是，寻求中国哲学中的"本体"成为一个难题。③

尽管中国哲学中是否存在西方哲学意义上的本体论仍存在疑问，但是中国哲学确有自己的本体观念，它与西方哲学的本体观既有联系，也有区别。其共同点是本体都是对宇宙构成的终极本原的探讨，宋明理学中的道体、实体、实理等概念也有这层意涵。但是更为关键的是区别，与西方哲学强调本体与现象、实在与幻象二分不同，张岱年曾指出儒道两家"不以'实在'与'幻象'的区别来讲体用。佛教认为客观世界是假象，儒家、道家都肯定客观世界不是假象，'体'不是现象背后的实在"④。在中国哲学中，"本"和"本体"大都是真实存在

---

① 汪子嵩、王太庆：《关于"存在"与"是"》，载宋继杰编《BEING 与西方哲学传统》上卷，河北大学出版社 2002 年版，第 27 页。

② 这种对世界由什么构成，其本原是什么的发问，反而与古希腊哲学早期的自然哲学有些类似，如泰勒斯以"水"为世界的本原。

③ 一般来说，在中国哲学的本体观中，本体可指现象背后的根据，也可指本来状态或体段。本书所讲的"本体"则侧重于前者，但是这两者并不是完全独立的，既有联系也有区别。例如，就联系而言，两者皆可指某种恒常不变的本性或状态；就区别来说，本体可独立于形下世界，成为形上的根据，但是本来状态或体段只是事物本来或最初的状态，未必是某种形上的根据。

④ 张岱年：《中国哲学中的本体观念》，《安徽大学学报》1983 年第 3 期，第 4 页。

的，它不离于事物本身，是万物本来的状态，而不是在时空之外的抽象本体，这一点也为多数学者所认同。① 更进一步，"本体"不仅是真实存在的，更是生生不息的。例如熊十力主张："实体绝不是潜隐于万有背后，或超越万有之上；亦决不是恒常不变，离物独存。"②

然而变动不居的事物是否能够作为本体，又是困扰中国哲学尤其是宋明理学的问题，客观世界是日新变化的，如果本体也是变化的，就失去了其作为本体不生不灭、永恒常住的意义。因为无论"本体"之物是什么，其首要特质应是常住不变，不生不灭，由此才能够作为宇宙变化、人伦事务的基础和根据。所以问题的焦点不是"本体"的性质是什么，而是什么样的事物能成为"本体"，能为变动不居的客观世界提供终极实在的根据。例如，一般认为宋明理学存在以气为本体、以理为本体、以心为本体三种路径，所以有理学、气学、心学三分的架构。就本书的讨论而言，与理本和气本的路径关联很深。宋明理学中的气学源头在北宋，张载的气学思想在某种程度上揭示了"气"是宇宙的构成根源，同时他提出"太虚无形，气之本体"，试图表明"太虚"作为"气之本体"，"太虚"为"气"的某种本来状态，即本原。在朱子的理解中，张载所谓的"太和""太虚"只是变动的气，而且朱子不满张载以"气"之聚散解释宇宙的运行，认为这如同佛教的"大轮回"。③ 归根到底，这是因为朱子认为气只是形而下者，无法作为本体，他说："如以'太虚''太和'为道体，却只是说得形而下者。"④ 形而下之气只有生生不已的变化，变化意味着不断产生差异，而不是永恒不变的恒常之性，所以不能成为道体亦即所谓的本体。另

---

① 向世陵亦持类似观点："'本体'不论是本初、基准，还是虚体、心性，人们总是能够透过其迹象、作用而予以认识。本体是在世界之中而不是之外，是中国哲学本体论最根本的规定。"向世陵：《中国哲学的"本体"概念和"本体论"》，《哲学研究》2010年第9期，第55页。

② 熊十力：《体用论》，载萧萐父主编《熊十力全集》第七卷，湖北教育出版社2001年版，第128页。

③ （宋）黎靖德编：《朱子语类》卷第九十九，第2533页。

④ （宋）黎靖德编：《朱子语类》卷第九十九，第2533页。

第五章 "绲缊"与"是生"——生生连续的本体观

外,张载的宇宙观主张无生无灭,物质性的存在不可能完全消亡,其消亡只是存在形态由具体的形质转化为无形无象的太虚。而朱熹认为气有生灭,而理无生灭。

为了解决张载以气为本体的弊病,朱子通过形上、形下二分的思维模式建构了一套逻辑上理先气后和现实中理气不离不杂的理气论,试图从根本上解决形而下之"气"无法作为本体的问题。朱子的理气论存在两层架构,一方面,在事物的形构层面有理有气,"理"必须凑泊在"气"中,"气"是宇宙生化的真实存在;另一方面,从本原上看时,作为本体的"理"或"太极",是事物的终极依据。[1] 因此朱子指出"太极"本身不能动静,是动静之理使得太极能够作为阴阳动静的根据,如其所言,"有这动之理,便能动而生阳;有这静之理,便能静而生阴"[2]。这里的"动静"和"生",不是指鸡生蛋意义上的实际生出,而是指理是气的根据。这就涉及如何理解"理生气"的问题,我们在第二章已经谈及,朱子主张"有是理而后生是气"[3],有学者指出此处的"生"是"虚生",[4] 意指在超越的"理"规定下才有气。事实上,这一思路源自牟宗三的"创生"式的宇宙观,牟氏认为,"性",就统天地万物而言,是形而上的实体,是能起宇宙生化的"创生实体"。[5] 这种说法带来的一个理论后果便是,承认在万事万物之上必有"理","理"不是实际地产生"气",进而化生万物,因而是某种"虚生"。

朱子对张载的质疑的核心在于"气"究竟能否作为本体。朱子认为只有永恒不变、无情意无计度的终极之"理"才能作为宇宙本

---

[1] "此本无先后之可言。然必欲推其所从来,则须说先有是理。然理又非别为一物,即存乎是气之中;无是气,则是理亦无挂搭处。"(宋)黎靖德编:《朱子语类》卷第一,第3页。

[2] (宋)黎靖德编:《朱子语类》卷第九十四,第2373页。

[3] (宋)黎靖德编:《朱子语类》卷第一,第2页。

[4] 刘述先:《朱熹的思想究竟是一元论或是二元论?》,《中国文哲研究集刊》1991年第1期,第186页。

[5] 牟宗三:《心体与性体》(上),上海古籍出版社1999年版,第35页。

体。元明以降的理学家则产生怀疑，宇宙的生成和万物变化，发生于客观世界，由宇宙的构成根源即气而产生，如何由"理"而"生"？既然"理"是万物之所以然，无声无臭，并且先于气而存在，似乎也就意味着在宇宙产生之前已存在"理"，这里的产生之前是时间上的在前。于是，两种思路的矛盾聚焦于"气"的生生变易性使其不能成为本体，"理"作为本体又无法直接生成宇宙和万物，进而成为宇宙生成的实质根源。

船山的"生"的思想以张载气学思想为宗，所以主张宇宙的化生和万物的生成必须基于宇宙实有之气，气之本体——太极或太虚，是宇宙生化过程的开端；但是他同时强调由阴阳之气构成的太极本体是真实的、生化不息的，此太极本体是内在具理、本已具理的理气总体。船山将这个宇宙本原的总体奠基于易学的"乾坤并建"，将天地万物的本原视为某种关系性的、动态性的二元总体。在此意义上，本体自身是在宇宙间生生流行的真实存在，同时又不是有形迹的二气之运动，而是气本有理，内在具理的整体。

第二节 从乾坤并建到乾坤立本

船山将易学思想中的"乾坤并建"作为宇宙万物的开端和根据，提出"乾坤并建，以为大始"，这是指"乾"和"坤"是万物产生的本体。关于这一点，已有学者指出这一观念在船山思想中具有本体论意义，认为船山旨在拒斥道家的宇宙生成论。例如朱伯崑认为王夫之作为宋明哲学中本体论的殿军，正是通过其乾坤并建说的思维路线，完成了气学派的本体论体系。[1] 向世陵曾指出"乾坤并建"是其"生生"说的一个根基[2]。张学智也认为"乾坤并建"其实是

---

[1] 朱伯崑：《易学哲学史》（第4卷），昆仑出版社2005年版，第113页。
[2] 向世陵：《论王夫之的"生"意体系》，《哲学研究》2009年第1期，第34页。

本体论的①，因为"代表天地总体的太极就体现在万物之中"②，并且在《王夫之"阴阳向背"说的本体意义》一文中，张学智详细讨论了作为"乾坤并建"之推论的"阴阳向背"何以是本体论的，他认为船山基于"阴阳向背"对《序卦传》的卦序理论展开了批评，主张卦的生成不是基于生成序列，而是"乾坤并建之本体"，"各卦是乾坤并建之本体的具体体现，本体具足，即各卦具足"③。

过往研究给予了"乾坤并建"高度评价，认为这一命题具有"本体论"意义。对于这一观点，仍有必要进一步研究。例如，乾坤并建与其他卦的关系表面上仍然是乾坤是其他卦的直接生成根源，类似于万物的生成根源于阴阳之气的运动，乾坤是阴阳之气的某种精华或本体，这与传统上所谓的气化宇宙论仍有很强的相似之处。或者说，乾坤作为万物本体，同时也是阴阳之气，与阴阳之气同属一个时空领域，那么这究竟是以阴阳相生为基础的宇宙生成论，还是以乾坤并建为基础的本体论？这个区分是否仍然有必要？又如，乾坤并建又如何为价值根源的问题提供依据？这些问题有待进一步探索。

船山提出"乾坤并建"，首先与其易学的卦序生成理论密不可分。"乾"是《易》之首卦，象征天道，因而也是开端和始基。《系辞》提出"大哉乾元，万物资始"，将"乾"规定为"元"，"元"代表事物之根本，万物的生成皆来自乾元。而船山认为易之开端及其本体不是乾元，而是乾和坤，这就是"乾坤并建"。就字面义而言，"乾坤并建"由两个部分组成，一是乾坤，二是并建。乾坤是《周易》的开端之卦，"并建"则是指由乾坤并非独立的存在，而是二元总体。总而言之，该命题强调乾和坤共同构成了万物的开端和本体。《序卦传》以及汉代

---

① 张学智：《王夫之"乾坤并建"的诠释面向——以〈周易外传〉为中心》，《复旦学报》（社会科学版）2012 年第 4 期，第 23 页。

② 张学智：《王夫之"乾坤并建"的诠释面向——以〈周易外传〉为中心》，《复旦学报》（社会科学版）2012 年第 4 期，第 23 页。

③ 张学智：《王夫之"阴阳向背"说的本体意义》，《周易研究》2012 年第 3 期，第 19 页。

京房、宋代邵雍的易卦生成论正是船山的批评对象。张学智曾指出："乾坤并建的格局、形态是本体论的，它自始就拒斥宇宙生成论。"[①]这里的关键是船山拒斥的是何种宇宙生成论？以《序卦传》为例，《序卦传》说："有天地，然后万物生焉。盈天地之间者唯万物，故受之以《屯》。《屯》者，盈也；物之始生也。物生必蒙，故受之以《蒙》。《蒙》者，蒙也；物之稚也。"船山对此有批评，他说：

  于乾坤而皆备。抑无不生，无不有，而后可以为乾坤，天地不先，万物不后。而《序传》曰："有天地，然后万物生焉。"则未有万物之前，先有天地，以留而以待也。[②]

乾坤皆具易卦生成的可能性，乾坤的运动无时不生、无时不有，由此才能成为乾坤，这是指天地并不在万物生成之前，万物也不在天地之后。根据这一解释，船山认为《序卦传》旨在表明未有万物之前，须先有天地，天地和万物是两个阶段。若无天地在先，则万物不可能生成，万物的生成须依赖于天地存在这一条件，这是一种时间上的先后逻辑，天地可独立自存，有天地才有万物的生成。而他主张阴阳即万物的生成变化其实不需要依赖另一个独立自存的事物，他说："有所待非道也；续有时则断有际，续其断者必他有主，阴阳之外无主也。"[③] 如果在阴阳之外还有另一物作为阴阳产生的条件，那么就不是所谓的儒家之道。他认为宇宙运行有永恒持续也有中断，如果接续中断使宇宙继续运行，则必有另外一个主宰者，但是阴阳的运动之外并无另一个独立的主宰者。

  船山批评的宇宙观，准确而言是基于时空和因果关系的宇宙生成模式，例如他指出易卦生成论中"相反""相因""相成"皆不能

---

  ① 张学智：《王夫之"乾坤并建"的诠释面向——以〈周易外传〉为中心》，《复旦学报》（社会科学版）2012年第4期，第23页。
  ② （明）王夫之：《周易外传》卷七，《船山全书》第一册，第1092页。
  ③ （明）王夫之：《周易外传》卷七，《船山全书》第一册，第1091页。

成立，这三者指的是在宇宙生成过程中，后者之生成必须依赖前者，后者的生成意味着对前者的否定，有屯才能生成蒙，蒙的产生则表明事物的发展已经进入下一阶段。就此而论，《序卦传》的理论基础在于人的经验时间和空间，其卦序排列意在说明宇宙在时空内的运行过程，将六十四卦的顺序看作一条环环相扣的生成发展链条，[1] 这是船山批评的宇宙生成论。同样，邵雍的"加一倍法"与船山批评的宇宙生成过程类似，邵雍说"太极既分，两仪立矣"[2]，"太极一也，不动；生二，二则神也。神生数，数生象，象生器"[3]。阴阳两仪是"太极"分化出来的事物，意味着太极须先于阴阳而存在。

在船山看来，"乾坤并建"依据的易学资源并不是出自《序卦传》而是《杂卦传》，他说："《杂卦》俱以错综二体相连，因《周易》本然之次而相并以论。"[4]《杂卦》的"错综"说才是易的本然之次，"本然"二字指船山眼中的易卦本来面貌，其并不是基于时空的先后次序。"错综"说在易学史上也有其根源，[5] "向背"说是"错"的理论基础，"往来"说是"综"的理论基础。"向背"取自汉代象数派的"飞伏"说，汉代京房以卦见者为飞，不见者为伏，在显现出来的卦象中隐藏着与它相对立的卦象，如乾的背后必有坤。

---

[1] 马倩倩：《论王夫之"乾坤并建"视域下的易卦序思想》，《周易研究》2015年第3期，第25页。

[2] （宋）邵雍：《邵雍集·观物外篇》，郭彧整理，中华书局2010年版，第107页。

[3] 《邵雍集·观物外篇》，第162页。

[4] （明）王夫之：《周易稗疏》卷四，《船山全书》第一册，第798页。

[5] 明代来知德在《周易集注原序》也认同"错综"说，来知德讲："错者，交错对待之名，阳左而阴右，阴左而阳右也。综者，高低织综之名，阳上而阴下，阴上而阳下也。虽六十四卦，止乾坤坎离大过颐小过中孚八卦相错，其余五十六卦皆相综而为二十八卦，并相错八卦共三十六卦。"（明）来知德：《周易集注：周易来注图解》，张万彬点校，九州出版社2004年版，第9页。在《周易外传·序卦传》中，船山具体说明了这一错综原理，他说："六十四卦向背颠倒，而象皆合错。象三十六，其不可综者八。凡综之象二十八，其可综者固可错也。"这与前引来知德的说法几乎相同。（明）王夫之：《周易外传》卷七，《船山全书》第一册，第1094页。

其理由在于，在一卦之中，实际上有十二位，六幽六明，人所见的卦象是六明，如乾卦六阳，泰卦三阳三阴，在每一卦的背后，还有六个爻位处于幽位。因此乾坤的存在并不是孤立的，而是相互为体的内在关联结构。"往来"则源自《象传》，指卦爻的上下往来，张载的易学非常重视"往来"，① 而船山用"往来"来强调"始终循环一气也，往来者屈伸而已"，② 也就是说，"往来"意味着事物的屈伸，而不是生灭。其实，"向背"和"往来"皆旨在表明宇宙没有生灭，不存在绝对的无，而只有显隐与屈伸。很明显，船山受到张载否认有无生灭，主张宇宙实有的影响。

基于"向背"和"往来"，船山以"错综"解释《易》卦的生成。在早年的《周易稗疏》中，他对此已有解释：

> "错"者，鑢金之械器，汰去其外而发见其中者也；"综"者，系经之线，以机动之，一上而一下也。卦各有六阴六阳，阴见则阳隐于中，阳见则阴隐于中。错去其所见之阴则阳见，错去其所见之阳则阴见，如乾之与坤、屯之与鼎、蒙之与革之类，皆错也。就所见之爻，上下交易，若织之提综，迭相升降，如屯之与蒙，五十六卦皆综也。③

"错"的本义是恢复金属器皿本色，去掉外层，里层自见。"综"的本义是织机的经线和纬线交错的装置，这里指上下的交替运动。引文第二句则是基于"向背"之说，他说卦有六阴六阳，阴显现而阳隐身，阴隐身而阳显现。"向背"是生成的依据，而"错综"是生成的具体展开，错是去阴而阳见，去阳而阴见，如乾卦去其所见之阳，则得到坤；而"综"是指卦爻的上下往来变化，如屯与蒙

---

① 辛亚民：《张载易学研究》，第90—91页。
② （明）王夫之：《张子正蒙注》卷二，《船山全书》第十二册，第78页。
③ （明）王夫之：《周易内传》卷三，《船山全书》第一册，第788—789页。

第五章 "絪缊"与"是生"——生生连续的本体观　121

的转化就属于卦爻的上下变化。根据这一理论，船山构造了其易学的"错综说"，例如坎、离分别得"乾之中"和"坤之中"，为错象卦。而震、艮、巽、兑则于初四之位互为往来，这样就生成了八卦。根据错综原则，其他五十六卦也得以生成。①

"错综"的生成基础始终是乾坤二卦的六阴六阳，无论哪一个卦的生成都离不开乾坤二卦的本源性作用。朱伯崑曾说："乾坤作为父母卦，不是由于其相交即爻象互易而生出六个子女，而是其自身表现为六子卦，或者说，六子卦乃乾坤两卦自身展开的不同形式。"②这个说法表明，乾坤二卦的六阴六阳不仅是时空意义上的开端，更是蕴含了生成其他卦的所有之理，其他卦的生成皆来自乾坤二卦，乾坤二卦之理蕴含并且体现在所有的六十四卦。所以船山说："无待也，无留也。无待，则后卦不因前卦而有；无留，则前卦不资后卦以成。"③这是否认前后卦具有前者生成后者的生成关系，因为从根本上看，易卦之生成皆本于乾坤的六阴六阳，而不是必须在时间上基于前卦而产生。船山还有以下表述可以说明这一点：

　　《易》以乾之六阳、坤之六阴**大备**而错综以成变化为体，故乾非无阴，阴处于幽也；坤非无阳，阳处于幽也。④
　　阴阳各六，**具足**于乾坤，而往来以尽变。⑤
　　是故六阴六阳，十二皆备，统天行地，极盛而不缺，至纯而奠位，以为之始，则万物之生，万物之化，质必达情，情必成理，相与参差，相与夹辅，相与补过，相与进善，其情其才，

---

① 详见朱伯崑《易学哲学史》（第4卷），第85页。
② 朱伯崑：《易学哲学史》（第4卷），第85页。向世陵指出："朱先生此说意在表明'生'不是从未有到有，而是本有内容的进一步展开，强调王夫之哲学是本体论而非生成论。"见向世陵《论王夫之的"生"意体系》，《哲学研究》2009年第1期，第31页。
③ （明）王夫之：《周易外传》卷七，《船山全书》第一册，第1111页。
④ （明）王夫之：《张子正蒙注》卷七，《船山全书》第十二册，第272页。
⑤ （明）王夫之：《周易外传》卷七，《船山全书》第一册，第1093页。

其器其道，于乾坤而**皆备**。①

乾坤的六阴六阳"大备"于《易》，由此才能错综而成变化，乾不是没有阴，阴处于"幽"，坤也不是没有阳，阳亦处于"幽"。"大备"表明乾坤二卦是《易》之完备之体，蕴含了《易》的所有变化生成之理。第二条和第三条的"具足"和"皆备"也具有同样含义，乾坤的六阴六阳已经完全具备了易卦所呈现的天道运行、万物化生的根据。乾坤是全体，因此繁盛而完整，是最纯粹的状态，能够确定万物之位，万物以之为开端，所以万物生化过程中的情理的变化和实现，表现出来的情才、道器皆已完全具备于乾坤二卦之中。由此而言，船山的易卦生成原理主张乾坤不仅是宇宙构造中的起点，更是终极根据和最高原理。

由乾坤并建出发，船山旨在揭示"乾坤并建"是宇宙运行中的本体，它时时常在、普遍地存在于所有卦之中。但是他并不否认乾坤仍然是宇宙在时空中的开端，换言之，他强调乾坤并建是宇宙的本体，同时也是宇宙运行和生化的根源，乾坤之于其他卦显然也具备生成与被生成的关系。在他这里，宇宙的生成、构造的根源和宇宙本体是兼容的，而不是矛盾的。他说：

> 大哉《周易》乎！**乾、坤并建，以为大始**，以为永成，以统六子，以函五十六卦之变，道大而功高，德盛而与众，故未有盛于《周易》者也。②

乾坤二卦是六十四卦之始，由这两卦才衍生出八卦中的其他六卦，并且蕴含了生成其他五十六卦的变化之理。"统"六子和"函"五十六卦表明乾坤本身也蕴含且包括了易卦生成变化的所有可能性。

---

① （明）王夫之：《周易外传》卷七，《船山全书》第一册，第1092页。
② （明）王夫之：《周易外传》卷五，《船山全书》第一册，第989页。

第五章 "絪缊"与"是生"——生生连续的本体观　123

这意味着乾坤是易卦得以形成的根据，而不只是开端。于是，乾坤并建就不仅是开端，也是诸卦之统领，这个统领就是从本原上来说的，船山称之为"统宗"。他又说：

> 阴阳二气絪缊于宇宙，融结于万汇，不相离，不相胜，无有阳而无阴、有阴而无阳，无有地而无天、有天而无地。**故《周易》并建乾坤为诸卦之统宗，不孤立也**。①
>
> 故乾坤有向背，六十二卦有错综，众变而不舍乾坤之**大宗**。②

首先，阴阳二气的弥漫共同构成了宇宙，"絪缊"表示乾坤并建是一个动态、不断变化的宇宙图式。其次，阴阳二气在宇宙间融结，不能相离而存在，也不存在乾和坤之间的相互冲突，所以阴和阳代表的天地也不是孤立的存在，阴阳二气必然是共立并存的。他最后指出，基于阴阳二气的不离关系，乾坤并建作为易学诸卦的"统宗"，也是不孤立的关系。这里的"统宗"指的乾坤作为易卦之根本，蕴含了所有卦的意义，突出了乾坤并建的根源义。第二条引文所指的"众变而不舍乾坤之大宗"也具有同样的含义，万物千变万化之中的"大宗"，强调的是乾坤是总的根源。

此外，船山也从体用的角度说明乾坤与其他易卦的关系，这也说明乾坤是内在于天地万物的内在根据、恒常之体。他说：

> 《易》者，互相推移以摩荡之谓。**《周易》之书，乾坤**并建以为首，《易》之体也；六十二卦错综乎三十四象而交列焉，**《易》之用也**。纯乾纯坤，未有易也，而相峙以并立，则《易》

---

① （明）王夫之：《周易内传》卷一，《船山全书》第一册，第74页。
② （明）王夫之：《周易外传》卷七，《船山全书》第一册，第1094页。

之道在，而立乎至足者为《易》之资。①

《易》的实质是六爻的互相推移和摩荡变化。从体用关系来看，《易》以乾坤两卦并建为首，所谓的"首"，即开端之义，也可指统领，船山认为这是易之体。另外的六十二卦皆由乾坤两卦的变化与错综产生，这是用。究其本质，孤立的纯乾纯坤不可能产生易的六十四卦，船山以为生成变化须建立在乾坤两个实体的生成运动中，阴与阳的互相推移和升降变化构成了《易》之道，成为《易》得以产生的本原，因而天地万物的生成和发展皆本于此。船山通过易学试图阐明宇宙生成发展必须奠基于某种关系性的总体，而不是孤立的本原。

乾坤是体，但是体必然涵用，乾坤两仪涵盖了《易》的全部体用。这里的"体"也具有本体的意义。同时，他认为乾坤是内在具理的存在，也正因此，"体"的意义才可以成立。他说：

> 乾坤二卦统六阳六阴于六位之中，健顺之理备，贵贱之位陈，刚柔之节定，孚应之情通，两仪并建，**全《易》之理，吉凶得失之故，已全具其体用**，则由此而变化焉，又岂圣人之故为损益推荡以立象哉！唯乾统天，而天有以行其命令于地者，则雷、风、日、月成乎象。唯坤行地，而地有以效功能于天者，则水、火、山、泽成乎形。②

乾坤二卦蕴藏了六阳和六阴在六个卦爻位中所有变化的可能，健顺、贵贱、刚柔、孚应皆包含在乾坤二卦中。更进一步，他相信全《易》之理，吉凶得失，乾坤二卦已"全具其体用"，也就是说，乾坤二卦已经内在地蕴含了《易》的全部之理。所以，乾坤并建才

---

① （明）王夫之：《周易内传》卷一，《船山全书》第一册，第41页。
② （明）王夫之：《周易内传》卷五，《船山全书》第一册，第508页。

能作为易之本，乾坤代表的是作为最高原理的天道。在乾坤的交错作用下，天地间的自然现象如雷风日月、水火山泽才得以产生。不过需要注意的是，乾坤为体、诸卦为用意味着体在用中，用以显体，体不是用之外的某种根据。

乾坤不仅是体用意义上的根源，船山进一步将其上升为宇宙之本，提出了"乾坤立本"的重要命题。这表明船山将乾坤并建作为万物之本体来看待。例如他说："六子之大用，所以摩荡阴阳，互相节宣，而归其本于乾坤也。"① 六子指的是八卦中的乾坤以外的六卦，六卦变化根源于乾坤二卦。"归本"即以乾坤为本。一般来说，"本"是指万物之本根，它是在变动的世界之中的不变之物。那么，究竟如何理解"立本"？他在解释"贞"这一概念时对"立本"作出了解释：

"贞"，正也，常也；刚柔之定体，健顺之至德，**所以立本**，变而不易其常者也。吉凶之胜，天地之观，日月之明，人事之动，皆趣时以效其变，而必以其至正而大常者为之本也。②

"贞"的本义即正或常，意指事物的中正之道和不易之道，它是刚柔变化中的不变之物，是健顺的最高德性，唯有如此，"贞"才能"立本"，才能在变化之中获得不变的恒常性。吉凶的应对，天地的变化，日月的明暗，人事的变动，皆体现了趋时以变的宇宙生成过程。在变化之中，必须以中正而不变者为本根或本原。这里的"本"，倾向于强调在万物流行之中的不变者，"本"不只是本来状态，而且是万物生生流行的最终根源。船山还说：

唯趣时之变所至，若其所自来，则皆二气絪缊，迭相摩荡，

---

① （明）王夫之：《周易内传》卷六，《船山全书》第一册，第625页。
② （明）王夫之：《周易内传》卷六，《船山全书》第一册，第577—578页。

分而为两仪者，同函于太极之中，莫非此贞也。**阴阳之外无太极，得失顺逆不越于阴阳之推荡，则皆太极浑沦之固有，至不一而无不一者，此贞也。**是以**乾坤立本**，而象爻交动以趣时，莫不出于其中也。①

如果推求趋时应变的根源，则莫过于"太极"，太极分而为两仪，两仪即二气，二气的缊缊迭荡产生了事物的变化。重要的是，"太极"自身并不在阴阳之外，宇宙和人事间的得失和顺逆皆不离于阴阳的推荡运动之外，这是构成太极的阴阳二气浑沦运动所固有的。太极中的阴阳运动造成了事物的各种差异性，而这种差异性皆本于太极，这是所谓的贞。因此，乾坤成为变动背后的根据，象和爻的趋时变化，皆出自乾坤。值得注意的是，他在这里将乾坤并建引向了有关"太极"的问题，乾坤并建之所以能立本，是因为这个"本"即"太极"，而"太极"正是宋明理学传统中通常所言的本体。

建立"太极"与"乾坤并建"的理论关联，为揭示乾坤并建的本体意义走出了关键一步。"乾坤并建"只是船山易学的观念，还不是其本体观念，从"乾坤并建"过渡到"太极本体"才算完成了本体观的表述。简而言之，船山的"太极"本体不是朱子所讲的"理"本体，而是向周敦颐、张载以阴阳之气为太极的方向回归，这个说法与宇宙生成论的关系是一个值得探讨的问题。

第三节　太极本体：理气充凝

在宋明理学中，自周敦颐在《太极图》中提出以"太极"元气作为宇宙生成的终极本原后，朱子以"理"释"太极"，形成了太

---

① （明）王夫之：《周易内传》卷六，《船山全书》第一册，第578页。

极本体或理本体为主导的理学本体论，对整个宋明理学的本体观产生了重大影响。周敦颐提出"阴阳，一太极也"，认为"太极"是阴阳之气，但朱子在《太极解义》中以其道器、理气形上形下二分的架构，主张："太极，形而上之道也；阴阳，形而下之器也。"①形成了不同于以阴阳为太极的宇宙生成论的"本体论"，朱子提出："此所谓无极而太极也，所以动而阳、静而阴之本体也。然非有以离乎阴阳也，即阴阳而指其本体，不杂乎阴阳而为言尔。"②朱子明确将"太极"解释为本体，本体与阴阳构成不离不杂的关系。在晚年时，朱子提出："太极只是天地万物之理。在天地言，则天地中有太极；在万物言，则万物中各有太极。未有天地之先，毕竟是先有此理。"③ 这是明确将"太极"作为天地万物之理，而朱子秉持的"未有天地之先，毕竟是先有此理"的论断，将"太极"归属于宇宙的终极根据。这样一来，以"太极"为形上之理成为宋明理学表述本体的代表性观点。

船山同样重视"太极"的观念，在建立了"太极"和"乾坤并建"的连接后，他进一步确立"太极"的本体性质，以"太极"作为价值的最高根源。其中的关键在于区分"太极"与"阴阳之气"。他说：

"太极"之名，始见于此，抑仅见于此，圣人之所难言也。"太"者极其大而无尚之辞。"极"，至也，语道至此而尽也；**其实阴阳之浑合者而已，而不可名之为阴阳**，则但赞其极至而无以加，曰太极。太极者，无有不极也，无有一极也。唯无有一极，则无所不极。故周子又从而赞之曰："无极而太极。"**阴阳之本体**，絪缊相得，合同而化，充塞于两间，此所谓太极也，张子谓之

---

① （宋）朱熹：《太极图说解》，《周敦颐集》，第4页。
② （宋）朱熹：《太极图说解》，《周敦颐集》，第4页。
③ （宋）黎靖德编：《朱子语类》卷第一，第1页。

"太和"。中也，和也，诚也，则就人之德言之，其实一也。在《易》则乾坤并建，六位交函，而六十四卦之爻象该而存焉。①

他指出"太极"一词最早源自"《易》有太极"，而且仅见于此。由此可见圣人对于"太极"也"难言"，无从下手。接着，他从训诂的角度解释，"太"训为大，"极"训为"至"，实际上这是为了解释"太极"不同于"阴阳之气"，虽然"太极"是阴阳混合之物，但是不能直接命名为阴阳，乃至等同于阴阳，因为"太极"是阴阳之气至大无极的状态，由此才称之为"太极"。问题是，既然太极是"无有不极"，又如何能够"无有一极"？原因就在于"无有一极"指的是太极不存在一个极点或尽头，也就意味着太极的存在无所不包亦无所不在，不存在边界和端点。由此，他对周敦颐的"无极而太极"表示赞赏，因为这一命题恰好符合船山对"太极"作出的"无有不极，无有一极"的解释。他的说法在于强调"太极"是至大无极、没有边界、无规定性的本体存在，是"阴阳之本体"，由此与构成万物的"阴阳"相区别。相比"太极"，阴阳是限定性的、具体的阴阳之气，而"太极"是充塞于天地间的絪缊不息之气，并不是构成某个具体事物的气。更进一步，船山明确指出"太极"就是张载所讲的"太和"，"太和"不仅是宇宙存在的本体，也是价值的根据，所以"太和"蕴含的中正、和谐与诚的德性，同样具于"太极"之中。总之，"太极"即"乾坤并建"，是阴阳之气的本体，而非阴阳之气。

上述说法见于船山晚年的《周易内传》，该书较为注重易学的"太极"概念。但是，同样作于晚年的另一重要著作《张子正蒙注》的文本与易学有所不同，《正蒙》中出现更多的是"太和"与"太虚"，因此，他也是关联这两个概念来解释"太极"。不过他在注

---

① （明）王夫之：《周易内传》卷五，《船山全书》第一册，第561页。

《正蒙·太和篇》时说："盖即《太极图说》之旨而发其所函之蕴也。"① 可见他认为《太和篇》实际上发挥了《太极图说》的义理，由此也可将《太和篇》的相关解释与太极问题联系在一起。总体上看，"太极""太和""太虚"三个概念都是指"本体"，只是侧重点略有不同。

在《正蒙注》中，船山明确指出"本体"——"太虚"与二气之运动产生的万物应加以区分：

> 言太和絪缊为太虚，以有体无形为性，可以资广生大生而无所倚，**道之本体**也。二气之动，交感而生，凝滞而成物我之万象，虽即太和不容已之大用，而与**本体之虚湛**异矣。②

太和絪缊交感的状态即"太虚"，"太虚"是船山从张载"太虚无形，气之本体"继承过来的概念。太虚之性有体，这里的体应当理解为某种存有物，但是无具体的形状，普遍地弥漫于宇宙中，而不需要依赖他物而存在，因而是万物化生的根源，这就是道的本体。这里的"道之本体"指道之体，道本身就是本体，所以道之本体即指道的存在本身，而非道之用，因为道不仅具有体，还有流行发用。而二气交感形成万物，万物有其象，太和的状态亦显现于其中，但是与太虚本体有区别。太和在本体与万物层面皆可具有，万物的太和状态是在万物生成和流行过程中的太和，与本体层面的"絪缊"并不相同。太和的"和"强调的是一种和谐的状态，因此太和的存在不限于本体，在万物中亦有太和，船山对此有明确说明。③ 这个说法与前面提到的"太极不可名之为阴阳"是一致的。"太极"虽然由絪缊的阴阳之气构成，与阴阳之气的运动及其产生的万物有区别，"太极"是阴阳之气

---

① （明）王夫之：《张子正蒙注》卷一，《船山全书》第十二册，第 15 页。
② （明）王夫之：《张子正蒙注》卷一，《船山全书》第十二册，第 40—41 页。
③ 船山说："未有形器之先，本无不和，既有形器之后，其和不失，故曰太和。"（明）王夫之《张子正蒙注》卷一，《船山全书》第十二册，第 15 页。

的至虚状态，是阴阳之气的本体。事实上，这个观念也是从张载的思想中继承过来的，太虚无形和有形之气是两个并立的层次，太虚与气的关系即无形之气和有形之气的关系。①

此外，船山在《正蒙注》中还提到"绢缊之本体""太虚之本体""太虚之体""太极之本体""太和本然之体""太和绢缊之本体""太虚一实理气"等概念，这些概念大多是对"本体"的描述。② 总之，虽然"太极""太和""太虚"在具体的含义上存在一定差异，但不影响它们都是船山所指的"本体"。③

关键的问题是"太极本体""太虚之体"究竟是指"气"的本来状态，与气处于同一时空范畴，还是作为"气"的实有的本体实在，这是"太极本体"究竟是否为实有的本体的关键所在。④ 前者意味着船山否认"太虚"和"太极"是实有的本体，只是对本体的描述。而后者则要说明"太虚"或"太极"在何种意义上不是一般

---

① 杨立华：《气本与神化：张载哲学述论》，第40页。
② 分别见于（明）王夫之《张子正蒙注》，《船山全书》第十二册，卷一第19页，卷一第18页，卷三第137页，卷一第45页，卷一第16页，卷一第20页，卷四第154页。类似的说法也见于船山晚年的著作《周易内传》。参见周广友《〈周易外传〉中的天道观》，第5页注4。
③ 鲁鹏一认为"太和""太虚""太极"有着不同的意义。太和是涵盖最广的概念，一切都在太和之中，是作为统摄性的概念来讲的。太虚相对于有形可见的万物来说，指虽然这个区域不可见，但并不是真的无，而是有着太和氤氲之气。太极是从易象的角度来说的，太极、两仪、四象、八卦乃万物，由此形成一个序列。不过作者亦说："这三个概念各有所指，都属于船山理论中最高的范畴。"鲁鹏一：《论王船山的太和观念》，《船山学刊》2014年第1期，第30页。
④ 林乐昌认为张载气论应从理学的角度加以定位，"天""道""性""心"四大概念以及《太和》四句是张载的理学纲领，因此他认为："'气'，并不是张载理学体系的宇宙本体概念，也不是天地万物的共同本原。实际上，'天'或'太虚'才是张载的宇宙本体概念，而'性'则是其宇宙生成根源的概念。把'气'看作张载理学体系的根本观念、本体概念或本原观念，无法从张载的理学纲领或其他理论学说中获得支持。在张载的理学体系和话语系统中，'气'只是用以表述宇宙动能、自然元素、生物禀赋、生命活力等意涵的经验性词语，其分阴分阳的相对性质和聚散不定的偶然状态，不具备担当宇宙本体的资格。"见林乐昌《论张载的理学纲领与气论定位》，《孔学堂》2020年第1期，第31页。

的阴阳之气，而是一种本体实在。这一点可以从他对张载"太虚无形，气之本体"的解释来看，船山说："于太虚之中具有而未成乎形，气自足也，聚散变化，而其本体不为之损益。"① 很明显，"太虚之中具有"表明"太虚"是实有之物，只是尚未成为具体的形体，"太虚"之内充满了气，而气的聚散变化并不引起太虚本体的变化。因此，太虚本体是气之变化的实有性根据，而不只是描述气的某种状态。这个观点也与他论述"乾坤并建"是一致的，易卦的错综生成，皆以乾坤二卦为本，乾坤二卦并不因其他易卦生成而改变，是恒常之体。此外，船山多次提到"太虚一实之理气""太虚之有实"的命题，《思问录》中也明确提及"太虚，一实者也"，充分表明"太虚"是一个实有所指的概念。②

除了上述概念以外，船山还提出"阴阳一太极之实体"的观念，这是对"太极本体"的实在性的一种规定。他说：

> 而阴阳一太极之**实体**，唯其富有充满于虚空，故变化日新，而六十四卦之吉凶大业生焉。③

这是说船山以"阴阳"为太极的"实体"，"实体"遍布充实于虚空的宇宙之中，由阴阳之气的变化日新产生六十四卦，形成天地人物的吉凶变化。"实体"在宋明理学中一般指宇宙实在，当然也指"理"的存在，明代以后也有以"气"为实体者。不论是宇宙实在还是"理"的实在，"实体"都不是指超感知的实在，也不是指抽象的本质。"实"即是客观实在，虽然"理"不是感性经验的对象，但是它仍然是实在的。就船山而言，太极实体由阴阳之气构成，是某种充满于宇宙的客观实在，这里旨在强调太极实体是动态的、生

---

① （明）王夫之：《张子正蒙注》卷一，《船山全书》第十二册，第17页。
② （明）王夫之：《思问录内篇》，《船山全书》第十二册，第402页。
③ （明）王夫之：《张子正蒙注》卷一，《船山全书》第十二册，第24页。

生不已的真实存在，生生不已意味着实有。太极虽有动和静，但是两者实质上都是太极之"动"，如船山说：

> 太极动而生阳，动之动也；静而生阴，动之静也。废然无动而静，阴恶从生哉！一动一静，阖辟之谓也。由阖而辟，由辟而阖，皆动也。废然之静，则是息矣。"至诚无息"，况天地乎！"维天之命，於穆不已"，何静之有！①

太极动而生阳，固然是动。太极静而生阴，是动之静，而不是纯然不动意义上的静止。一动一静实质上是指阴阳的阖辟、阴阳开合的交替变化，皆是指动，所以不存在完全息止的静。而从天地的角度来看，"至诚无息""於穆不已"皆表明天地永远在生生不息的运行状态中，故太极处在永恒的运动之中，具有生生的维度。

既然太极本体或太虚本体是实有性的本体依据，那么其"本体"特质是如何建立的？相对于具体的、有形迹的阴阳之气，如果本体是无形质无所不在的"气"，那么它与阴阳之气并无价值上的差异，只是宇宙空间内存在形式的差异，前者为有形质的气，后者为无形质的气。尽管无形之气可以成为常住不变的本体，但无法作为价值根源而存在。对于这个问题，船山将"乾坤并建"这个观念纳入太极本体观的阐释中，其思维方式并无不同。乾坤二卦之于易卦的本体地位即乾坤之于宇宙的本体地位，乾坤并建蕴含的所有理，同时也包括在太极之中。这是船山以乾坤并建而建构本体观的意义所在。正如他所言：

> 《周易》乾坤并建，以统全《易》；阴阳之至足，健顺之至纯，**太极本然之体**也，而用行乎其间矣。②

---

① （明）王夫之：《思问录内篇》，《船山全书》第十二册，第402页。
② （明）王夫之：《周易内传》卷四，《船山全书》第一册，第490页。

第五章 "絪缊"与"是生"——生生连续的本体观

《周易》中的"乾坤并建"统领全《易》，它是至足的阴阳之气，在根源上具有至纯的健顺之理。更重要的是，船山认为它是"太极本然之体"，这里的"本然之体"与"本体"应为同义。据此也可推断，他讲的"太极本体"并非元气，也不是自然之气，而是指阴阳的充足、充盈状态以及健顺的最高状态，前者指存在根源的无限性和充足性，后者指价值的根源性。最后，船山指出"本然之体"自身必有用，而且其发用流行即内在于太极的运行之中。

太极本体并不只是在时空形式上与阴阳之气不一致，太极本体是道，是内在具理的存在。船山说：

（一阴一阳之谓道）此太极之所以出生万物，成万理而起万事者也，资始资生之本体也，故谓之"道"，亘古今，统天人，摄人物，皆受成于此。①

"一阴一阳之道"即能够产生万物万事乃至万理的太极本体，是太极之所能生万物的存在依据和价值的根源。"本体"是由一阴一阳的运动构成的太极本体，是一阴一阳的真实之道，它存在于古往今来，统管天人，是万物生成的根据。"本体"并不在阴阳之气之上或之外。在宋代，程颐以"所以"解释"一阴一阳之道"，并且结合"形而上者谓之道，形而下者谓之器"，认为"道"是形而上者，"一阴一阳"是形而下之气，对朱子的太极、理气论产生了决定性影响。船山认为太极即由一阴一阳的气化运动构成，就是万物生化的本体，即道之所在。所以，一阴一阳与道是内在关联的整体，这也符合《系辞》"一阴一阳之谓道"的表述。就此可言，作为太极的一阴一阳之气内在地具有道的存在。

在《思问录外篇》中，船山更明确地指出理气充实于太极之中，

---

① （明）王夫之：《周易内传》卷五，《船山全书》第一册，第525页。

太极不仅是元气，而且是理气充实于其中的总体。他说：

太极虽虚而理气充凝，亦无内外虚实之异。从来说者竟作一圆圈，围二殊五行于中，悖矣。**此理气遇方则方**，遇圆则圆，或大或小，细缊变化，初无定质。①

虽然太极没有形质，弥漫于宇宙间，但是理气皆充实于其中，没有内外和虚实的区别。这里的"虚"不是指虚无或不存在，而是指无形无象、无所不在的无规定性。太极既然是无规定性的虚，就不是以前学者所说的"圆圈"，"圆圈"中有二殊五行。"此理气"是一个关键概念，是指太极之中的理气，太极没有固定的形态，但是具备了理气，所以蕴含了无限变化的可能，遇方则方，遇圆则圆则是旨在说明作为本体的太极无形无象，无规定性，因而可以生成有限的、有形质的万物。

构成太极的是一切具足的阴阳之气，而不是一般的阴阳之气，太极内在具有"规范"，船山说：

"两仪"，太极中所具足之阴阳也。"仪"者，自有其恒度，自成其规范，秩然表见之谓。②

两仪是太极中具足的阴阳，具足是指完备，因此这里指的阴阳不是具体的、有限的阴阳之气。仪指的是太极自有其恒常的准则，能够自行形成规范，秩序便得以显现。由此也可见太极的具足阴阳不只是一般的阴阳之气，而是内在具备秩序的阴阳之气。此外，船山还有一个说法也可证明"太极"是内在具理之气的存在：

---

① （明）王夫之：《思问录外篇》，《船山全书》第十二册，第430页。
② （明）王夫之：《周易内传》卷五，《船山全书》第一册，第561页。

> 天用者，升降之恒，屈伸之化，皆太虚一实之理气成乎大用也。①

太虚与太极的内涵虽有不同，但是同一理论层次的概念。天的流行大用，即阴阳的升降运动和屈伸变化，皆"太虚一实之理气"成就的用。太虚具有两个特征，一是"实有"，二是内在具备了"理气"。而且，这里还提示了一个重要问题，"天用"即"太虚一实之理气"的流行大用，那么，"太极本体"其实亦指"天"，两者是异名同指。

船山所言的"理气"并不是将理气并举，强调理和气是两个独立的事物，而是将"理气"作为气的一种类型，即"有理之气"。他在解释《正蒙》"天性在人，正犹水性之在冰，凝释虽异，为物一也"时说：

> 未生则此**理气**在太虚为天之体性，已生则此**理气**聚于形中为人之性，死则此**理气**仍返于太虚。形有凝释，气不损益，理亦不杂，此所谓通极于道也。②

《正蒙》的文本在于强调天性与天性在人之性的联系与差异。"未生"指的是人未生时，理气存在于太虚，是天之体的本性；"已生"是人出生以后，存于天的理气聚于人身，成为人之性；人死以后则此理气并未消亡，而是返回太虚。人的形体虽然有凝结与消亡，但是人之气并未因此有损益，理也是纯粹而不杂的，这是达到了道的境界。换言之，理气作为一个整体是恒常的本体存在。

---

① （明）王夫之：《张子正蒙注》卷四，《船山全书》第十二册，第154页。
② "未生则此理气在太虚为天之体性，已生则此理气聚于形中为人之性"的两处"气"为点校者根据后文的"理气"而补，并非原文。原文为："未生则此理在太虚为天之性，已生则此理聚于形中为之性。"（明）王夫之：《张子正蒙注》卷三，《船山全书》第十二册，第120页。

总之，船山的"乾坤并建""乾坤立本"思想为建构太极本体、太极实体奠定了理论基础，因为乾坤是易卦产生的开端，又是易卦的本原，具备了易卦生成之理，所以乾坤本身是有理的存在。当船山链接了"乾坤并建"与"太极"之后，"太极"就成为一个由阴阳之气构成，但是已内在地具理、具道的本体存在。太极本体无边无界，无规定性，充塞于整个宇宙，而不是具体的形质之气。更重要的是，太极本体不在流行大用之外，本体自身就是生生不息的，并由生生不息的运动产生天地万物。

第四节　本体在先：阴阳常在

前文已多次指出，船山突出强调太极的本体性质，但并不排斥太极同时也是宇宙生成的根源。太极本体由"乾坤并建"而来，"乾坤并建"旨在反对《序卦传》的宇宙生成观，认为乾坤作为其他所有卦生成的基础和本质规定，已具备了全《易》之体用。所以乾坤与其他卦是体用关系，而不是父子或母子的生成关系。但是"乾坤并建"是在易学范围内讨论易卦之生成，落实到宇宙生成和天道生生，还需要再仔细加以分析。其中最为关键的问题是，船山基于"太极本体"的宇宙论究竟是宇宙生成的历时性描述还是对宇宙结构的逻辑性陈述，[①]这在船山哲学中是一个非常复杂而又至关重要的问题。

问题的关键是气分化以前和分化以后究竟是一种时间上的关系，还是结构上的关系。前者奠基于时间生成的次序，太极本体之气需要在时间上先于动静的阴阳之气而存在，如果没有太极本体之气，那么也就没有动静的阴阳之气。或者用另外一种更为准确的说法来

[①] 陈来在《诠释与重建：王船山的哲学精神》中提出了这一问题，并认为从气体到气化更多的是一种结构的分析。见陈来《诠释与重建：王船山的哲学精神》，第463—464页。

讲，太极本体之气直接构造了动静的阴阳之气，太极本体之气直接在同一物理空间内生成了阴阳之气。后者是指在结构上，太极本体之气作为宇宙大化的依据尽管内在于宇宙大化之中，但不是宇宙大化过程的一部分，太极本体之气自身不参加宇宙大化的运行。在这个意义上，阴阳之气的动静是太极本体之气的某种呈现。

根据上一节的论述，太极本体之气与阴阳之气构成了既异又同的关系，从同的角度来看，太极和阴阳皆由阴阳之气构成，从太极到具体阴阳之气的过程是先有二气之体，然后才有二气的分化和动静，船山认为太极本体之气有动静之几，由气之几产生了万物。从异的角度看，太极和阴阳又是异质的，太极属于天道层面，而阴阳属于万物的形构层面，天道或天地与万物是两个阶段，太极是无形质、无定体的理气，阴阳对于太极而言只是实有性的确认。太极没有具体的形质，只有在变合动静之后的阴阳才形成了具体的物和事。

事实上，船山的本体观仍然具有某种意义上的宇宙生成论特征，作为构成万物的阴阳之气来源于太极本体之气的动静生化，这个生化即宇宙生成意义上的生化，即太极本体之气的运动和分化产生了具体的阴阳之气，太极本体直接"制造"了形具之气。例如他说："阴阳具于太虚絪缊之中，其一阴一阳，或动或静，相与摩荡，乘其时位以著其功能。"① "絪缊之中，阴阳具足，而变易以出，万物并育于其中。"② 在太虚絪缊之中阴阳具足，尚未分化，而一阴一阳的动静、变易、摩荡，通过时位的变化产生了不同的作用，从而产生了、孕育了万物。

更为明显的是，船山承认在阴阳动静变化之前，先有阴阳之本体。例如他说：

动而成乎一动一静，**然必先有乾坤刚柔之体**，而后阖辟相

---

① （明）王夫之：《张子正蒙注》卷一，《船山全书》第十二册，第32页。
② （明）王夫之：《张子正蒙注》卷一，《船山全书》第十二册，第43页。

摩，犹有气而后有呼吸。①

说者遂谓初无阴阳，静乃生阴，动乃生阳，是徒知感后之体，而不知性在**动静之先本有其体**也。②

(《正蒙》：气有阴阳。) **此动静之先，阴阳之本体也**。③

盖道之所自行，德之所自立，原其所本，则阴阳也，刚柔也，仁义也，当其絪缊而太和，**初未尝分而为两**。④

在一动一静之先，必先有乾坤刚柔之体，即乾坤并建的太极本体，而后才有一开一合的运动，犹如气有呼吸。第二条和第三条引文则明确表明，在动静之先，已经有阴阳的本体。这里的关键是如何理解"先"和"后"。一般而言，有两种"先""后"观念，一是时间上的先后，二是逻辑上的先后。后者不涉及时间先后，而是指必有 A 才能有 B，它指的是对先在者的规定性。在对朱子理气论的阐释中，学界普遍认为"理在气先"是指逻辑上在先，亦即理论次序上的优先。这是说"理"作为"气"之本体，在理论次序上先于"气"而存在。那么，船山所说的动静之先，究竟是什么意义上的先呢？第四条引文中的"初未尝分而为两"，"分"显然是指"太和"的"分化"。道的运动、德的确立的根本在于"太和"，"太和"内在地具有刚柔、仁义的属性。"分"也可作两解，一是细胞分化和分裂意义的"分"，以及将整体割裂，生成部分的"分"；二是强调普遍与具体、体与用的关系。从此处的文意来看，"分"兼具了两个层次，既是作为整体的太和分化产生阴和阳，刚和柔，仁和义，同时从"原其所本"来看，也指体用关系。

"本体"生成"阴阳动静之气"既具有宇宙生成论的意义，又具有体用论的意义，但是这个解释仍然很模糊，还需要具体说明。前文

---

① (明) 王夫之:《张子正蒙注》卷三,《船山全书》第十二册, 第 108 页。
② (明) 王夫之:《张子正蒙注》卷九,《船山全书》第十二册, 第 366 页。
③ (明) 王夫之:《张子正蒙注》卷九,《船山全书》第十二册, 第 377 页。
④ (明) 王夫之:《张子正蒙注》卷五,《船山全书》第十二册, 第 204—205 页。

第五章 "絪缊"与"是生"——生生连续的本体观　139

曾指出,船山早年在《周易稗疏》中表明太极与构成万物的阴阳之气并不是生成论意义上的鸡生蛋、父生子的关系。但是,从乾坤并建到太极本体与万物的关系来看,本体之于万物首先是初始的开端,即先有太极本体,然后由太极本体的化生产生了天地万物。不过,这里的开端不是指生成序列中的某个部分,毋宁说,太极本体亦自始至终处于生生不息的絪缊之中。作为本体的太极之气与现实的气化过程确实是不同层次的存在。整个宇宙始终处在气的动静变化过程之中,但是气如果脱离了太极本体,便无气化的基础可言。太极本体是充实于宇宙之中的整体存在,①气的变化运动过程无不来自宇宙整体之中,如果没有整体的存在,也就不会有具体的动静变化,宇宙中万物生成的起点和本原皆是太极本体。宇宙的整体在时空中存在,又具有非时空的意义。这是说,宇宙间万物的产生是在时空意义上的真实存在,但是作为产生的根源的太极本体并不能以人的时空观念加以认知和把握。所以,对人而言,阴阳之动静是人可以把握的变化,而在动静之中存在的太极阴阳本体本身的存在,是永恒不变的存在,并不是不存在的"无"。

船山说:

老氏以天地如橐籥,动而生风,是虚能于无生有,变幻无穷;而气不鼓动则无,是有限矣。然则孰鼓其橐籥令生气乎?有无混一者,可见谓之有,不可见遂谓之无,**其实动静有时而阴阳常在**,有无无异也。误解《太极图说》者,谓太极本未有

---

① 这一观点已有一些学者提出,本书受到了他们的启发。张学智指出:"太极既然是本体,既然是对浑全观察所得,它就是一个整体,整体不等于单个个体的机械相加,假如太极能离析,太极中具体事物的关系就是外在的、机械的。"见张学智《明代哲学史》,第545页。周广友也认为:"故太极为世界的整体,是一个大全,在时间上没有终始,在空间上没有区域,至大无外,至小无内。时间和空间不足于规范和形容它,从作为一切事物的总体这层含义而言,太极为一个由思辨而来的概念,但并不代表在现实中不存在这一'整体',虽然人类限于自身的认识形式无法全面感知它,它依然可以作为实有而永恒存在。"周广友:《〈周易外传〉中的天道观》,第2页。

阴阳，因动而始生阳，静而始生阴。**不知动静所生之阴阳，乃固有之缊，为寒暑、润燥、男女之情质，其缊缊充满在动静之先。动静者即此阴阳之动静。**①

这一段出自《张子正蒙注》，批评了老子的宇宙生成论，依船山之说，老子说天地如橐籥，橐籥之动而生风，其实是从无生有，但又是什么鼓动了橐籥呢？他认为这是混淆了有和无，实际上动静具有时间性，但阴阳是常在的，不因时间先后也不因动静而存在。这里的阴阳，即指乾坤以及天地，关于这一点，他在论"乾坤并建"时也有相同的观点，他说："六十二卦有时，而乾、坤无时。"②"六十二卦"是在时空内的动静变化，而乾坤却是常在的，不是暂时性的存在。他认为误解《太极图》的学者主张太极在阴阳之先，太极的动静产生阴阳，船山在《周易外传》《张子正蒙注》中多次批评"太极本未有阴阳"的说法，例如他说："非气本无阴阳，因动静屈伸聚散而始有也。"③ 总之，船山强调动静所产生的阴阳，如寒暑等具体之天象变化，本来已具备于缊缊之中，所谓的动静即这个太极缊缊的动静。这里说的"缊缊"，即指太极本体。

据此，"太极本体"既是宇宙中永恒、绝对的本原，同时又是宇宙中万物生成、构造的根源，不在构成宇宙的阴阳之气之外。船山说：

阴阳，无始者也，太极非孤立于阴阳之上者也。④

船山明确说"阴阳"二者不存在开端，"太极"也非在阴阳之上者。"太极本体"并非超越于阴阳之上的存在者，而是生生不息的

---

① （明）王夫之：《张子正蒙注》卷一，《船山全书》第十二册，第24页。
② （明）王夫之：《周易内传》卷一，《船山全书》第一册，第43页。
③ （明）王夫之：《张子正蒙注》卷二，《船山全书》第十二册，第80页。
④ （明）王夫之：《周易内传》卷五，《船山全书》第一册，第562页。

阴阳之气。"本体"既是体又是流行大用。船山否认存在一个宇宙发生的最高原则，因为宇宙不存在一个何以可能产生的问题，宇宙的本体自身就是生生不息的存在，其流行大用产生了天地万物。

基于此，他反对在天地万物的实有产生之前存在一个本原，"太极本体"已存在于宇宙之中，"本体"自身就是生生不息的存在。他曾指出邵雍的易学就存在于天地万物之先立一个"太极"的倾向：

> 抑邵子之图《易》，谓自伏羲来者，亦有异焉。太极立而渐分，因渐变而成乾坤，则疑夫乾坤之先有太极矣。如实言之，则<u>太极者乾坤之合撰</u>，健则极健，顺则极顺，无不极而无专极者也。无极，则太极未有位矣。未有位，而孰者为乾坤之所资以生乎？①

按邵雍的说法，"太极"生"乾坤"，这就是说在乾坤之外存在超越于乾坤的太极，对此船山不能接受。在他看来，"太极"和"乾坤"应属同一存在层次，"太极"亦由乾坤所构成的，此谓"合撰"。"极"是对健和顺的状态描述，"太极""乾坤"的特质是"无不极而无专极"，因此"太极"没有空间界限，亦不存在某个特殊的极点，因而没有具体的方位与空间，又怎么能作为乾坤产生的根据呢？船山还说"阴阳之外无理数，乾坤之外无太极"②，"太极"和"乾坤"是一而二、二而一的，"太极"是宇宙生化的本原，但是它本身也是生生不息的存在。

宇宙作为整体的存在是本有的，已经存在充满于动静之先，而不是由另外的某一事物生成。太极本体是对宇宙实有性和连续性的确认，它不是在人的主观经验和感觉经验中的实有，而是一种作为万物之存在根据和本原的实有。万物的生成不可能从无到有，它必

---

① （明）王夫之：《周易外传》卷五，《船山全书》第一册，第990页。
② （明）王夫之：《周易内传·发例》，《船山全书》第一册，第659页。

须基于有，而这个有就是作为本体的宇宙整体。

在此基础上，船山认为"太极生两仪"的"生"必须基于"同有"和"固有"。他早年在《周易稗疏》中已指出，"生"是"于上发生"，这是指必须在同根同源的基础上产生。如果依杜维明的说法，即"存有的连续性"①，天地万物与其存在根源同根同源，因而具有连续性。因此，"生"是基于宇宙间本有事物的生成，"太极本体"是已处于宇宙之中的本体存在，亦即宇宙整体本身。如船山所言：

> "《易》有太极"，固有之也，同有之也。太极生两仪，两仪生四象，四象生八卦，**固有之则生**，同有之则俱生矣。故曰"是生"。"是生"者，立于此而生，**非待推于彼而生之**，则明魄同轮，而**源流一水**也。②

《易》有"太极"意味着"太极"是本有之物，万物在生成的过程中皆有之。"太极"生两仪、四象、八卦之所以可能，在于"太极"本具于两仪、四象、八卦。"同有之"意味着"太极"遍在于两仪、四象、八卦之中，"固有之"则指"太极"不是从无到有生成的，而是本来就已具备于宇宙整体中。据此，所谓的"是生两仪"是指基于本有事物的生成，而不是需要依赖他物而产生，即"非待推于彼而生之"。"推于彼而生"实际上即船山所批评的《序卦传》的宇宙生成论，万物之生需要依赖天地的产生，所以在未有万物以前，先有天地作为前提条件才能产生万物。但是船山认为天地和万物并不存在先后问题，乾坤作为天地之道时时刻刻都在大用流行之中，而不是在时空序列中的某个暂时的停留阶段。

由此，再回到太极本体之气与阴阳之气的关系问题，可以总结

---

① 杜维明：《存有的连续性：中国人的自然观》，刘诺亚译，《世界哲学》2004年第1期，第86—91页。

② （明）王夫之：《周易外传》卷五，《船山全书》第一册，第1023—1024页。

如下，太极本体之气与阴阳之气构成了"同源异质"的关系。从构成或形构上看，宇宙整体或太极本体的存在和具体的、多样的现实世界皆由气构成，从而具有同构性，本体是根据也是始基，这也保证了万物的生成基于实有的基础。从异质的层面看，太极本体之气作为宇宙整体而存在，本体即整体，这与现实世界的差异性有区别。李存山也曾指出："西方哲学家有宇宙论（cosmology）和本体论（ontology）之分，而中国哲学家的思想于此二者或有所侧重，但又往往是结合在一起的。"[1] 太极本体之气作为万物生成之根据，并不是内在于宇宙大化本身，作为宇宙大化的一部分而存在，而是作为宇宙大化的整体存在。以宇宙中的任何一个部分，或者某个暂时的部分作为本体皆是不成立的，本体从来都不是宇宙中的"客形"，而是宇宙整体。如船山所说：

> 上天下地曰宇，往古来今曰宙，虽然，莫为之郛郭也。惟有郛郭者，则旁有质而中无实，谓之空洞可矣。宇宙其如是哉！宇宙者，积而成乎久大者也。二气絪缊，知能不舍，故成乎久大。二气絪缊而健顺章，诚也。[2]

"宇宙"有时间和空间两个维度的范围，空间上包括天地之间，时间上包括古往今来。但是船山认为宇宙并不是"郛郭"，郛郭的本义是城墙，以郛郭理解宇宙就意味着外实而内空。宇宙是在时间上和空间上的最广大之物，阴阳二气絪缊于其中，既有知又有能，并且在时间和空间上都是永恒存在。而且，二气絪缊内在具有健顺之理，是为"诚"，所以宇宙还是价值的最高根源。船山之意在于强调二气絪缊就是宇宙在空间和时间上的整体，而不是宇宙中的某一个

---

[1] 李存山在《中华文化通志·哲学志》中提出这一观点，这里转引自李存山《"前哲学概念"的"气论哲学研究"——评曾振宇著〈中国气论哲学研究〉》，收于李存山《气论与仁学》，中州古籍出版社2009年版，第186页。

[2] （明）王夫之：《思问录内篇》，《船山全书》第十二册，第420页。

空间部分，或某一个有限的时段。

船山的本体观兼具生成论层面，其思想根源在张载的"太虚即气"，虽然学界对此命题的诠释存在分歧，但是近年来的研究动向已经表明，张载思想的本体论和生成论的立场是兼容的。陈政扬用"一而有分"来表明太虚和气的关系，他说："太虚是气之本然，太虚与气是一；而由气化生物的活动而言，太虚（清通无碍之气）是无限的造化自身，有限的具体个物与散殊现象虽皆是气，但因其有限性仅能名之气，而不能称为太虚。此为太虚与气之别。"① 林乐昌提出张载宇宙论的两层结构，一为宇宙本体论，二为宇宙生成论，但是这一说法较重视本体论与生成论的分别，而不是生生连续的一体结构。② 李存山也指出张载的"太虚"概念已将宇宙论与本体论合一，③ 朱汉民则明确提出："张载将《周易》的气化生成论，发展为一种合生成论与本体论为一体的宇宙本体论。"④ 杨立华虽然没有用生成论和本体论的范畴，但是也指出太虚和气既是万物运行过程的不同阶段，也是不断相互作用和转化的，太虚与气、万物是同时并存的。⑤

虽然船山对张载的解读与张载本身的思想应当加以区分，但是探讨船山的本体观也可从张载的研究中受到一定启发。在船山的思想中，"同源异质"宇宙观的"同"表现为不存在本体论和宇宙生成论的严格区分，生成（becoming）与本体（being）不是割裂的，也不是

---

① 陈政扬：《张载"太虚即气"说辨析》，见陈政扬《张载思想的哲学诠释》，台北：文史哲出版社2007年版，第56页。
② 林乐昌：《张载两层结构的宇宙论哲学探微》，《中国哲学史》2008年第4期，第78—86页。
③ 李存山：《"先识造化"：张载的气本论哲学》，《中国哲学史》2009年第2期，第64页。
④ 朱汉民：《张载究天人之际的太虚论》，《人文杂志》2020年第11期，第3页。
⑤ 杨立华指出"太虚、气、万物是相互作用和转化过程中的不同形态和体段，是确凿无疑的"，但是同时也强调"太虚、气、万物是同时并存，并持恒地相互作用和转化的"。见杨立华《隐显与有无：再论张载哲学中的虚气问题》，《中国哲学史》2020年第4期，第16页。

属于两个世界的,而是同处于一个宇宙内。"异"表现在本体和作为现实的人物事存在区分,同时也表现为天道的超越性和现实的有限性之间的区分。虽然本体与万物是一气连续的存在,但是本体是永恒存在的,万物是暂时性的。在船山看来,细缊的太极本体即天地亦即天道,天道超越于人和具体的物事,作为宇宙整体而存在,并不悬搁在宇宙之上或之外,也不是宇宙发展过程中的一部分。这也揭示了船山哲学中的一个重要面向,即超越性的面向。超越并不是本体超越于宇宙之外,而是相对于人的有限性的超越。

第五节 无迹而不可测:本体的超越义

如同"本体"问题一样,如何理解中国哲学中的"超越性",中国哲学究竟有没有"超越性"的本体也是一个争论不断的问题。张汝伦曾指出,以"超越"解释古代中国的"天"时,可以将它原有的希腊哲学的存在概念和犹太—基督教的上帝等特殊内容抽去不顾,而采用超越有限事物的"无限"义和"绝对"义、世界的最终根据义和价值本源义,以及决定者而非被决定者义。从这个角度出发,中国古代的天人关系就是人与超越者的关系。[①] 天道有其自然运行的法则,人对天毫无办法,才有天道和人道的分别,由此而言,天道对人来说就是超越的。但是这并不妨碍天道仍然是在宇宙之内的实有存在,超越之物不是超越于整个世界,而是超越于人的主观经验和认知能力。

尽管乾坤并建的太极本体与构成天地万物的气形成了存有的连续体,具有生生不息的特质,但是船山很明确地意识到,"太极本体"相对于阴阳之气是无极限的、无规定性的、没有形质的存在,这些说法都旨在强调生生不息的"太极本体"的无限性和根源性。

---

① 张汝伦:《论"内在超越"》,《哲学研究》2018 年第 3 期,第 86 页。

在此意义上，太极本体之气不是形而下的形质之气，不是有形有质的有限性存在或具体的有形之物。"太极本体"未尝离于天地之中，同时也并不直接等同于具体的有形之物，它仍然是某种超越于现实世界的本体，作为万物之依据和价值的根源而存在。缊缊的太极本体超越于人的感官经验，这决定了船山宇宙论的同层异质的"异"的层面。他说：

> 阴阳未分，二气合一，缊缊太和之真体，非目力所及，不可得而见也。①

"缊缊太和之真体"，是对太极本体的另一种表达方式。在阴阳之气合于太虚的状态下，人的感官经验无法把握"缊缊"之体。但是这并不意味着太极本体是虚无，它其实只是一种无形无象的存在。因为船山又接着说："其合一而为太和者，当其未成乎法象，阴阳之用固息也。"② "太和"亦旨在描述"太极本体"，"太和"还没成为"法象"时，阴阳也就不存在发用，所以处于静态。这是指太极本体与阴阳之气的同源一体性，一和二具有相互包含的关系，如果一不可见，则两之用也息，亦是《正蒙》原本之义。"法象"出自《系辞》"法象莫大乎天地"，即表明天地是法象，张载对"法象"的解释也由此而来，他说："盈天地之间者，法象而已矣。"③ 船山对此的注解是："示人以可见者，此而已矣。"④ 因此，人之可见的事物是"法象"。这个说法是对张载所说的"象"的进一步解释，对于张载所说的"象"，有学者指出"象"寓于感官经验当中，同时又超乎感官经验，介于抽象的义理和有形的形器之间。⑤ 不过，这里的

---

① （明）王夫之：《张子正蒙注》卷一，《船山全书》第十二册，第35页。
② （明）王夫之：《张子正蒙注》卷一，《船山全书》第十二册，第36页。
③ （明）王夫之：《张子正蒙注》卷一，《船山全书》第十二册，第29页。
④ （明）王夫之：《张子正蒙注》卷一，《船山全书》第十二册，第29页。
⑤ 杨立华：《气本与神化：张载哲学述论》卷一，《船山全书》第十二册，第33页。

第五章 "绁缊"与"是生"——生生连续的本体观　147

重点并非讨论张载的思想，但船山的解释由张载而来，张载《正蒙》本身存在的一些模糊之处也体现在船山思想中。

例如，船山对"象"的解释似存在两解，即有形之象和无形之象，这个区分也可以在张载那里找到依据。① 一方面，船山以"形"和"象"并用，将有形有象的可见事物作为"象"，例如他对张载"阴阳之气，散则万殊，人莫知其一也"的注解是："有形有象之后，执形执象之异而不知其本一。"② 这是以阴阳之气动静以后形成的具体事物作为有形有象之物，而"本一"则是太极本体。在这一解释下，"太极"本体并不是有象之物，因为太虚遍及于宇宙整体，如船山说："太虚之为体，气也。气未成象，人见其虚，充周无间者皆气也。"③ 另一方面，他又规定了一种"有象而无形"之物，不过对于什么属于"有象而无形"，他的界定并不清晰。张载在解释"参天两地"时说"天所以参，一太极两仪而象之，性也"，船山认为人之性的依据在于天，而君子的德业就在于"体无形有象之性"④，以此接近天的存在。他列出了界定"无形之象"的依据，如"象者未聚而清，形者已聚而浊，清者为性为神，浊者为形为法"⑤，象者是气未聚时的状态，所以清通无碍，而有形者是气已聚时的状态，所以表现为浊，这里的浊并不是贬义，而是指多样而具体的存在。清者是性和神，浊者是形和法象。

"太极本体"究竟是"无形有象"者还是"不可象者"仍是一个较为复杂的问题。在绝大多数论述中，船山以"太极本体"为不

---

① 张载所说的"象"可以分为有形之象和无形之象。雷博：《张载〈正蒙〉"象"概念精析及其工夫论意义》，《中国哲学史》2015年第4期，第73页。

② （明）王夫之：《张子正蒙注》卷九，《船山全书》第十二册，第378页。

③ 此外还有："象未著，形未成，人但见太虚之同于一色，而不知其有阴阳自有无穷之应。"（明）王夫之：《张子正蒙注》卷九，《船山全书》第十二册，第378页。"其合一而为太和者，当其未感乎法象，阴阳之用固息也。"（明）王夫之：《张子正蒙注》卷一，《船山全书》第十二册，第36页。

④ （明）王夫之：《张子正蒙注》卷一，《船山全书》第十二册，第46页。

⑤ （明）王夫之：《张子正蒙注》卷一，《船山全书》第十二册，第46页。

可象者，即无形无象者，超出了人的感官经验。在解释张载"形而上者，得辞斯得象矣。神为不测，故缓辞不足以尽神"的"神"时，船山说：

> 神化，形而上者也，迹不显；而由辞以想其象，则得其实。不测者，有其象，无其形，非可以比类广引而拟之。指其本体，曰诚，曰天，曰仁，一言而尽之矣。①

"神"和"神化"是张载和船山哲学中非常重要的概念，大体上看，"神"是鼓动万物生化亦即气之聚散的推动者，"神化"是天道运行化生万物的过程，日月、雷风、水火、山泽是神化的可见结果。② 船山说"神化"是形而上者，这里的形而上是指没有形迹，但由其辞可以得"神"之象。而且，人的主观意志无法测度"神"的外观样态，"神"有象而无形不是运用类比、引申等修辞方法可以把握的，而是指其"神化"的"本体"，包括诚、天、仁，这是化生万物的根源所在。神化这一过程是无迹可寻的，对人而言可见的是万物的生化，并不是神化。神化是天、仁这些本体正在发生作用，是万物生化的内在过程，而不是外在显现的变化。更进一步，船山将"天"化生万物的根源解释为太和，亦即聚散之神。他说：

> 天之所以为天而化生万物者，太和也，阴阳也，聚散之神也。③

天之所以为天，之所以能化生万物，其根源即太和，亦即聚散

---

① （明）王夫之：《张子正蒙注》卷二，《船山全书》第十二册，第79页。

② 船山说："日月、雷风、水火、山泽固神化之所为，而亦气聚之客形，或久或暂，皆已用之余也，而况人之耳目官骸乎！"（明）王夫之：《张子正蒙注》卷一，《船山全书》第十二册，第34页。

③ （明）王夫之：《张子正蒙注》卷九，《船山全书》第十二册，第369页。

之神。可见,"神"与太和本体、太极本体具有几乎同等的地位,船山未将"神"作为太极本体,但是"神"显然是"本体"具备的某种属性。他在批评佛教时说"皆不知气之未尝有有无而神之通于太和也"①,认定佛教不知气没有有无生灭,也不知神可以通行遍布于太和"本体"。另外,船山对"一故神"的解释也可以略知"神"与"本体"的关系,他说:"神者,不可测也。不滞则虚,善变则灵,太和之气,于阴而在,于阳而在。"② 神不可测,亦不凝滞于物,因而也具有虚的特征,神善变而灵妙,皆具于太和之气的阴阳之中。所以,"神"应当是太极本体能变合的动力,内在地具于太极本体之中。船山说:"盖气之未分而能变合者即神,自其合一不测而谓之神尔,非气之外有神也。"③ 气之未分即太极本体的状态,能变合太极,推动阴阳产生动静的就是神,神是阴阳不测的,而且不在气之外。

总之,至于太极本体是否为"有象无形"之物,船山并没有这样的表述。"有象无形"的"神"是使太极本体产生动静聚散进而化生万物的内在动力,它是太极本身的内在属性,并不是太极本体自身。太极本体是无形无迹,不可象者,因此超出了人的感官经验的范围,在这个意义上具有超越性。此超越并非超越于宇宙的时空之外,而是在宇宙之内超越人的感官经验。

在船山思想中,"天"与"本体"是地位相当的概念。当他说"天之所以为天而化生万物者,太和也"时,就证明了超越性的太极本体、太和本体即"天","天"是万物化生的存在依据和价值根源。当然,船山的这一思想也是继承张载"由太虚,有天之名"而来的:

太虚即气,绾缊之本体,阴阳合于太和,虽其实气也,而

---

① (明)王夫之:《张子正蒙注》卷一,《船山全书》第十二册,第21页。
② (明)王夫之:《张子正蒙注》卷一,《船山全书》第十二册,第46页。
③ (明)王夫之:《张子正蒙注》卷二,《船山全书》第十二册,第82页。

未可名之为气；其升降飞扬，莫之为而为万物之资始者，**于此言之则谓之天**。①

太虚即气，太虚即缊生化的本然之体。在太虚之中，阴阳处于太和的状态。虽然太虚的实质是气，但是不可称之为气。气具有两个层面，本体和形器，此处所言的太虚之气是本体层面的，故不直接称之为气。太虚的流行发用，即阴阳的升降和飞扬的运动。"莫之为"出自孟子的"莫之为而为者，天也"，指的是天作为万物的根源，并不是刻意为之，而是天之自然，船山在此处继承了这一说法，认为天是阴阳运动的根源，是万物的资始之源。此外，船山还有以下说法，也表明天即太虚：

> 天无体，太和缊之气，为万物所资始，屈伸变化，无迹而不可测，万物之神所资也。②
> 天用者，升降之恒，屈伸之化，皆太虚一实之理气成乎大用也。天无体，用即其体。③
> 在天者和气缊于太虚，充塞无间，中函神妙，随形赋生而不滞。④

天无固定的、具体的形体，"太和缊之气"是对"天"的规定，是万物存在的根源，其生化过程无可见的形迹，也是万物之神妙所在，这里的"万物之神"指万物的存在和生生不息的内在动力。第二条引文也表达了同样的意思，天之用是指阴阳的升降和屈伸进而化生万物，化生的本质是"太虚一实理气"的流行大用，"太虚一实理气"对应的正是"天"，意同"太和缊之气"。而天无固定

---

① （明）王夫之：《张子正蒙注》卷一，《船山全书》第十二册，第32页。
② （明）王夫之：《张子正蒙注》卷一，《船山全书》第十二册，第50页。
③ （明）王夫之：《张子正蒙注》卷四，《船山全书》第十二册，第154页。
④ （明）王夫之：《张子正蒙注》卷九，《船山全书》第十二册，第367页。

之体，其用即其体。第三条引文则明确指出"在天者和气絪缊于太虚"，充塞于整个宇宙，不存在边界，内在地具有了神妙，随形而有，不滞留于具体的形质，仍然作为太虚本体而存在于宇宙间。不过，需要指出的是，这里的"天"不是指狭义的自然之天，即所谓的天空，而是指宇宙的整体存在。因此船山说：

> 阴阳二气充满太虚，此外更无他物，亦无间隙，天之象，地之形，皆其所范围也。[1]

阴阳二气充满于太虚，在此之外无他物，而且没有任何间隙。这意味着太虚是宇宙的存在全体，天地皆在其范围内。另外，如前面所述，乾坤并建即太极本体，乾坤代表了天地之象，由此也可以表明，"天"是指天地间的存在，亦即宇宙全体。一般而言，天道论和本体论几乎是一体的，本体论旨在追问万物的本体为何物，而天道论则侧重于讨论万物是如何生成的，包括人的存在。但万物的生成，以及由天道至人道的生生过程的理论表达形态或理论工具，即太虚、理气这套话语体系，理气或太极（太虚）与气等概念作为一种理论框架，可以用其来表达天道与人道，天地与万物的生成过程。

事实上，船山思想中的超越性更加体现在天道论上，太极本体生生不息的运行本质上就是"天"的存在。一方面，他肯定"天"的存在与人的经验相关，是感官与知觉的对象。另一方面，人无法将自己的意志和认识施加于对天地的认识中，天地的存在对人而言是固然的，它不因人的认识活动而改变。天地是人之识见所不能逾越的事物，这表明天地已是人之思维的最高存在，不存在超越天地以外的事物，所以天是万物的绝对根源。同时，天的运行和存在本身又超出了人的认知能力，而具有其固然的运行之道，因此天又获得了超越人的存在的意义。

---

[1] （明）王夫之：《张子正蒙注》卷一，《船山全书》第十二册，第26页。

小　结

"乾坤并建"是船山建构本体观的出发点。通过这一命题，他试图击破《序卦传》和邵雍先天易学等以时空序列为核心的宇宙生成论，认为宇宙的生成过程不是基于时间先后的生成序列，例如乾坤（太极）—阴阳—万物的前后相续生成模式。但是他对宇宙本体的探讨并没有完全脱离宇宙生成的模式，这是其气学思想强调万物皆本于宇宙实有连续之气这一根本立场所决定的，气之本体与构成万物的阴阳之气固然是宇宙生成过程中的两个阶段，生生连续是船山的宇宙观的根本特质。不过，他更为强调气之本体不仅是生成意义上的开端，更是具备万物生化之理的恒常之体。这一思想根源于张载以"太虚即气"为核心的气论思想，太虚本体与气化生成并不是割裂的，而是兼具的。

通过连接"乾坤并建"与《太极图》，船山建构了以"太极本体""太极实体""太虚本体"等一系列观念为核心的本体观念。"乾坤并建"意味着"太极本体"是内在具理的阴阳之气本体，理气在太极之中充实，不存在形质，无形无象亦无具体的规定性。所以，太极本体作为实有的本体存在，并不只是宇宙实有存在的造化根源，而是兼具了理的本体，因为太极本体如同"乾坤并建"，内在地具有健顺之理，是万物以及人的存在的价值根源。

与其说"太极本体"是宇宙的本体根源，不如说太极本体就是缊不息的宇宙整体。"太极本体"自身就是生生不息的真实存在，是持续的创造性的根源所在，这个真实存在即宇宙整体，而不是宇宙中具体的形质存在。它是作为整体意义的本体，而不是在宇宙整体中的某个构成部分，或者某个暂时的阶段。万物的生化即阴阳之气的动静皆在此宇宙存在之中发生，与本体具有同构性，但是与作为本体存在的宇宙整体必须加以区分。万物的生化必须建立在宇宙整体之中，以宇宙整体为最终根源，宇宙整体的存在并不直接等同于万物的具体生化。宇宙整体自身便是造作和生化的根源，是实有而连续的存在，同时又是超越于人的根源性存在。

在此意义上，"本体"对"万物"的"生"，亦即"生生之原"对于"生生之具"的"生"就兼具了两层内涵，第一，太极生两仪、生万物，是指太极本体是万物的构成根源，这个根源既是实有的，也是与万物同构的，这是生成论的层面。但是这并不是指一物制造另一物，生者和被生者是分立的，例如船山所批评的基于时空序列的宇宙生成论，将宇宙的生成过程视为一个时间链条，环环相扣，后者的生成必须基于前者。第二，太极本体是宇宙的整体，是万物的恒常的本来之体，本体常在，始终在生生不息地运转。太极本体与万物是体用关系，太极本体是万物的恒常的内在根源。在这个意义上，"生"是具有根源义的持续创造性，"生"是对万物的本原生生不已的形容，而不仅仅是描述生成论意义上的制造万物。

虽然"太极本体"不是朱子学意义上的万物之根本规定的无形无象之"理"，却仍然吸收了自北宋理学发展到朱子形成的理气论的路径。换言之，尽管理学家对于本体是什么的问题存在争议，但是对于本来—现实、天—人、天道—性命贯通的宋明理学的理论架构并无异议。[①] 船山对程朱理学的吸收在于，"本体"是充实了理气的总体，不能将理和气割裂看待，因为他在宇宙或天道层面所谈的理气并不是在人伦日用、人物构成层面的具有形质的理气，而是在宇宙运行亦即本体层面的理气总体。气能造作而连续，但是理不能造作，宇宙生成意义上的开端只能是活动性的、能造作的气，但不能舍弃宋明理学以"理"作为宇宙本原和价值根源的思维方式。船山清醒地认识到，"本体"不是"理"，也不是"气"，而是由"理气"构成的太极，"理气"在根源上就是无先后的，是同时具有的，

[①] 唐君毅认为："是知船山之言太极，虽以气为主，而其言或有进于朱子之处，然亦非与朱子之言太极必然相冲突者也。"唐君毅：《中国哲学原论·导论篇》，第306页。

这是从本原的意义上立论的。① 劳思光在探讨船山的理气关系时区分了两种意义,一是理气不离的存有义,无气则无理,无理则无气。其次是理气不离的实现义,"理"本身可独立自存,必于"气"中实现,朱子即遵循此义。② 劳思光认为船山在这个问题上"固未详加析论"③。实际上,船山在此采取的立场应解释为存有义,"理"在本体和现实中皆不可独立于气而存在。换言之,在天道层面,理气不离;在现实层面,理气仍然不离。至于理是否能够在气中完全实现,则是另一层面的问题。

总之,船山的本体观并非消解了超越与现实,仅以"气"为本体,而忽略了超越性,在他看来,只有一气生生连续的宇宙,但是从宇宙结构上来看,气既是本体又是现实,具有不同的层面,应当加以区分。应当说,船山的本体观是同源异质的一体结构,"同源"在于本体与其发用具有同构性和连续性,皆由气构成。然而本体与现实的气却是"异质"的,因为太极本体无形无象,不可以形质和具体的形象来规定,它超越于人的感官经验,是人的认识无法把握的。事实上,太极本体即"天","太极本体"与"天"构成了一体两面的存在,"天"是万物存在的依据和价值的根源,是人的超越性根源,但这不妨碍它充塞于宇宙作为宇宙实有而存在。

这个问题在船山的天道论中有清晰表达,"天"是万物存在的依

---

① 王林伟亦指出:"但在本原的发生层次上,理气二者之间并无截然的界限,而是互相缠绕、纽合为一的,亦即理气二者浑沦凝合于太极之中。"本书的理解与此接近,但是对于船山本体观的整体架构,本书的理解稍有不同。王林伟认为:"理虽然在船山这里也是形而上者,但此形而上者并不具备绝对的超越性,它不过是阴阳二气之化所显现的条理、性理而已。"而本书认为船山思想的超越性是明确的,即太极所函的理气总体。见王林伟《王船山理气论阐微》,《船山学刊》2015年第1期,第32—33页。周广友也提出了船山的太极并非气,而是理气合一。见周广友《〈周易外传〉中的天道观》,第8页。

② 劳思光:《新编中国哲学史》三卷下,广西师范大学出版社2005年版,第520页。

③ 劳思光:《新编中国哲学史》三卷下,第521页。

据和价值的最高根源,"天"与"太极本体"是辩证统一的,太极本体的运行即天道的运行。而船山说"人之与天,理气一也",[①] 即意味着在人的理气禀赋了在天之理气,天人之分即本原与现实、超越者与现实的分别。这种本体论在结构上已不同于朱子学的理先气后的理气论述,最重要的区别在于对本体的构成有不同的理解,但是其思维方式仍然有很深的理学根源,如本体和现实、天道与人道区分的思维方式。

---

① (明)王夫之:《张子正蒙注》卷九,《船山全书》第十二册,第352页。

第 六 章

道无有不生之德——以气言天的天道论

在上一章探讨本体观的基础上，本章将转向船山的天道论，船山通过"乾坤并建"建构的本体观揭示了一个同源异质的宇宙结构，太极本体是宇宙的构成开端和恒常之体。更重要的是，"太极本体"与"天"在船山思想中是一体两面的，"本体"的发用流行即实际表现为天道的运行，天是最高根源，天道生生不息地生人、生物即太极本体缊缊不息的流行大用。

从理论根源上看，船山本体与天道的一体结构也来自张载，张载有"由太虚，有天之名"的说法。近年来，林乐昌主张"天"才是张载之学的最高原理，可以称之为"天学"。[①]"天学"是否成立有待进一步研究，但是"天"无疑是张载宇宙观、人性论的最高根源，这一点在整个宋明理学都是一个基本预设。朱子并不否认天地皆气，只是认为张载以"太虚""清虚一大"为"天"未能见到真正的本源，因为即便承认天地的真实存在乃是"理气不离"的，但是从本原上看，"天理"或"理"才是天地万物得以生生不息的根本保证。而"太虚"或"气"是形而下之气，只能是天地之间的形

[①] 林乐昌：《张载两层结构的宇宙论哲学探微》，《中国哲学史》2008 年第 4 期，第 86 页。

具之气，无法成为本体。于是，朱子根据其思想对张载"由太虚，有天之名"进行了改造，他说："'由太虚有天之名'，这全说理。"①"太虚之天"不能是气，只能是理，这无疑是朱子学赋予张载这一命题的新意义。

船山试图回到张载，将"天"的存在奠基于气的大化流行，提出了"言天言理，俱必在气上说"的说法，突出"天"具备气的动态性、活动性的特质，也强调天之生与人之生具有同源一体的连续性，气构成天人相继的连续体的基础。若依照朱子的批评，如果"天"只是气的存在，它何以成为终极根据？这是船山的天道论面临的问题，事实上，船山既非"以理言天"，亦非"以气言天"，而是继承了其本体观的立场，既然宇宙本体是无形无象的有内在具理之气，那么本体的流行亦即天道的流行也必是"有理之气"。由此，天的存在亦由内在具理之气构成。船山的天道论不仅吸收了张载的思想，同时也汲取了程朱的"天理"观，这也意味着船山在一定程度上回应了张载的思想及朱子对张载的批评，但仍然具有比较强的朱子学色彩。

第一节　天的定位：生生者

"天"的概念在先秦时便已遍布于各种经典。近代以来的相关解释也非常多，此处仅取较有代表性者略作分析。在这些解释中，以冯友兰的分类最为著名，冯友兰将"天"分为五种，即"物质之天""主宰之天""命运之天""自然之天""义理之天"。"物质之天"指作为物质实在的天空。"主宰之天"即所谓的皇天上帝，具有人格意义，这在先秦时期的《尚书》和《诗经》中十分常见。"命运之天"指的是人生中无可奈何的遭遇。"自然之天"，即《荀

---

① （宋）黎靖德编：《朱子语类》卷第六十，第1431页。

子·天论》中的"天",指自然之运行。"义理之天"则指宇宙的最高原理以及人性的最终依据。① 张岱年的视角有所不同,他从时间演变的角度对"天"加以解释。殷周时代,天代表最高主宰。随后的春秋战国时期,虽然孔子、孟子说的天仍然有主宰之义,但是荀子已将"天"定义为自然。到了宋代,张载说的"天"是世界总体,而程颢的"天者理也"则指普遍的必然规律。② 此外,劳思光的分类也值得一提,劳氏将"天"分为"形上天""宇宙论意义上的天"和"人格化的天"。所谓"形上天"指"形上学意义的实体"观念,是运行不息的天道,天道代表了形上实体的观念,是万理之存有性的根据。劳思光进一步指出,这种"形上天"的观念始自先秦,至两汉而大盛,其影响直至宋明儒学。③ "人格天"突出了"天意"的主体性,"宇宙论的天"则取自《易经》,指宇宙的运行秩序。④

结合上述三者的讨论,可以概括这样几个共同的立场,一是自然之天,不过,自然之天应包括冯友兰所说的物质之天,因为"物质"指的是天的实际存在,既指广阔的天空,也指自然的季节变化、气象现象,这些都是物质之天的表现,同时也是自然之天的特征。二是主宰之天,这一点为多数学者所肯定。三是形上之天,即劳思光提出的"形上天"、冯友兰主张的宇宙的最高原理(义理之天)和张岱年提出的"普遍的必然规律"。宋明儒学构建的"天理"观,即所谓的形上天,"天理"既是形上之实有,又是价值的根源。那么,如何理解船山的"天"论?

---

① 冯友兰:《中国哲学史》上,华东师范大学出版社2000年版,第35页。
② 张岱年:《中国传统哲学的继承与改造》,《传统文化与现代化》1995年第2期,第9—14页。
③ 也有学者将这种形上意义上的"天"称为"以天论德",即将人的道德性的依据追溯至"天"的存在。杨泽波:《从以天论德看儒家道德的宗教作用》,《中国社会科学》2006年第3期,第39—49页。
④ 劳思光:《新编中国哲学史》一卷,第60—61页。

第六章　道无有不生之德——以气言天的天道论　159

首先，船山肯定"自然之天"的客观存在。如其所言，"夫天，吾不知其何以终也？地，吾不知其何以始也？"① "天"和"地"无始无终，没有开端也没有终点。无始无终表明宇宙间天地生生不息的绝对性，因此"天""地"的存在是恒久而又无时不在的，它不以人的意志为转移。另外，"天"又是苍茫辽阔的自然存在，代表了四季的更替，日月的变化。船山说："今夫天，苍苍而已矣，旷旷而已矣。苍苍者不诎，旷旷者无极，气也；而寒暑贞焉，而昭明发焉，而运行健焉。"② 这是说"天"具有广大的特质，苍苍表明无穷尽，旷旷表明没有边界，其构成元素是气。天还带来了寒暑的变化，产生了黑夜与白昼，其运转刚健不息。这些都表明天是自然的存在。

强调天的自然性和物质性显然不是船山的核心问题意识。因为在船山看来，"天"是万物之资始，是宇宙万物的最高原理，亦是价值的最高根源。船山说：

　　天之为天，非仅有空旷之体。"万物资始"，"云行雨施，品物流行"，"各正性命，保合太和"，此则天也。③
　　尝观之天矣，生生者，其资始之至仁大义也。④
　　若夫天，则其化无穷，而无有不诚之时，无有不诚之处，化育生杀，日新无已，而莫有止息焉。⑤

"天"不仅仅是一个空旷无垠的物质性存在，按《系辞》的说法，"大哉乾元，万物资始，乃统天"，"天"是万物之始，是事物变化流行的根源，也是性命的最终根据。在第二条引文中，船山说"天"是生生不息的，但更为重要的是，天是仁义的最高标准，是万

---

① （明）王夫之：《周易外传》卷五，《船山全书》第一册，第992页。
② （明）王夫之：《尚书引义》卷三，《船山全书》第二册，第294页。
③ （明）王夫之：《读四书大全说卷五·论语》，《船山全书》第六册，第726页。
④ （明）王夫之：《尚书引义》卷三，《船山全书》第二册，第308页。
⑤ （明）王夫之：《读四书大全说卷三·中庸》，《船山全书》第六册，第561页。

物的价值根源。就此而言,船山所谓的"天"既是万物之本,又是道德之源。天是生化不息的,没有不诚之时,也没有不诚之处,天化生万物,日新不已,没有中断。船山又进一步发挥《系辞》的解释,他说:"'大哉乾元,万物资始','至哉坤元,万物资生',即资此天地之所以为天地者以始以生也。而又曰'乃统天',则天之为天,即此资始万物者统之矣。有形未有形,有象未有象,统谓之天。"①《系辞》认为,"乾元"和"坤元"是万物开始和生成的根源,"乾"的作用是"始",而"坤"的作用是"生","资"意指凭借。那么,万物如何产生呢?船山说万物通过天地之所以为天地者而产生。接着,他又根据"乃统天",指出天之为天乃是决定并生成万物的根源,"统"有统领之义,此处可引申为根据、根源义,意指在天的创生作用下,万物得以生成。无论有形或无形,还是有象或无象,皆谓之天的作用。在此意义上,作为资始万物之根源的"天"担当了万物的最高原理和根据的作用,因此,"天"是资始万物的统领,承担了万物的根源义。

那么船山所言的"天"有没有主宰义?众所周知,他的思想著作多以经典诠释的形式出现,如《尚书引义》《诗广传》等,而在《尚书》和《诗经》等先秦经典中,具有人格色彩的"天"十分常见,《尚书》中有"天讨有罪","天聪明,自我民聪明;天明畏,自我民明威。""讨罪""聪明"与"明畏"并不是指"天"的自然性,而是指具有人格力量的"意志性"。不过船山在解读这些表述时,重视的是天的自然性,而非人格性。例如船山说:"夫'惇典''庸礼','命德''讨罪',率其自然,合于阴阳之轨,抚于五辰之治,则固天也。"② 据其理解,"命德""讨罪"等并没有表现天的意志性,反而是其自然而然的过程,它合于阴阳变化的规则,辅助五辰以统治百姓。例如船山又以"天无己也,天亦无性也","天虽无

---

① (明)王夫之:《读四书大全说卷二·中庸》,《船山全书》第六册,第461页。
② (明)王夫之:《尚书引义》卷一,《船山全书》第二册,第270页。

第六章 道无有不生之德——以气言天的天道论 165

如人可以把握到日月星辰的变化，即"固然可辨者"；第三层次是在相遇过程中"若异而实同者"；第四层次是与人最密切相关的，即可以为我所用的。最后，船山总结了"天"具有辽阔而又虚无清澈的特点，同时，"天"是实有存在又无所不在，而且人的主观感觉经验无法超出天地。所以"天地定位"不是天地自有其固定之位，而是通过人的主观感觉获得了其固定之位，因此天地的存在不是有时不在、有时存在的偶然性存在。

船山旨在反驳以人的主观经验对"天"进行规定，其依据是当人们身处平原时，可能长年累月不见山与河，当人们以打鱼为生时，可能长年见不到山，但是这并不意味着天地间不存在主观经验无法触觉之物。天地间的存在和变化不依赖于人的主观经验，天地自身是固然存在的。另外，既然有固然存在的天地，就同时有非固然的存在，也就是后天之物，船山认为也不存在这种区分，事物的变化是天地本身具有的，并非后生的。据此，他对"先天""后天"之说作了总结性论述：

> 惟然，故"先天、后天"之说不可立也。以固然者为先天，则以次而有者其后矣。以所从变化者为先天，则已成者为后矣。两者皆不可据也。以实言之，彻乎古今，通乎死生，贯乎有无，亦恶有所谓先后者哉！无先后者，天也，先后者，人之识力所据也。在我为先者，在物为后；在今日为后者，在他日为先。"不贰"则无端委之殊，"不息"则无作止之分，"不测"则无渐次之差。故曰："神无方而《易》无体。"[1]

"先天"和"后天"的区分以本来先在的为先天，以后来出现的为后天，或者说，以变化得以生成的根据，即"所从变化者"为先天，后来生成的变化者为后天。船山对这种时间上的先后区分予

---

[1] （明）王夫之：《周易外传》卷七，《船山全书》第一册，第1078页。

上根据的"理",只是在他看来,在万物的本原层面,"理"的存在方式断然不能离于"气"。不过在谈及宇宙的化生和构成时,船山更倾向于使用"道""气"或"道""器"这两对范畴。而且,道的问题兼有天道的层面,又具有现实的发用流行的维度,并不是特别容易区分,总体而言,道的含义比"理"更宽泛。

"道"是"现成之路"的说法已经透露出船山的"道"论既强调稳定的恒常性,又不失"道"存在具体且可为人们所遵循的面向。道既有体,又有用,前面的分析更多着重于道之体,但是道之体又不离于用。船山说:"天即道为用,以生万物。"① 天通过道而产生变化作用,以道化生万物。在天的变化流行中,"道"是由天而产生的共同之路。如船山又说:"天道之以用言,只在'天'字上见,不在'道'字上始显。道者天之大用所流行,其必由之路也。"② 天道之"用"是从"天"的角度而言,而不是"道",道是天的流行大用表现出来的法则和道路,但又内在于天之中。

更重要的是,船山指出"道"自身便具备了"生"的特质,"道"能够流动充盈于天地间。对于这一流行不息的特质,船山提出了一个重要观点:"道无有不生之德"③,这一观点突出强调天道具有生生不断的特点。他说:"天地之德,日新富有,流动充盈,随在而昭其义于有形有色、无方无体之中者,至足也。……道之在吾身以内与其在天地之间者,既如此矣。"④ 天地之大德日新变化,不断充实,它普遍存在于形下的万千事物之中,亦存在于无方无体之中,这里的无方无体应指太极本体,亦即天。更重要的是,天地之德在万物之中显现其自身之义,其价值意义不是抽象地存在于天地之间,而是在具体的现实事物中显现,所以是"昭其义"。船山说,"道"在吾身与天地万物也是如此,必须在具体的

---

① (明)王夫之:《张子正蒙注》卷一,《船山全书》第十二册,第25页。
② (明)王夫之:《读四书大全说卷三·中庸》,《船山全书》第六册,第531页。
③ (明)王夫之:《周易外传》卷四,《船山全书》第一册,第953页。
④ (明)王夫之:《尚书引义》卷三,《船山全书》第二册,第290页。

"道"的理解产生了错误。若只承认"道有阴阳",阴阳进而生万物,这是指"相生"的妙处即相生过程的原理机制,但是妙处其实并不可见,如此理解则将"生"视为虚妄之事。船山此处的批评旨在针对老子的"道生一,一生二,二生三,三生万物"以及"有无相生"的生成论,而"不生而无,生而始有"也是批评老子的"有生于无",他认为老子的宇宙生成论在根本上是以有为妄,以无为常。而"道"与"阴阳"不是前者生后者的相生关系,而是互相为体,不存在天地产生之前的"道"。

"道"与"阴阳"之所以能相互为体,仍然离不开其本体观的逻辑。太极本体即道体,其阴阳动静即道之用。絪缊的太极本体是内在地具理的宇宙本体,亦即化生万物的动力之源。船山曾自问"此阴阳者,恶乎其著而由之,以皆备而各得邪?"[1] "阴阳"何以能够产生天地万物,使得事物的存在与生成皆备于其中?船山认为"道"是阴阳运动的根源,他说:"《易》固曰:'一阴一阳之谓道。'一之一之云者,盖以言夫主持而分剂之也。"[2] 道的作用有二,其一为"主持",即调节和控制阴阳的运动方向;其二是"分剂",即理顺阴阳的不同功能,产生事物的差异。船山进而认为"道"即是"至足之乾坤",充分表明他坚持以"乾坤并建"作为天地万物本原的立场,这个"道"指的是道之体。在这个意义上,"道"是天地之本或天地之大始,只是其并非抽象的静止存在,而是不离于阴阳发用流行的动态的、真实的存在。因此他说:

> 若夫天地之所为大始者,则道也,道固不容于缺也。不容于缺,必用其全。健全而乾,顺全而坤。因是而山、泽、雷、风、水、火,皆繁然取给于至足之乾坤,以极宇宙之盛,而非有渐次以向于备。何也?道无思而无为。渐次以向于备,则有为咎留,

---

[1] (明)王夫之:《周易外传》卷五,《船山全书》第一册,第1003页。
[2] (明)王夫之:《周易外传》卷五,《船山全书》第一册,第1004页。

者并没有存在次序上的先后,单独以理或以气作为天的存在属性,皆是不全面的。在《读四书大全说》中,他反思了宋儒以"理"言"天"的说法,认为"天"和"理"皆应在"气"上说。他说:

> 程子统心、性、天于一理,于以破异端妄以在人之几为心性而以"未始有"为天者,则正矣。若其精思而实得之,极深研几而显示之,则横渠之说尤为著明。盖言心言性,言天言理,俱必在气上说,若无气处则俱无也。①

"程子统心、性、天于一理"出自《四书章句集注》,朱子在解释"尽心知性"章时引用了程颐的说法,程颐说:"心也,性也,天也,一理也。自理而言谓之天。"② 船山的反思正是由此而来,从程子的本意来看,他希望将"心""性""天"等概念落实在"理"上,以此破除佛老以"在人之几"为心性的立场,因为"在人之几"指的是心的知觉运动,其方向不确定,具有微妙不测的特点,不是真实无妄之物,因此称之为"几"。但是这样一来又落入了把将"天"视作"未始有"的"理"的窠臼。"心""性""天"并非抽象而不活动之物,而是生生流行的,那么其活动得以可能,须建立在气之上。船山通过张载的"《太和》四句",将"天道"奠基于气:

> 张子云:"由气化,有道之名。"而朱子释之曰:"一阴一阳之谓道,气之化也。"《周易》"阴""阳"二字是说气,著两"一"字,方是说化。故朱子曰:"一阴而又一阳,一阳而又一阴者,气之化也。"由气之化,则有道之名,然则其云"由太虚,有天之名"者,即以气之不倚于化者言也。气不倚于化,元只气,

---

① (明)王夫之:《读四书大全说卷十·孟子》,《船山全书》第六册,第1111页。
② (宋)朱熹:《四书章句集注》,第349页。

"理"和"气"共同构成天地万物,"理"是形而上之道,"气"是形而下之器。"理"无形体,是万事万物的根据,"气"有形,构成事物的形质,是事物在现实中的具体表现和材质。究其实质,朱子以为"形而上"的"理"是无形体的,形而下的"气"是有形体的,因此承认在现实世界之上有一个超乎经验又真实无妄的"理"的世界,同时理又存在于形而下的气之中,是天地万物的形上根据。

船山对以"无形"解释"形而上"的主张提出了质疑,其理由在于"上下"这一对观念是人的主观设定,而不是天地本身的特质。他说:

> "谓之"者,从其谓而立之名也。"上下"者,初无定界,从乎所拟议而施之谓也。①

从字义上看,"谓之"指从语言的角度给事物定名,而"上下"则意味着在空间上没有绝对的上下分界,是由"拟议"并且施加于事物上的。"拟议"出自《系辞》中的"拟之而后言,议之而后动,拟议以成其变化",本指设定、预先规定。船山的意思显而易见,"形而上""形而下"的区分是人为的设定与命名,但是事实上,形而上和形而下绝非命名所能规定,必须基于"有形"才能有形而上和形而下,故船山指出:

> 形而上者,非无形之谓,即有形矣!有形而后有形而上。无形之上,亘古今,通万变,穷天穷地,穷人穷物,皆所未有者也。②

船山极力否认"形而上者"是"无形"者,而是断定"形而

---

① (明)王夫之:《周易外传》卷五,《船山全书》第一册,第1027页。
② (明)王夫之:《周易外传》卷五,《船山全书》第一册,第1028页。

有为增益,是且有思而有为,其不足以建天地之大也久矣。①

"道"是"天地之所为大始者",这是指道既是天地的开端,也是其根源,"道"在天地间不可缺少。"道"的发用流行必然要尽可能实现其全部之道,乾坤二卦便具备了"道"之全。基于至足的"乾坤",其他六卦的卦象,即山泽雷风水火才得以生成,并最终构成了天地万物。更重要的是,"道"不存在从初始到完备的发展过程,因为"道""无思"且"无为",不是有意志的存在者。"道"本身就是自足完备的天地之始,宇宙之源。宇宙生成并没有渐进变化和发展的生成过程,因此作为开端的不完备且待发展的道不足以作为天地之大始。

综上,船山"道"论有如下几个特点:"道"有道之体与道之用,道之体即太极本体,作为万物的最高根据和本原;"道"之用则是本体的流行发用。在天地间,从构成的角度看,道的存在与阴阳交与为体,道是不离于阴阳的真实存在。但道之体与道之用二者并不是割裂的,体用不离、即体即用始终是船山哲学的思维方式。"道"并非孤立于天地外物之上或之外的"道",而是不离于阴阳、不离于器的真实存在,道流行和存在于天地之间,是生生不息的存在。

余论　兼论超越性与过程性

在当代的儒家哲学研究中,海外学者针对儒家思想的宇宙论提出了一些很有价值的观点,尤其是在创造性(creativity)和连续性(continuity)的问题上进行了广泛而深入的讨论,值得参照。在欧美有关船山哲学的研究中,有学者提出船山的宇宙论为自然宇宙论②,

---

① (明)王夫之:《周易外传》卷四,《船山全书》第一册,第976页。
② Brasovan, Nicholas S., *Neo-Confucian Ecological Humanism: An Interpretive Engagement with Wang Fuzhi (1619–1692)*, New York: State University of New York Press, 2017, p. 32.

心于尽"等说法表明"天"没有人格和意志。① 因此，他从根本上否认"天"是具有人格性的存在，因为真正具有人格性、能动性的是人，而非天。船山重视人在面对"天"时，可以发挥能动性，以人道彰显天道，从而合于天。张学智在论述船山《尚书》诠释中的天人关系时指出："天地间万物对于天的表现是被动的、不知其然而然的，而人作为万物之灵，它对天的表现是主动的、是各种精神性活动集体参与的结果。"② 可见，船山将人道置于极为关键的位置，天道贯通于人道，重要的是遵循天道，发挥人道的作用，关于这个问题，第八章还会详细分析。

总之，船山着重突出的是"生生"之天的万物之根据和价值根源义。同时，船山亦否认"天"是人格性的存在。那么，接下来的问题就是，既然"言道者必以天为宗"，"天"如何承担万物之根据和价值根源的功能？又如何将"天"的根源性建立在"气"的基础上？本章将分为两个步骤，先探讨"天"的超越性问题，再分析万物的根据和价值根源如何建立在"气"的基础上。

第二节 天无先后，彻乎古今

一般而言，中国古代的宇宙观对宇宙的认识包括天和地，所以"天"不是指辽阔的自然天空，而是指天和地共同构成的宇宙整体。如船山说："阴阳二气絪缊于宙，融结于万汇，不相离，不相胜，无有阳而无阴、有阴而无阳，无有地而无天、有天而无地。"③ "宙合"即宇宙，阴阳二气充满于宇宙间，阴阳和天地皆不是孤立的存在，

---

① （明）王夫之：《读四书大全说卷四·论语》，《船山全书》第六册，第639—642页。
② 张学智：《王夫之〈尚书〉诠释中的天人关系论》，载国际儒学联合会编《国际儒学研究》第18辑，九州出版社2011年版，第477页。
③ （明）王夫之：《周易内传》卷一上，《船山全书》第一册，第74页。

而是共生共存于宇宙之中,甚至就是宇宙整体。

从狭义上看,尽管船山强调"乾坤并建",将天(乾)和地(坤)视为具有同等地位,但是"天"和"地"仍然存在区别,前者是"资始",后者是"资生","乾"(天)是万物的最终根据,并不实际产生万物,而"坤"(地)被视作万物的形质来源。但从广义上看,"天地"和"天"也可以互通,例如"天地之大德曰生""天地之生,人为贵"这些命题认为,天地之生是人和物的存在根源和价值依据。又如船山说:"推其父母万物者而言之,则资始之德元为首;天生之,即地成之,故资生之德元为首。"[①] 如果推究万物、父母的根源,乾元即万物的最高价值根源,因此乾元为首要根源。然而天生万物实际上也是地成物,所以坤元也是万物生化的首要根源。总之,乾坤皆为首,"天地"和"天"具有相通的含义。

"天"作为宇宙整体的存在,并不是自然之天,而是超越于人的万物本原和价值根据。上一章曾指出,"太极本体"是作为宇宙整体的存在,是万物的存在根据和价值根源,而这个宇宙整体同时表现为"天"的存在,也超越于人的主观认识。"太极本体"无形无象超越了人的感官经验,因此具有超越性,这个特质也表现在天。在本体观上,"太极本体"无形无象,超越了人的感官经验,但并不是超越于宇宙之外,而是宇宙整体。由此而言,"本体"就具有了双重特性,它既作为一种整体的存在,具有实在性,同时也是超越性的存在。这个特质同样表现在"天","天"作为万物的存在根源、价值根据的超越性,还体现在人的意志无法企及天。与此同时,"天"的存在又是实有的,是人所能确证的。

"天"的吊诡之处在于它既寓于人的经验又超越于人的经验,"天"不可能是神秘不可知之物,也不是存而不论的悬搁之物,而是通过人的经验可以确证的实有存在。所谓的"不可知",指的是人难以认识"天"的存在本身,如船山说:

[①] (明)王夫之:《张子正蒙注》卷七,《船山全书》第十二册,第286页。

第六章 道无有不生之德——以气言天的天道论

> "不可知"只是不易见,非见之而不可识也。人之所不易见者,唯至精至密者而已。虽云不可知,却是一定在,如巧者之于正鹄然。天之有四时,其化可见,其为化者不可见。①

"不可知"只是不容易见到,并不是指见而不可认识。人所不易见的事物,是最为精致而细密的。它不可知,但是它一定存在,只是人不能将自我的意志和观念加之于"天",例如具备技能的人一定知道正确的目标("正鹄"喻指目标)。又如天有四时变化,其变化本身可见,而作为生化根源的"天"超越了人的认知范围。

同样,船山认为中国哲学传统中对"先天""后天"的区分是不成立的,因为这是以人的主观意志施加于天。"先后"观念不是天自身具有的特质,而是人的主观观念。因此,诸如道教的"先天之气"与"后天之气"的区分以及邵雍的"先天学",均遭到了船山的批评。他说:

> 《易》言"先天而天弗违,后天而奉天时",以圣人之德业而言,非谓天之有先后也。天纯一而无间,不因物之已生未生而有殊,何先后之有哉!先天、后天之说始于玄家;以天地生物之气为先天,以水火土谷之滋所生之气为后天,故有"后天气接先天气"之说。②

船山认为"先天""后天"是指圣人的德业需在后天的生命中加以努力,不是指"天"自身有先后。天只有一个整体而没有任何间隙,不会因为物的已生和未生而存在区别。而"先天""后天"之说出自道教,以作为万物存在根源的天地生物之气为"先天",以

---

① (明)王夫之:《读四书大全说卷九·孟子》,《船山全书》第六册,第1047页。
② (明)王夫之:《思问录外篇》,《船山全书》第十二册,第436页。

所生之气为"后天",所以才会有"后天气接先天气"的说法。

船山的批评也针对朱子的易学著作《周易本义》,他说:"《本义》拘邵子之说,合为一章。其说牵强支离,出于陈抟仙家者流,本不足道,而邵子曰此伏羲八卦之位。"① 按照邵雍的"先天学",所谓的《先天八卦图》即"伏羲八卦",其依据是《说卦传》的"天地定位,山泽通气,雷风相薄,水火不相射,八卦相错"的排列,即乾南、坤北、离东、坎西、震东北、兑东南、巽西南、艮西北。船山认为此说牵强支离,不足道。对于其中的先天、后天之说,船山颇为不满。天地、山泽这些自然现象并没有先天后天之分,"先天"并非独立于人的经验,恰恰是依赖于人的主观经验,这样一来,就意味着"天"的存在依赖于人的主观经验,然而这又是船山极力反对的。

船山表明天地的存在确实与人的主观经验相关。他说:

> 两间之有,孰知其所自昉乎?无已,则将自人而言之。今我所以知两间之有者,目之所遇,心之所觉,则**固然广大**者先见之,其次则其**固然**可辨者也,其次则时与相遇,若异而实同者也,其次则盈缩有时,人可以与其事而乃得以亲用之者也。
>
> **是故寥然虚清,确然凝立,无所不在,迎目而觉,游心而不能越,是天地也。**故曰"天地定位",谓人之始觉知有此而位定也,非有所在有所不在者也。②

"两间之有"指天地的客观存在,那么这种客观存在是如何被确证的呢?船山认为它是通过人的存在而得以确证的,天地的存在并不孤立于人之外,若没有人的存在,天地的存在也没有意义。于是船山将人对天地的经验分为四个层次,人"目之所遇,心之所觉"的主观经验是第一层次;其次是在感受的基础上可察觉分辨者,例

---

① (明)王夫之:《周易外传》卷七,《船山全书》第一册,第1078—1079页。
② (明)王夫之:《周易外传》卷七,《船山全书》第一册,第1076页。

以否认，并指出"天"彻乎古今，通乎死生，无所谓先后，因为"先天"和"后天"的划分是基于人的主观经验，在人的存在以前的为先，之后产生的为后。这是一种时间上的先后，而时间上的先后来自人的主观依据。但是"天"的存在是无时间先后的，"不贰"是指没有开端和终点，"不息"指没有停止，"不测"指天的存在没有递进式的发展。合而言之，"天"没有终始，生生不息，也没有固定的空间和形体，所以是"无方而无体"。总之，船山对"天"的理解主张"天"是超越于人的主观经验的最高存在，是作为宇宙整体的存在，这与太极本体的特征是一致的。

船山由此也阐发了其有关"理气论"的结论，他旨在说明在"理气"问题上，断定"理气"何者为先，何者为后亦是来自人的主观经验，因而也不正确。他主张理气本无先后，在根源上就不存在先后，这个批评似意在针对朱子学的"理先气后"说。他说：

> 东西南北者，人识之以为向背也。今、昔、初、终者，人循之以次见闻也。物与目遇、目与心谕而固然者如斯，舍所见以思所自而能然者如斯，要非理气之但此为先，但此为后也。**理之御气，浑沦乎无门，即始即终，即所生即所自生，即所居即所行，即分即合，无所不肇，无所不成。**彻首尾者"诚"也，妙变化者"几"也。故天之授我以命，今日始也；物之受性于天，今日始也；成形成色，成生成死，今日始今日终也。而君子以之为体天之道：不疑<u>未有之先</u>何以为端，不亿<u>既有之后</u>何以为变，不虑其且无之余何以为归。夭寿不荒而死生贞，学诲不倦而仁智定。乃以肖天地之无先无后，而纯乎其天。①

"东西南北"的八卦方位是基于人的经验认识的规定，人的认识确定了其正面和背面的方位。"今昔初终"同样是基于人的见闻所产

---

① （明）王夫之：《周易外传》卷七，《船山全书》第一册，第1078页。

生的认识。感官经验并不能决定物的存在与否，物的存在固然如此，并不因"心"和"目"的感官而改变，甚至它离开了人的感觉经验，成为"思"之对象，仍然能够维持其自身。基于此，船山得出不能以"先""后"区分理气的结论，他指出，"理"对"气"的调节和驾驭意味着理气是一个浑沦的存在，没有任何缝隙，理气自始至终皆在运动变化，理气生成万物即其自生的过程，理气的存在本身即其流行发用，这种流行发用的分分合合没有开端与终止。而且，"天"不只是一个自然的存在，更是作为价值根源的"诚"。"诚"贯穿于天，"妙"来自《说卦传》"神也者，妙万物而为言者也"，在这里，船山认为"几"推动并产生了万物变化，因此他认为天授人以命，授物以性的过程不止于其初始，人和物的后天造化，成形成色，"天"始终作用于其中。故君子以"诚"作为体天之道，"天"已是最高的存在，不存在天地以前的开端，不臆测即有之后的生化根源，也不担忧事物消亡之后归于何处，它在根本上是无生死的。总之，"天"是生死夭寿得以贞定、学诲不倦得以具备仁德和智德的根本保障。

船山否认"先天""后天"的区分旨在表明，"天"的存在超越了人的感官经验，不能将人的主观意志投射于"天"的特质。作为本体存在的"天"无处不在，无时不有，即宇宙整体本身，是人和物的存在依据和价值根源，因而不存在所谓的先天和后天之物。在这个意义上，"天"既是我们可以确认的实有存在，又寓于人的主观经验之外，超越于人的有限性，但是"天"的超越性又如何作为价值根源而存在呢？

第三节　天无"无理之气"

就船山而言，气之体或本体并非形而下的形质或材具，而是宇宙运行和生命存在构成的实际承担者，它不限于形体，也不是静止不变的。如果落实到天的层面，他强调有理必有气，有气必有理，理气二

第六章 道无有不生之德——以气言天的天道论

故天即以气言，道即以天之化言，固不得谓离乎气而有天也。①

由引文可知，船山的立论来自张载及朱子对张载的诠释。首先，张载提出"由气化，有道之名"，朱子对此的解释是"一阴一阳之谓道，气之化也"，"阴"和"阳"是气，"一"指的是气的运动变化，这是朱子对《系辞》中"一阴一阳之谓道"的诠释。由气化的运动，则产生了"道"之名，说明"道"的存在来自一阴一阳之变化。其次，船山又提到张载的第二句话"由太虚，有天之名"，意在说明"天"是指"气"未化生时的状态，这个讲法与前一句有所不同，这里强调的是气无须依赖化生过程而存在。船山进而推出结论，既然气的存在无须依赖于变化，它本身就是气，因此才可以说"以气言天""天以气言"，这是指太虚是气的运动变化的本然存在。他将"气"与"气之化"看作两个部分与其本体观有关，因为在其本体观上，"化"是本体发用流行生化万物的过程，但是与体又要加以区分，两者既有区别，又不相离。

"天即以气言"表明天既是万物之本，又是生成之源。"天"由气构成，气之化就是道，这个道也是天之化生产生的，船山在这里已经揭示，无论是"天"本身及"天"的化生过程，都离不开气的存在。这样一来，他将"天"落实在"气"上，似更符合古人早已提出的"天道"四时行焉的特质。他说："使其非气，则《易》所谓上进、下行、刚来、柔往者，果何物耶？"② 如果"天"不是由"气"构成，那么《易》揭示天道变化的"上进""下行"等运动又是什么呢？可见，"以气论天"无疑道出了"天"并不是绝对的静止之物，而是不断化生运动的。

"以气言天"并不是抛弃"以理言天"或"以天为理"，船山的基本思路在于证明"天"不是自然之气，而是在化生过程中产生一定秩序条理的"有理之气"，理内在地具于气之中，由此才可以说

---

① （明）王夫之：《读四书大全说卷十·孟子》，《船山全书》第六册，第1111页。
② （明）王夫之：《读四书大全说卷十·孟子》，《船山全书》第六册，第1111页。

"以天为理"。他说：

> 理虽无所不有，而当其为此理，则固为此理，有一定之例，不能推移而上下往来也。程子言"天，理也"，既以理言天，则是亦以天为理矣。以天为理，而天固非离乎气而得名者也，则理即气之理，而后天为理之义始成。浸其不然，而舍气言理，则不得以天为理矣。何也？天者，固积气者也。①

"理"虽然无处不在，但究其本质，它具有"一定之例"，即有固定的形态，因而无法推移及上下往来，这是说"理"不能活动，所以船山主张"以理言天""以天为理"皆不能离"气"而言，从"气"的角度看，"以天为理"的"理"实际上指的是"气之理"，由此"天为理"之义才可以成立。"理"不是空理，必定是气之理。归根到底，船山的观点不在于否认"理"的存在，而是对"以天为理"有所保留，即"以天为理"必然是在"气"之中有"理"的前提下才可以成立。要之，"理"在天的化生过程中所显现，气化流行过程体现了"理"，因此作为化生根源的天也是内在具理的存在，否则化生过程中也没有理的显现。船山说：

> 若夫天之为天，虽未尝有俄顷之闲、微尘之地、蜎孑之物或息其化，而化之者天也，非天即化也。化者，天之化也；而所化之实，则天也。天为化之所自出，唯化**现理**，而抑必有所以为化者，非虚挟一理以居也。②

天之所以为天，在于其未尝有片刻静止之时，天始终处于生生不

---

① （明）王夫之：《读四书大全说卷十·孟子》，《船山全书》第六册，第1111—1112页。

② （明）王夫之：《读四书大全说卷十·孟子》，《船山全书》第六册，第1112页。

息的化生过程之中。在生生的过程中,"化之者天也",这是讲"天"是化生的根本,"天"非"化"本身。"天"和"化"虽然不是指同一事物,但是"天"和"化"实际上是一体结构,"化"是"天"的表现,"天"是"化"的根源,所以船山说"天为化之所自出"。在根源上,必须有"天"的存在,"化"只是无具体的生化过程,从实际情况来看,天无时无刻不处于化的过程中,这是船山从体用论的角度来看待天和化的关系,天化之中应必有天之体。"天"在化生的过程中产生了不同的事物,所以产生了不同的"理"。这里的关键是如何理解"现理","现"可以理解为呈现、体现,但是理是原本就具有的还是气化所产生的,这是决定船山思想性质和定位的关键。如果承认理是气化产生的,那么船山持的是气本的观念,但是如果理本已内在于在天之气中,那么就很难将他归于所谓的"气本论"者。从后一句来看,如果推究其本,气化之所以能"现理",必然有产生"化"之所以然者,否则由化生所呈现的"理"无法产生。因此,"理"应当是本有的。"理"不是如有一物居住于"天"之中。

船山进而指出:"所以为化者,刚柔、健顺、中正、仁义,赅而存焉,静而未尝动焉。"① 尽管这里未明确表明"所以为化者"是否为天,而是强调刚柔、健顺、中正、仁义这些事物之理和价值之理是化生万物的根源,但是在静而不动之时,这些所以为化者已经存在,只是未显露,因而也没有形迹。船山说:

> 赅存,则万理统于一理,一理含夫万理,相统相含,而经纬错综之所以然者不显;静而未尝动,则性情功效未起,而必繇此、不可繇彼之当然者无迹。若是者,固不可以理名矣。无有不正,不于动而见正;为事物之所自立,而未著于当然;故可云"天者理之自出",而不可云"天一理也"。②

---

① (明)王夫之:《读四书大全说卷十·孟子》,《船山全书》第六册,第1112页。
② (明)王夫之:《读四书大全说卷十·孟子》,《船山全书》第六册,第1112页。

"赅存"指理已经完备于天之中，即事物的万理统于天的一理，天的一理包含了事物的万理。然而在静而不动之时，事物的经纬、错综变化的"所以然"尚未显现，如果以人来说，人的性情没有产生具体的发用时，其中由此或不由此的"所当然"，即人伦之理也没有表现。所以，他说"天"不可以"理"命名。"理"无有不正，无须依赖动静变化而显现"正"，在静而不动的状态下，理是事物自身拥有的，只是未"著于当然"，即没有体现出来而已。故只能说天是理的根源，但不可说天即理。

结合前面所引的"浸其不然，而舍气言理，则不得以天为理矣"，船山试图强调理不能离气，也不可仅以天为理。由此可见，船山的天论与本体观的架构是一致的，他在本体观上主张理气不离，气内在地具有健顺之理。所以"天"也是具备了"理气"的内在总体。故船山说：

> 理便在气里面，故《易》曰"一阴一阳之谓道"，又曰"形而上者谓之道"。形而上者，不离乎一阴一阳也。故曰"两仪生四象，四象生八卦，八卦定吉凶"。[1]
>
> 天与人以气，必无无理之气。阳则健，阴则顺也。一阴一阳则道也，错综则变化也。天无无理之气。[2]
>
> 理只是以象二仪之妙，气方是二仪之实。健者，气之健也；顺者，气之顺也。天人之蕴，一气而已。[3]
>
> 气原是有理底，尽天地之间无不是气，即无不是理也。[4]

"理便在气里面"，实际上即指《系辞》的"一阴一阳之谓道"，

---

[1] （明）王夫之：《读四书大全说卷十·孟子》，《船山全书》第六册，第1078页。
[2] （明）王夫之：《读四书大全说卷十·孟子》，《船山全书》第六册，第1078页。
[3] （明）王夫之：《读四书大全说卷十·孟子》，《船山全书》第六册，第1054页。
[4] （明）王夫之：《读四书大全说卷十·孟子》，《船山全书》第六册，第1060页。

气本身含有一阴一阳的变化，变化本身便是有理的，这种条理内在于气里面。形而上者其实不离于一阴一阳的变化，这里的一阴一阳并不是指构成形器的阴阳，而是天道层面的阴阳之气。第二条更为明确，天赋予人的气，必然是有理之气，阳气健而阴气顺，阴阳错综交替的过程便是有理之气的运动。至此可以明确，"天"并不只是理，也不只是气，而是理气浑然一体，理在气中的总体。所以，船山得出"天人之蕴，一气而已"的结论，必须结合前一句"理只是以象二仪之妙，气方是二仪之实"加以理解，虽然有理之气，理在气中的表现形态是生生不息的"气"，但是它不只是无方向亦无价值的气，而是理气总体。"气原是有理底"的"原"十分重要，这表明无论气如何流行运动，气的本原即气在天地间本是有理的，在天地间处处是气，而气中处处有理。

尽管船山试图质疑程朱的"天理"观，认为"理"自身无法活动，亦不能化生天地万物，主张"天"必须基于气的活动，是无始无终、生化不息的存在。不过，这并不意味着以气言天解构了"天理"。因为在天之气即万物的存在根据，并不是指现实世界中的具体的形质之物，在天的层面，"有理之气"作为万物的存在依据是理气一体不离的总体，"天"属于超越的天道层面，而不是具体的形器，船山对此的区分是明确的。由此而论，船山不是意在将天理从形上世界中拉回现实的形下世界，只是说作为万物之根据的"理"的存在方式必须在"气"之中。毕竟，从宋明理学甚至整个儒学发展史看来，以"天"为万物化生的根据、价值创造的根源应是儒学的根本立场，船山也难以否认这一点。

第四节 "道生天地"即"天地体道"

船山"以气论天"的真正目的不在于解构"理"的存在，而是以内在具理的气为"天"，所以没有从根本上拒绝宋明理学中作为形事物中才能获得其意义，才能显现自身。因此"道"也是日新富有、真实存在的。

如果"道"是天地之间具体的、真实的、流动的存在，那么如何作为万物的根源？当然，船山没有断然否认天道的根源性，而是通过对"形而上之道"和"形而下之器"的解释，赋予了"道"既具有根源义，是生生之源，又真实存在于天地之间的生生之道。他质疑仅以"无形"为"形而上"，认为"无形"仍然是真实无妄的实有存在，只是必须从形而下中见。"形而上"并非绝对的无，只是其存在方式必须与形而下成为一体存在，不离于形而下之器。船山对道的分析，强调本原的一面，更强调"道"在天地以及万物的流行中，作为内在的秩序和根据而存在，并且是生生不息的存在。

宋代理学对"形而上"和"形而下"的判定是船山的矛头所指，如张载：说"'形而上者'是无形体者，故形而上者谓之道；'形而下者'是有形体者，故形而下者谓之器。无形迹者即道也，如大德敦化是也；有形迹者即器也，见于事实即礼义是也。"① 首先，张载所谓的形而上者是没有形体的，而形而下者是有形体的。其次，没有形体的其实指的是"大德敦化"，即天地之大德敦厚，能够化生万物的特性，而形而下的是指见于事实的礼义这些行为。因此，在张载，道并不是指向某个根据，而是没有具体的形迹的天地的造化流行。二程也指出"有形总是气，无形只是道"②。可见，理学家主张的形而上者，如"道"，皆指无形体的、无声无臭的事物。而形而下者是有形体的、可见可闻的器物，如山河湖海等具体存在的事物。更进一步，宋代理学对"一阴一阳之谓道"的解释贯彻了形上形下二分的模式，如程颐说"所以一阴一阳，道也"③，将一阴一阳变化背后的根据视为"道"。朱子的解释也由张载和二程而来，朱子认为

---

① 《张载集》，第 207 页。
② 《二程集》，第 83 页。
③ 《二程集》，第 67 页。

第六章 道无有不生之德——以气言天的天道论

上"者不离于有形者，"即"是指相即不离。"有形"是"形而上"的前提，在"无形之上"，古往今来，推本穷原至天地人物，是不存在的，根本不存在无形之物。那么，"形而上"到底在什么意义上是"有形"呢？船山说：

> 形而下者只是物，体物则是形而上。形而下者，可见可闻者也。形而上者，弗见弗闻者也。如一株柳，其为枝、为叶可见矣，其生而非死，亦可见矣。所以体之而使枝为枝，叶为叶，如此而生，如彼而死者，夫岂可得而见闻者哉？①

> 物之体则是形。所以体夫物者，则分明是形以上那一层事，故曰"形而上"。然形而上者，亦有形之词，而非无形之谓。则形形皆有，即此弗见弗闻之不可遗矣。②

这里的解释依据是《中庸》的"鬼神章"："鬼神之为德，其盛矣乎！视之而弗见，听之而弗闻，体物而不可遗。"人的主观经验不可把握"鬼神"的存在，"鬼神"是弗见弗闻的，不过，鬼神又"体物而不可遗"。本段的关键在于如何理解"体物"。朱子的解释是："鬼神无形与声，然物之终始，莫非阴阳合散之所为，是其为物之体，而物所不能遗也。其言体物，犹《易》所谓干事。"③ 这个解释是说鬼神虽然无形，但是在物的存在过程中，造就了阴阳之气的聚散，因此不离于事物，遍在于事物。"体物"即"干事"，意指主宰事物的运行。故"为物之体"亦即"为物之主宰"，这个解释的源头其实在郑玄，郑玄认为："体，犹生也"④，所以"体物"即

---

① （明）王夫之：《读四书大全说卷二·中庸》，《船山全书》第六册，第506—507页。
② （明）王夫之：《读四书大全说卷二·中庸》，《船山全书》第六册，第507页。
③ （宋）朱熹：《四书章句集注》，第25页。
④ （汉）郑玄注，（唐）孔颖达正义：《礼记正义》卷第五十二，阮元校刻：《十三经注疏》，第3532页。

"鬼神"生出了万物。不过，鬼神并不是实际创造了万物，其意毋宁说是鬼神作为万物生化的根据，又不离于万物。

船山的解释大体上未超出理学的基本范畴，"形而下"者是现实世界中的客观存在物，可以通过感觉经验获得，例如树木的枝叶皆是可见的形而下者。而"体物"即物的主宰者是形而上者，"形而上"者是弗见弗闻的，因为"体物"使枝为枝，叶为叶，这是说"体物"是物成为一物的根据，所以不可得而见。"物之体"是形，而"体物者"是形以上，因此称为"形而上"。不过，"形而上"并不是"无形"，只是通过见闻无法获得而已。从这个角度看，船山的说法与理学家并无多大差异，理学家虽然肯定"道"是无形之物，但是亦承认"道"是真实无妄的存在。在船山看来，"道"不是无形的，但是仍然"弗见弗闻"，"无形"之物不存在，并不意味着所有的事物都是可见的，"弗见弗闻"寓于有形之物之中，所有的有形之物皆具道的存在，在这个意义上可以称为"有形"。

依此，"体物"有两层内涵，一是遍及于物，二是"生"物或对物的主宰。船山依据后者批评老子的"道生天地"说，他主张"道生天地"的实质应当作"天地之体道"解释，亦即"天地之生道"。无论如何，"道"不可能先于天地而存在。船山自问道："老氏之言曰：'有物混成，先天地生。'今曰'道使天地然'，是先天地而有道矣；'不偏而成'，是混成矣。然则老子之言信乎？"① 老子所言的"有物混成，先天地生""道使天地然"表明在天地之先而先有道的存在，船山回答说：

非也。道者，天地精粹之用，与天地并行而未有先后者也。使先天地以生，则有有道而无天地之日矣，彼何寓哉？②

---

① （明）王夫之：《周易外传》卷一，《船山全书》第一册，第822页。
② （明）王夫之：《周易外传》卷一，《船山全书》第一册，第823页。

虽然船山将"道"定义为"天地精粹之用",但这不是指一般的"天地之用"。"精粹"的字面意思是精美而纯粹,此处是对天地作为万物的价值根源的形容,以区别于自然或物质意义上的天地。"天地"与"道"并无先后关系,"道"与"与天地并行",不在天地之先。宇宙的整体存在是最根源的存在,"道"不可能在宇宙存在产生之前而存在,一切事物的存在皆须根源于宇宙的整体存在,否则无物存在。当然,这并不意味着船山同时否认"道生天地"这一论断。船山对此自有一番解释:

> 夫道之生天地者,则即**天地之体道**者是已。故天体道以为行,则健而乾,地体道以为势,则顺而坤,无有先之者矣。体道之全,而行与势各有其德,无始混而后分矣。语其分,则有太极而必有动静之殊矣;语其合,则形器之余终无有偏焉者,而亦可谓之"混成"矣。夫老氏则恶足以语此哉。①

"道生天地"实则指"天地之体道者",这里的"体"应当解释为"生"。船山举例说,"天行健"是"天"生"道"表现为健即乾道,"地势坤"指"地"生"道"顺势而为即坤道。从天地实际的生化来看,天地与道没有先后,天地具备了道之全体,天地的运行自身就有其健顺之德,不存在先有一个混成的事物然后再分化出特殊事物。倘若分而言之,则只能说"太极本体"必有产生阴阳动静分化的动力。而从合的角度看,"道"与"形器"相浑而成,这可以视为"混成"。总而言之,"道"的存在必须落实于宇宙生成过程中,与天地的真实存在并行。但是"道"并不等同于万物的生化过程或某个形器,它仍然是万物生化过程中遵循的根据。

---

① (明)王夫之:《周易外传》卷一,《船山全书》第一册,第 823 页。

第五节　道与阴阳交与为体

"道"虽然是"弗见弗闻"之物，但是它始终存在于可见的有形之物之中。船山也将这一观点表述为"道与阴阳交与为体"，这是指道以阴阳为体，阴阳以道为体，两者互相为体，这是从流行和发用的角度讨论道与阴阳的关系。道的存在不能离于阴阳，船山反对孤立地立一个超越之道，道必须在阴阳的气化之中存在，船山说：

> 故善言道者，由用以得体；不善言道者，妄立一体而消用以从之。①

道在流行大用中才能获得其体，并维持其自身的稳定性，但又不离于用。体用不可分割，道不是孤立的存在物。那些不善言道的学者，只能孤立地立一道体，例如船山眼中的老子。同时，重视道之用并不意味着忽视了道本身，道的呈现过程即阴阳的动静流行不能是无方向的，仍须以道为依据。而"道"的依据又来自"天"，道是天的化生之物，道与阴阳一体呈现本体在天地间的流行大用。所以，船山的"道"有道之体和道之用的层面，道之体即太极本体亦即天，道之用则是天地间的大化流行，亦指万物的生成和变化，道之体存在于道之用中。船山说：

> 天地之所以为道者，直无形迹。故君子之道：托体高明，便不悖于天之撰；流行不息，便不悖于天之序；立体博厚，便不悖于地之撰；安土各正，便不悖于地之理。然而天地之所见

---

① （明）王夫之：《周易外传》卷二，《船山全书》第一册，第862页。

于人者，又止屈伸往来、阴阳动静之化，则已非天地之本体。①

天地之所以为道者无形无迹。因此君子之道的依据不悖于天之数，"天地之撰"在第四章已提及，出自《系辞》的"乾，阳物也；坤，阴物也。阴阳合德而刚柔有体，以体天地之撰"，"撰"是可见之实。万物的流行不息不悖于天规定的次序，而在地形成的万物也不悖于地之数，安居本土并各正性命亦不悖于地之理。上述皆是天地之造化，船山指出天地造化见于人者，是阴阳的屈伸往来和动静变化，只是天地的造化已非天地之本体。所以，可见的是天地造化万物以后充实于两间的各种现象，并不是天地的本体。他说：

> 尝论之曰：道者，物所众著而共由者也。物之所著，惟其有可见之实也；物之所由，惟其有可循之恒也。既盈两间而无不可见，盈两间而无不可循，故盈两间皆道也。可见者其象也，可循者其形也。出乎象，入乎形；出乎形，入乎象。两间皆形象，则两间皆阴阳也。两间皆阴阳，两间皆道。夫谁留余地以授之虚而使游，谁复为大圆者以函之而转之乎？其际无间，不可以游。其外无涯，不可以函。②

"道"是事物皆具而且共同遵循的根据。物之"所著"表明在道的作用下，物呈现为可见之物，物之"所由"则说明"道"是事物遵循的恒常秩序。"道"充盈于天地间，在天地间可见亦可循，因而天地间皆为"道"。可见的是"象"，可循的是"形"，天地间皆由"形"和"象"及"形""象"间的相互转化构成，而"形"和"象"即是阴阳，船山由此得出天地间皆"道"亦皆"阴阳"这一论断。在这个意义上，便不存在流于虚无的"道"以及涵盖天地万

---

① （明）王夫之：《读四书大全说卷三·中庸》，《船山全书》第六册，第569页。
② （明）王夫之：《周易外传》卷五，《船山全书》第一册，第1003页。

物、在天地万物之上的"道"。总而言之，船山的最终结论是"道"离不开"阴阳"，天地间充盈着"道"，"道"的运转永不停止，也没有边界。实际上，这就是说道是宇宙整体，遍布于宇宙之中，这与其本体观所表达的立场也是一致。

"两间皆阴阳""两间皆道"绝不意味着"道"本身即"阴阳"，更不能得出"道"即阴阳之气，与阴阳之气无差别论断。因为在构成论中，道仍然是万物之流行和构成的根据或秩序，但"道"的存在和呈现不能离于阴阳的现实构成，离了阴阳便无"道"，他说：

> 故道以阴阳为体，阴阳以道为体，交与为体，终无有虚悬孤致之道。①
>
> 阴阳体道，道无从来，则莫妄于道矣。道有阴阳，阴阳生群有，相生之妙，求其实而不可亟见，则又莫妄于生矣。不生而无，生而始有，则又莫妄于有矣。②

在船山思想中，阴阳可指在万物流行层面的动静变化的阴阳之气，也可指在人身的阴阳之气，也可指阴阳的本体。他说："此动静之先，阴阳之本体也。"③ 在这里，阴阳当指天道层面的动静变化的阴阳之气。因为道本身就是本体，是阴阳动静产生的根源，这是从流行发用的层面指出道的流行和实现不离于阴阳之气。所以他指出"道"须以阴阳为存在载体。同理，"阴阳"的存在亦离不开"道"的作用。因此，船山把"阴阳"和"道"的关系归纳为"阴阳"与"道"相互为体，天地间不存在虚悬孤立的"道"，也不存在没有道的阴阳。但是，船山明确指出不可讲"阴阳体道"，这里的"体"应解释为"生"，阴阳生道意味着道的根据在阴阳，这意味着对

---

① （明）王夫之：《周易外传》卷三，《船山全书》第一册，第903页。
② （明）王夫之：《周易外传》卷二，《船山全书》第一册，第885—886页。
③ （明）王夫之：《张子正蒙注》卷九，《船山全书》第十二册，第377页。

第六章 道无有不生之德——以气言天的天道论

也有学者认为船山的思想表现了中国哲学的"过程性"[1]，否认船山的宇宙论是西方基督教神学下"创造"式宇宙观，因而没有超越性的维度。

在如何理解"创造性"的问题上，波士顿儒家的代表人物南乐山（Robert Cummings Neville）基于基督教神学背景，提出了以"无中生有"（ex nihilo）的创造性模式解释宋明理学，其基本内涵是"肯定上帝作为创造性的根源或者说创造者（creator）必须超越于世界或作为受造物（creature）的世间万物之外和之上"[2]。创造者必须是在天地万物之上的超越性根源。而在宋明理学传统中，形而上之理或太极即是某种意义上的超越性根源，尽管它完全不同于神学语境中的上帝（上帝是有意志的能动者，而儒家强调的"理"或"太极"并不具有意志）。

以安乐哲和郝大维为代表的学者表达了不同意见，旨在否认儒家思想具有超越性的维度。安乐哲有两个重要的思想来源，一是杜威的实用主义传统，二是唐君毅的儒家思想，二者的共同之处在于强调过程性和事物的关联性，关联性则主要体现在杜威的哲学中。安乐哲认为这种观念可以在唐君毅的自然宇宙论中找到，唐君毅强调宇宙运行的过程是气的生生不息的运动，因此安乐哲提出："这种没有开端和终结的经验之流正是唐君毅所描述的'生生不已观'：经验是持续的、历史性的、自然而然的，无需诉诸任何形上学或超自然的起源。"[3] 杜威的"经验"概念"既是交往的过程，也是交往的产物，而交往正是人类机体在社

---

[1] 法国学者于连是强调"过程性"的代表人物，见王论跃《法语儒学研究中的相异性之争》，《中国社会科学报》2010年11月23日第13版；韩振华：《"入其垒，袭其辎，暴其恃，而见其瑕"——西方王船山研究指迷》，《中国哲学史》2019年第5期，第101—108页。

[2] 转引自彭国翔《全球视域中当代儒学的重构》，《中国哲学史》2006年第2期，第44页。

[3] ［美］安乐哲：《唐君毅和儒家民主观》，温海明、王庆泓译，《国际汉学》2014年第1期，第294页。

会、自然和文化环境中的"活动和经历"(the doings and undergoings),① 由此可言,安乐哲虽然重视"生生"的观念,但是他认为这样的宇宙流行是没有形上根源的。这是他重视过程性的根本原因,旨在拒斥形而上学或超越论。总之,安乐哲以关联性思维和情境思维来考虑宇宙的创造性问题,认为传统中国宇宙论表现出的协同创生力(collaborative creativity)是依境而生(creatio in situ)的。安乐哲曾指出,"无中生有"之所以不符合中国宇宙论,是因为"无中生有"的模式要求断裂的媒介,以区分造物主和被创物。②

在船山研究中,法国汉学家于莲以王夫之哲学来说明中国哲学的"过程性"。"过程性"与"创造性"相对,他认为在过程的源头不是只有一个有机体,而是有两个,两者双向连续互动,没有什么先后。因此,根源问题就失去意义了,没有什么超越。③ 在于莲看来,过程性与创造性的逻辑是相斥的。在生生变易的过程之中,不存在一个超越的造物主,一切都是自然的过程。这一观点遭到了毕来德的反对,双方就如何理解王夫之的思想展开了讨论,毕来德认为:"船山主要是一位展演意识结构现象学的思想家:自然、自发地将'意识世界'(包括活动中的'良知')投射于外部世界,赋予外

---

① [美]安乐哲:《唐君毅和儒家民主观》,温海明、王庆泓译,《国际汉学》2014年第1期,第293页。

② [美]安乐哲:《此生之道:创生力之真义》,《中国学术》(第十六辑),商务印书馆2004年版,第41页。

③ 于莲说:"按照王夫之这样通过对中国传统的基本直觉的系统化处理所设想的,在过程的源头,从来不只有一个机体(instance),而是两个。这两个机体一方面在互相确定时绝对地对立;同时,它们面对另一方均等地运作,而互相间从来没有先后、优劣之分。这样就产生了双向、连续互动逻辑。相对这一逻辑来说,根源的问题就失去了意义。没有什么超越;表征完好地反弹到本身;关涉的运作也不会招致与任一外在性的碰撞。说到底,这样既没有作为起始原因和第一动力的创世者的必然性——过程逻辑排斥这一点,也没有从更深层的角度讲的对他者——超越性的绝对的经验,我是说上帝——的参照。"转引自王论跃《法语儒学研究中的相异性之争》,《中国社会科学报》2010年11月23日第13版。

部世界价值并使其可感知。"① 后来,毕来德进一步批评于莲提出这种对立在一定程度上是恰当的,但是不能将二者普遍性地对立起来,② 指出于莲的做法是以王夫之来概括中国的全部文人思想,而且未考虑王夫之所处的时代背景,所以他将问题的焦点转向了诠释中国思想以及比较哲学的方法论问题,反对于莲过度强调中西思想的"相异性"。

我们暂且不论中西比较哲学的方法论问题,有一点可以肯定,毕来德的回应又何尝不是以西方哲学的观念来讨论中国哲学?而从船山的本体观和天道论来看,超越性与过程性不是"相异"而"对立"的,而是兼具的。一方面,宇宙的生成,万物的创生必须基于实有存在,而不是来自上帝这一造物主的创造,天与人的一气生生亦在于说明天道和人的存在是连续的,而不是断裂的。另一方面,天道与人的生生连续也并不意味着就不承认"创造性"的根源,因为船山立论的视角在人,对人而言,"天道"就是超越性的根源。不过,天道的"创造性"不同于上帝创造世界的神意,而是相对于有限的人和具体之物的存在根据和价值根源,天道是万物之创造的最终根据。船山说"道无有不生之德"正是继承了宋明理学在"生"的问题上兼顾过程义和根源义的双重特点,"生"既是生生不息的过程,同时又具有根源性的创造性。

船山的天道论既非"自然主义",也不是"无中生有"的"创造性"生成论,而是既"超越"又"连续"的天道论。"天"不是"存有而不活动"的实体,而是无始无终、生生不息的"理气"的流行运动,其依据在于自身,其自身便是生生不息的、创造宇宙万物的根源。表面上看,船山"以气言天"的天道论强调天道具有气

---

① 韩振华:《"入其垒,袭其辎,暴其恃,而见其瑕"——西方王船山研究指迷》,《中国哲学史》2019 年第 5 期,第 105 页。
② 毕来德指出:"当然,这种对立在一定的程度上是恰当的,但于连在其上建立了一种普遍的大对立,而这一普遍的大对立却是跛脚的。"[瑞]毕来德:《驳于连》,郭宏安译,《国际汉学》2010 年第 1 期,第 228 页。

化不息的过程义,对程朱理学的天理论形成了解构,因为理学家往往以真实无妄的形而上之"理"或"道"作为万物生化的根据,认为"气"只是形而下的事物,是万物的形具之气,不具有本原的意义。但是,事实上,"理"作为天地万物的根源,并不真正创生万物,万物之生化运动来自"气"的造作。因而在船山这里,由其本体观出发,"太极本体"即"天",既是化生的根源又是化生的真实载体,造作的根源和造作自身是同一的,或者说,本体的存在和发用流行是同源异层的架构。"天"不仅是"气",更是"有理之气"。"天"无时不化,而在化生过程中必有"理"。与此同时,船山从"一阴一阳谓之道"出发,认为"道"也是"天之化""天之用",是天道运行及化生万物的真实呈现,虽然这个说法突显了"道"的具体性、真实性、多样性,但是并没有解构"道"的根源义。船山并非认为"道"即"阴阳之气",或者"道"与阴阳乃是本质同一的,因为"道"之于"阴阳"仍然具有某种本原意义的地位,如船山说"道"是"至足之乾坤",这是船山以"乾坤并建"为宇宙本体这一理论架构所决定的。

尽管船山力图强调理不离气,道不离阴阳,因而看似质疑了理学家以形而上之道、形而上之理作为事物本原的基本观点,但是船山未能超越他们的基本立场。只是其区别在于,在本原的问题上,理学家以理、道为本体,而船山以理气不离的一体结构为太极本体和天。其一致之处在于,船山继承了宋明理学以"理"为本体的基本立场,并将"理"的存在奠基于"气"之中,将"理气"作为一个不可分的整体,而不是单独以气为本,如果一定要追问谁为本,仍然少不了气。宇宙本体和天作为万物化生的根源,不是某种静而不动的存在,而是生生流行的连续性存在,具有持续的创造性。

船山的本体观与天道论是其人性论、心性论的理论基础。宋明理学的天道论以"天理""天命之性"等概念来建构道德本性的终极根据。而船山的天道论认为人所禀赋的是在天之理气,因而人性从天之理气获得了道德属性,遂得出"气善"的结论。同时,船山主张人性生而并不完满，而是"日生日成"的，具有"生生"的维度，这决定了船山的人道论，亦围绕"生"的问题而展开。另外，船山的天道论为其历史观埋下了重要伏笔。由"天道"不离于"阴阳"，我们也可以得出"道不离器"的结论。"道"在天地间是真实的，具体的，多样的，乃至是生生流动的，由此，"道"是否以及何以能成为历史发展过程中的普遍真理？后文将进一步探讨这些问题。

第七章

善其生而成其性——日生日成的人性论

在船山学史上，以"日生日成"为核心观念的人性论无疑是其"生"的思想中最受关注的部分，因为它直接指明人性应具有生生不息的发展性或扩充性。早在20世纪三四十年代，这一观点已受到高度评价。[1] 近几十年来，船山学的专著和研究均无一例外地涉及这一问题[2]，对"日生日成"说的评价很高。例如冯契指出王夫之的"成性说"对中国古代哲学的发展具有重大的贡献。[3] 这个贡献主要在于船山认为人性不是初生时即圆满具足的，而是将人性理解为一个基于"气"的日生发展、不断完善的过程，这是对传统的人性论包括性善论、性恶论、性无善无恶论等的重大突破，它揭示了生生不息的发展和完善才是人性的真实面貌。

由于该问题一直是船山研究中的重点，学界已经基本厘清了船

---

[1] 如钱穆指出："船山论性最精之谐，在以日生日新之化言，故不主其初生，而期其日成。"（钱穆：《中国近三百年学术史》，第109页）嵇文甫亦云："对于性命问题有精卓独到的见解，就是所谓'命日受，性日成'。"嵇文甫：《王船山学术论丛》，第93页。

[2] 曾昭旭：《王船山哲学》第5章第4节"论性之日生日成"，台北：里仁书局2008年版，第531—540页；陈来：《诠释与重建：王船山的哲学精神》，第157页。

[3] 冯契：《论王夫之的"成性"说》，《船山学报》1984年第2期，第9—16页。

山人性论的几个关键命题,例如"继善成性"、"道—善—性"所代表的天人关系、"习与性成"、"命日受、性日生"、"气质中之性"等。大体上看,主要观点有以下几个方面,人性的后天生成并不意味着否认人性先天非善[1],相反,船山仍然坚持人性本善[2],通过"道生善,善生性"的宇宙论结构,他认为善的根源在天道[3]。虽然人性具有善的根源,但是人性的完成是通过"继"的过程,把天道之善接受过来,在后天生命中不断凝结为内在于人的善性[4],因而折中了孔孟的人性论[5]。

不过船山"日生日成"的人性论仍然有进一步探讨的空间。第一,从思想史的角度来看,船山的人性论是宋代张载强调的"成性说",以及中晚明以来重估"生之谓性"的思想潮流的延续;第二章已经指出,中晚明学者通过重新诠释易学生生观来重估"生之谓性"的意义,揭示"生"既涵指天道生生,更有生命价值创生的意涵,船山从属于这一思想脉络中,其人性论思想在宋明理学中有其

---

[1] 嵇文甫在《王船山学术论丛》中已经指明了这个问题,见嵇文甫《王船山学术论丛》,第96页。张怀承在20世纪80年代针对一些学者仅将"习与性成"作为船山人性论的观点,进一步辨明了这个问题。见张怀承《简论王船山的"继善成性"和"习与性成"》,《船山学报》1986年第2期,第13—16页。

[2] 有学者认为船山的人性论经历了转变,在《尚书引义》中,船山提出了气有不善、性有不善的说法,而后来在《读四书大全说》中修正了这一看法,认为性无不善。见胡金旺《论船山在人性善恶上的一个转变》,《中州学刊》2019年第8期,第107—112页。事实上,船山在《尚书引义》中提出的"气有不善"和"性有不善"并不是船山对"气"和"性"的规定,而只是从可能性上来说,即从常理看来,气有不善的可能性,并非"气"断然为不善。其原文是:"今夫气,则足以善、足以恶、足以塞、足以馁矣。"而"性之不义"也不是对性之本然的规定,而是指"习而性成"的后天之性。见(明)王夫之《尚书引义》卷三,《船山全书》第二册,第293页。

[3] 周广友:《王夫之"继善成性论"中的哲学建构》,《中国哲学史》2020年第3期,第101页。

[4] 对于这一点,基本上无异议,多数学者皆注意到这一观点。另见陈屹《再论王船山的继善成性说》,《道德与文明》2018年第6期,第75—80页;吴晓华:《王船山"命日受则性日生"关涉的几个命题》,《湖北社会科学》2009年第2期,第96—99页。

[5] 赵炎:《习与性成——〈尚书引义〉中船山对孔孟人性论之折中》,《兰州学报》2009年第11期,第43—46页。

思想史的根源。

第二，既然承认人性仍然本善，具有善的根源，那么人性何以需要后天生成，人性的日生日成何以必要？"本善"究竟是什么意义上的善？上述问题在以往的讨论中未受到充分重视。

第三，由于人性是后天不断生成的，所以船山将人性论奠基于"气"的基础上，因为"气"是具有活动性的存在，是构成人性的要素。而船山同时也主张"气善说"，"气善"的主张何以成立？气善与人性的后天生成又是什么关系？宋明理学一直将人性之善建立在"性即理"的命题上，作为"理"的本然之性是纯善无恶的，而"气"是驳杂而有善有恶的，所以人性之善能否建立在"气"或"气性"的基础上是一个重要问题。而且所谓的人性日生而日成，固然是气的日生变化，但是人性的日生究竟是理之生还是气之生，抑或是理气整体的生，还是心之生，也是一个棘手的问题。多数学者主张船山的人性论虽然以气为首出，但是强调理气合一、性气合一，因而形成了对朱子学以理气二元论为人性论基础的挑战。[1] 潘小慧曾指出船山的人性论主张奠基于"气一元或气本而趋于'通一无二'的理气合一之说"，因为"船山之气本论或气一元论与理气合一说在理论上并不冲突"[2]。事实上，船山的"气善"说正是通过"理在气中"的内在具理之气来证明的，只是这一人性论的证明如何解释人性的后天生成，值得进一步探讨。

第一节 重构"性者生也"与"成性"说

自孔孟分别提出"性相近"和"性本善"以来，性善论构成了儒

---

[1] 陈明：《王船山气论视野中的人性学说——以〈尚书引义〉为中心》，《儒道研究》2013年第1期，第133—157页。

[2] 潘小慧：《从王船山的本体论看其人性论》，《哲学与文化》1993年第9期，第927页。

家人性学说的主流。然而如何从义理上论证人性善，秦汉以来长期聚讼纷纭而未有定论。及至宋代理学，以程朱为代表的理学以"性即理"等命题确证了性善论。与此同时，他们又以"论性不论气不备，论气不论性不明"为判准，构建"天命之性"与"气质之性"这一人性的基本设定，坚持善为人性之本质的基本观点。即便在人生气禀之后有可能导致善恶分化的气质之性当中，依然存在"继之者善也"的善之本性，故宋代理学的工夫论普遍主张变化气质，恢复人性本来之善，这是由"理气不离""理在气中"这一理气结构论所决定的。就此而言，这是承认"理"本善意义上的人性本质，即承认人性中存在一个圆满具足的本然状态或原理。

正是在这一点上，船山认为传统理学家所谓的人性论，未能真正了解"生"的丰富意涵，认为"生"仅意味着"生而就有"或"初生"等一次性的创生义。但在他看来，即便孔子所言的"未知生焉知死"和"生而知之"，其"生"字也并不是指生命之始或生而具足的意涵①，而是指生生连续的生命价值的创造过程，与此同时，人性亦随着生命历程的展开而不断生成。所以船山建构其人性论的出发点便是将"生"的问题置于"气"中讨论，由此展开对以"生"言"性"的传统的重新解读和评价，进而通过"生理"观、"继善成性"说、"形色天性"说证成其人性理论。

重新思考"生"字所包含的义理是船山重建人性论的首要进路，通过"生"的义理诠释，他重构了"性"的意义。关于"生""性"二字的关联和区分，第二章已经作了详尽的分析。从联系的角度看，"以生言性"是中国古代人性论的重要传统之一②，而告子的"生之谓性"历来就是以生言性的代表。然而，孟子提出了人性本善的学

---

① "若守定初生一日之时刻，说此为生，说此为始，则一受之成型，而终古不易，以形言之，更不须养，以德言之，更不待修矣。"（明）王夫之：《读四书大全说卷六·论语》，《船山全书》第六册，第753页。

② 梁涛：《"以生言性"的传统与孟子性善论》，《哲学研究》2007年第7期，第36—42页。

说,并承认人生而具有良知良能,依此,孟子认为告子之意仅指生而就有的自然生理之性,而非本来的善性,由此便产生了人性论历史上的孟告之争。孟子的这一解读方式历来备受推崇,及至宋代理学,人性本善成为理学家的普遍认知,"性即理"以"理"规定"性",人性的本质即"理"。所以,理学家对"生之谓性"的批评,主要着眼于"生"并非对人性纯粹至善的本质规定这一旨趣,因而告子的"生之谓性"就常被理解为"以气当性","以知觉运动为性"①,其实质亦可说是气质人性,是人的自然属性,而非纯粹的至善之性。

理学家对此的解释并非不易之论,也有不少学者试图跳出对告子的偏见,赋予"生之谓性"以新的意义,第二章也已经详细论述了这一点。北宋程明道是其开创者,他对"生之谓性"已提出创造性的解释,并在明代中期以后出现了积极回响。明道将"生之谓性"与《系辞》"天地之大德曰生"和"天地絪缊,万物化醇"联系起来,揭示"万物之生意"。牟宗三曾指出此新义是"明道之创造",并提出了两个义理模式下的"生之谓性",明道之义属于本体宇宙论下的直贯顺成模式下的"生之谓性"。②"生之谓性"等同于"乾道变化,各正性命","性"禀赋天道流行、天地之大德,生生不已的宇宙本体乃是"性"的形上依据。明道所理解的"生"具有天地之大德的创生及生命的生生不息的双重内涵。及至明代中期以降,"以生言性""生之谓性"的传统又开始受到一定的关注,例如罗汝芳通过援引"天地之大德曰生""人之生也直"等经典论述来强调"以生言性"乃是从古至今的一个观念。总而言之,重新正视"以生言性"的传统在明清之际暗流涌动。

---

① "告子不知性之为理,而以所谓气者当之,是以杞柳湍水之喻,食色无善无不善之说,纵横缪戾,纷纭舛错,而此章之误乃其本根。"见(宋)朱熹《四书章句集注》,第326页。

② 牟宗三提出了两种模式的"生之谓性",一、本体宇宙论下的直贯顺成模式下的"生之谓性";二、经验主义或自然主义的描述模式下之"生之谓性"。见牟宗三《心体与性体》中,第125页。

第七章　善其生而成其性——日生日成的人性论

船山亦处在这一这股思潮之中，他从"生""性"关系的角度对人性论提出了新解，拒绝将人性看作某种固定的本质属性。但是人性的日生日成也并非完全没有方向可言，而是不断趋向善的过程。船山说：

> 且夫所云"生"者，犹言"性"之谓也。未死以前，均谓之生。①
>
> 是人之自幼讫老，无一日而非此以生者也，而可不谓之性哉？
>
> 故曰性者生也，日生而日成之也。
>
> 于是有生以后，日生之性益善而无有恶焉。②

由所引材料来看，"生犹言性""性者生也"是船山的核心主张。从人之初生至幼讫老，未死以前均谓之"生"，亦谓之"性"。他所谓的"生"，并非指自然生理意义上的质具，而是生化不息、日生其生的生命过程。一方面，"生"是描述"性"不断生成、发展的一种状态；另一方面，"生"和"性"亦可互诠，船山说"未死以前，均谓之生"，"生"是不断生成、创造的生命，"日生其生"亦就是"日生其性"。"生"既是一种生生的状态，又是生生不息的生命本身，而且日生之性不断趋于善，而不是恶。由此我们可以看出，船山继承了以生言性的传统，但不停留于宋儒以自然生理之性解释"生之谓性"的立场，而注重人性不断积极发展的意涵。

从"气"的视域来审视"生犹言性""性者生也"等命题，是船山人性论的思想进路。正是"气"的流行活动赋予了"生"和"性"积极发展的面向，他说："要以未死以前统谓之生，刻刻皆生

---

① （明）王夫之：《读四书大全说卷七·论语》，《船山全书》第六册，第854页。
② 以上三条皆出自（明）王夫之《尚书引义》卷三，《船山全书》第二册，第300—301页。

气，刻刻皆生理；虽绵连不绝，不可为端，而细求其生，则无刻不有肇造之朕。"① 未死以前的有生之日皆谓"生"，"生"是绵连不绝、生生连续的生命历程，每时每刻都存在生气和生理的运动，生气日新变化，随时有新的气产生，气之条理亦随之产生，只要有生气在，生理亦存在。进而言之，船山认为只要人存在于世上，便时时有"肇造之朕"，即无时不有"开端"与"创始"。气是生命的载体，人有生命以后，便有生之气，生之理，理气充实于人身之中。总而言之，以气构成的人性是不断变化发展的，这一立场脱离了所谓的本然人性论，因为生生流行的"气"必然不可能被视作某种不变的人性规定。

如果人性不具备恒常不变的本性，则会面临一些风险，即在这一套以"气"为本的人性论中，如何来说明人性本善的根源以及何以会趋向善。因为仅承认人性是动态的、发展的不足以说明人性本善及不断向善，而这一问题又是船山是否彻底解构传统人性论并重构性善论的关键问题。表面上看，他的说法否认人性具有一种固定不变的本质似乎意味着对性善论传统的拒斥。但实际上，人性本善和向善仍然有其根据。他说：

> 天地之大德则既在生矣。阳以生而为气，阴以生而为形。有气无形，则游魂荡而无即；有形无气，则骸骼具而无灵。乃形气具而尚未足以生邪！形盛于气则壅而萎，气胜于形则浮而枵，为夭、为尪、为不慧，其去不生也无几。唯夫和以均之，主以持之，一阴一阳之道善其生而成其性，而生乃伸。则其于生也，亦不数数矣。②

船山在上述引文中指出了"气"与"形"、"生"以及和"道"

---

① （明）王夫之：《读四书大全说卷六·论语》，《船山全书》第六册，第753页。
② （明）王夫之：《周易外传》卷六，《船山全书》第一册，第1043页。

的关系揭示了人性仍有善的根源。"阳"构成"气","阴"构成形。若"有气无形",则"气"无形之依托,处于游荡状态,因此无"即","即"指"依附"而非判断性动词"即是";若"有形无气",则形骸皆具而缺少"气"的灵动性。即使形气皆备,仍有可能不足以"生"。"形盛于气"则"壅而萎","气胜于形"则飘浮和空虚,这两种状态离"不生"也不远了。那么,"生"究竟如何可能?船山认为"气"和"形"在一阴一阳之道"和以均之"和"主以持之"的作用下才能达到和谐相配、势均力敌的状态,一阴一阳之道主宰、控制着形气的运动,最终导致"善其生而成其性",即《系辞》中的"一阴一阳之谓道,继之者善也,成之者性也"。人的形气以一阴一阳之道作为善得以生成的根据,在此作用下成就德性,由此才能实现"生乃伸",即丰富人性的意义。

在"日生而日成"这一命题中,船山不仅强调"日生",同时也重视"日成","生"指人性的发展,"成"指人性在某一阶段达到某种阶段性的稳定状态。而"成性"在儒学中具有深远的传统,《系辞》中便有"成性存存"和"成之者性",前者指成性是一个存而又存的不已过程,后者则强调性不是天生已具的本性,而是需要通过后天的努力不断成就、进步的。张载在宋明理学中以注重"成性"而著称,[①] 其成性说亦出自《系辞》,侧重于两个方面,一是生生不已地不断发展、成就人性,如张载说:"言继继不已者善也,其成就者性也。仁知各以成性,犹勉勉而不息,可谓善成,而存存在乎性。"[②] 继继不已指的是一阴一阳之谓道所代表的善,人不断地从天道的生生禀赋善,由此而形成的便是性。仁和知是成性的基础,成性的过程生生不息,在此意义上成就了善性,并且通过不断的存养工夫保持人性之善。二是从"知礼"的工夫战胜习气,克服气质

[①] 林乐昌:《张载成性论及其哲理基础研究》,《中国哲学史》2005 年第 1 期,第 51—58 页。

[②] 《张载集》,第 187 页。

之性，从而达到天地之性。船山主要继承的是成性的生生精神，受到了张载的深刻影响，他提出的"善其生而成其性"更突出人性向善发展，不断进步的维度。

人性生生向善之所以可能，须以阴阳之气作为基础，形气受一阴一阳之道的支配和调控而不断和谐运动，由此产生善的价值。船山认为阴阳二气和谐共生的状态便是善的根据，然而和谐共生的状态何以引发道德上的善，并不断完善人性，他在这一段材料中并没有明确解释。从理论上说，"气"和"形"只有非道德的自然意义，如每个人皆具有生理意义上的形体和生命力，但是何以在道的"和以均之""主以持之"的作用下，阴阳二气的和谐运动便能创生天地之德，是有待解答的问题。

总之，船山将人性或人的生命历程奠基于"气"，从而不再将人性视作某种完满不变的本质，而是"气"的流行活动。这样一来，人性便具备生生发展的特性。这种日生之性不是随意自然发展的，而是不断趋向善的，这是船山人性论的一大创见。不过，一旦将人性奠基于气质，即意味着将人性视作相对可易的、不断生成的，而如何来证明人性仍然具有本善的根据，是船山所面对的一项难题。

第二节 "生理"即"生之谓性"

船山证成人性本善的根据，仍然与"生"的概念有关，但是这一根据并非生生连续、不断活动的"生气"，[①] 而是"生理"，这是人性日生得以可能的根本。前面曾提到，船山认为在人的生命之中"刻刻皆生气，刻刻皆生理"，这里"生气"和"生理"具有本质区别，"生气"并不具有价值意义，他在《礼记章句》中认为"生气"

[①] "生气"最早出自《礼记》的"是月也，生气方盛"以及"合生气之和，道五常之行"。

即"阴阳生物之气"①,是万物生长活动的生命力。船山还指出"气"即"生气",他说:"'气'者,生气,魄所乘以营于身而出加乎物者也。"② 这是说"气"即"生气",是魂魄得以充满于身体,作用于生命活动的某种能量。

对于"生气"和"生理"的差别,船山还说:"物之生,皆生之气也;人之生,气之理也。"③ 凡物之生,皆是生之气,而人之生的独特之处在于气中含理。其实,他在此强调的是人性与物性的差异,物性虽然同样来自天道,但物不能将生理作为行动的根据,而人可以将"生之理"作为道德行动的根据,并将其发用显现为德性。因此,船山说:"物类能爱其子,而忘其所从生,理不足以相保,而物生虽蕃,不能敌人之盛。惟人有肫然不昧其生之理,藏之为仁,发而知能者亲亲其先焉者也。"④ 各种生物(动物)虽然也有爱其子的表现,但这只是自然的本能,动物并不能以亲亲爱子作为道德的根据,只有人可以明晓其"生之理",将其作为仁并首先表现在体现亲亲的孝亲实践中。所以,"生理"是人的道德根源。

"生理"一词出自《鹖冠子·度万》,其中有"形神调则生理修",后多用于养生之道,其本义指生命活动的机能。而在儒家传统中,北宋程明道有明确的"生理"观,第二章中已提及这一点。明道所谓的"生理"指天道对万事万物的创生之理,是宇宙间万物的价值根源。故明道又说善具有"元"的意思,"元"便是指最高的本体和根源。程明道又将"生理"与"仁"联系起来,他说:"万物之生意最可观,此元者善之长也,斯所谓仁也。"⑤ 由此一来,明道以"仁"来规定万物之生意的根源,"生理"即"仁","仁"的本质即"生理"。"仁即生理"的说法也为朱子所继承,在第四章谈

---

① (明)王夫之:《礼记章句》卷十九,《船山全书》第四册,第922页。
② (明)王夫之:《礼记章句》卷二十四,《船山全书》第四册,第1119页。
③ (明)王夫之:《船山经义》,《船山全书》第十三册,第676页。
④ (明)王夫之:《船山经义》,《船山全书》第十三册,第676页。
⑤ 《二程集》,第120页。

到"天地之心"时,曾提到朱子以"仁"为天地生物之心,这是指"仁"是天地万物存在的依据,而且"仁"不是静态的死理,而是生生不息永恒运动的宇宙实体。同时,朱子也明确指出"仁"即"生理",如朱子所言:"仁是个生理,若是不仁,便死了。"①"仁"是宇宙万物运行、人事伦理的根据,若无"仁",整个宇宙便无法运转。朱子揭示了"仁"即"生理"这一重要面向,在宋明理学中影响深远。即使是阳明心学,同样也以"仁"为"生理",如阳明说:"有这个性才能生,这性之生理便谓之仁。"② 当然,在阳明思想中,这个仁体即良知心体,它不仅是宇宙万物的存在根据和价值根源,还是道德发用的主体。

总体上看,船山的"生理"观仍然延续了宋明理学的观点。他也认同"仁即生理",并以此作为天地万物的根源之理。例如,他说:"仁者,己与万物所同得之生理。"③ 这是指"仁"是个人与万物共同具备的生理,很显然,这里的"仁"指的是天地万物的根源。不过,相比于宋明儒者更加强调作为"生理"的仁对于宇宙万物的宇宙论意义,船山的"生理"侧重于人性的层面。他认为"性"即"生我之理":

> 夫一阴一阳之始,方继乎善,初成乎性。天人授受往来之际,止此**生理**为之初始,故推善之所自生,而赞其德曰"元"。成性以还,凝命在躬,元德绍而**仁**之名乃立。④
>
> **人具生理,则天所命人之性固在其中**。⑤
>
> 合天者,与天之所以生我之理合而已矣。天之所以生我者

---

① (宋)黎靖德编:《朱子语类》卷第二十,第468页。
② (明)王守仁:《传习录》,第122条,第181页。
③ (明)王夫之:《张子正蒙注》卷五,《船山全书》第十二册,第202页。
④ (明)王夫之:《周易外传》卷一,《船山全书》第一册,第825—826页。
⑤ (明)王夫之:《礼记章句》卷十九,《船山全书》第四册,第897页。

为命；生我之理为性。①

上面列举三条引文分别出自船山早年到晚年不同时期的解释，在解释《系辞》"继善成性"时，他指出在一阴一阳之道即天道的作用开始之时，人从天道获得了善，进而表现为人性。在天人往来交互发生作用时，禀赋于人的就是"生理"。更重要的是，这个"生理"是人性的根源，后一句话引自"元者善之长"，认为进而推求善的来源，"元"就是善的根源。在成性以后，人主动地发挥了天命，合天命的主体在人，通过凝命的工夫，作为根源德性的"元德"得以接续，"仁"就建立起来了。在第二条引文中，他也表达了相同的意思，人具备生理，也就意味着天命之性内在于人。第三条引文出自晚年的《四书训义》，其表述更为清楚，"合天"是指合于"天地所以生我之理"，而这个"天地所以生我之理"就是"性"，可见"性"便是禀赋于天地的善性。同样，船山晚年在《张子正蒙注》中亦指出："盖性者，生之理也。均是人也，则此与生俱有之理，未尝或异。"②"生之理"意同"生理"，每一个人初生时禀赋之理皆是相同的。于是，基于"生理"观，他认为告子的"生之谓性"本义并不错，只是告子误解了其义。他说：

夫告子此言，谓性与生俱，而在生之中；天以生人，而人以自生，亦未尝失也。**而特其所谓生者，在生机而不在生理，则固混人禽于无别。**③

他认为，"生之谓性"意指"性"在人的生命初生时已经获得，内在于生命之中，"性与生俱"之"生"指"出生"，"在生之中"之

---

① （明）王夫之：《四书训义》卷三十七，《船山全书》第八册，第822页。
② （明）王夫之：《张子正蒙注》卷三，《船山全书》第十二册，第128页。
③ （明）王夫之：《四书训义》卷三十五，《船山全书》第八册，第682页。

"生"指"生命"。人的生命初生时便禀赋了天性,不过"天"并没有实际地创造人,人的出生的实际过程无须依赖于天,所以是"自生",但人生而已具有天命之性,所以禀赋于天的性"未尝失"。然而,告子将"生之谓性"的"生"理解为"生机"而非"生理",因而混淆了人禽之别。"生机"即指人和物皆具的自然本能,而"生理"是禀赋于天的道德根源。事实上,朱子虽不认同告子的"生之谓性",但是他说:"生之谓气,生之理谓性。"① 表面上看,船山对"生理"的解释与朱子类似,然而具有根本区别,朱子以"生"为"气",船山则认为"生"应当理解为"生理"。由此,"生之谓性"这一命题在船山便获得了善解,所谓的"性",其实就是指"生理",这个说法与朱子是一致的。

"生理"不仅是人性的根源,这个根源本身亦具有"生生"之义。宋明理学以"生理"为"仁"的内在含义,"仁"不仅是宇宙万物和人性的根源,它自身就是一个"生生"的存在,充满了生意,因此是"生理"。船山以"性"为"生理",将"生理"作为人性之本,同时也意在强调生生不息地不断创造与完善是人性的内在本性。他说:

> 夫性者,生理也,日生则日成也。②

船山直接点明"性者,生理也",人具备了"生理",人性在后天便能日生日成。禀赋于天的"性"内在地具有生生不息的维度,这一生生不息之理即"生理"。因而他也有"生生之理"的说法:"天之生人也贵矣。人与人相类,而有不忍之心,乃天所生人之理,以继其生于无穷也。则此不忍之心,即生生之理也。"③ 天赋予人以不忍之心,

---

① (宋)黎靖德编:《朱子语类》卷第五十九,第1376页。
② (明)王夫之:《尚书引义》卷三,《船山全书》第二册,第299页。
③ (明)王夫之:《四书训义》卷二十五,《船山全书》第八册,第47页。

不忍之心即天赋予人的生理，具备了生理就可以"继其生于无穷也"，这是说"生理"是生命活动尤其是生命之中的道德活动的生生不息的动力，它是人作为道德存在的保证，因此是"生生之理"。

"生理"即"生生之理"的化约性表述，所以"生理"不仅指"天地生我之理"，更是指"生生"之理。它旨在提示，人不仅是一个道德的存在，更应当在其生命过程中时时成就道德人格的完善，不断超越自身。如船山所说：

> **仁人**只是尽**生理**，却不计较到死上去。即当杀身之时，一刻未死，则此一刻固生也，**生须便有生理在**。①

仁人须做的只是去尽可能实现"生理"，不需要计较死的问题。即使在面临死亡之际，只要一刻未死，则每一刻都处在"生"的状态。这里的"生"指的并不是生活或人的生命存在，而是指德性的不断完善与发展。最后一句十分重要，船山指出只要有"生"，便有"生理"存在，"生理"与生命共同产生，作为生命存在的根据而存在，使生命具有不断超越自身、不断进步的动力。要言之，"生理"是天道赋予人的伦理依据，它不是静态的死理，而是不断发用流行、生生不息的活动之理，是生命的道德价值创造得以可能的动力。

总之，"生气"是生命活动的载体，而"生理"是天道生生之理。更确切地说，人从生生不息的天道中获得道德根据，只要人一初生，并且存在于这个世界，"生理"便时时刻刻运转，是人在现实中成就道德生命，不断超越自身的最终根源。《尚书引义》提到"日生日成"时，虽然强调"日生日成"的主体是性，但是日生和日成实际上是一个多元综合的过程，多种要素共同构成了这个日生而日成的过程，其中最后的落脚点都是理的成就和完善，他说：

---

① （明）王夫之：《读四书大全说卷六·论语》，《船山全书》第六册，第830页。

形日以养，气日以滋，**理日以成**，方生而受之，一日生而一日受之。①

二殊五实之妙，翕合分剂于一阴一阳者，举凡口得之成味，目得之成色，耳得之成声，心得之成理皆是也。②

日生和日成的不仅是性，人之形体，充实于人的气，都能够在后天的生活中不断滋养和发展，在此意义上，理不断生生而成。与此同时，天的状态是生化不息，日日创生万物，人每日禀受在天之命，所以是"一日生而一日受之"。同样，在第二条中，五官的活动也由气的活动构成，例如口、目、耳与外部事物皆有接触，学会了辨味、辨色，最终，心也从这种与外部事物的接触中获得了理，但是心获得理的机制和过程，并不是人性论要解决的主要内容。总之，船山讲"性者生也"和"日生日成"，不只讲人性的生生流行与变易，更是强调生生需要以"生理"为根据，生理决定了"生"的秩序和方向，是人性不断生成的动力，也是性日生的结果。

第三节　"形色天性"说与"气善"说的证成

前一节揭示了"生气"不具备道德意义，"生理"才是人性善的根源。同时，船山还有"气善"的说法。表面上看，"气善"的说法与"生气"和"生理"的说法存在矛盾，前者直接承认"气"是"善"的，而后者认为"生理"是善的根源，"生气"并无道德意义。不过，两者其实并无矛盾，船山所言的"气善"有其特定的含义，不能将其化约为"气本身是善的"。

基于以理气为整体的本体观，船山通过"形色天性"说进一步深

---

① （明）王夫之：《尚书引义》卷三，《船山全书》第二册，第300页。
② （明）王夫之：《尚书引义》卷三，《船山全书》第二册，第300页。

入到性善论的重构中。"形色，天性也"出自《孟子·尽心上》，历来对此的解释众说纷纭。朱子认为此说并不完美，并创造性地提出"形色之理"才是"天性"。[①] 很显然，这是理学家以"理"为"天命之性"，而贬低形色气质生命的立场。明代以来对形色生命的重新审视使得孟子"形色，天性也"的说法开始受到重视，人的本性须置于人之形色生命，由形色见本性。船山亦受此影响，十分注重形色天性说和人性论的内在关联。他由此批判宋儒人性二分的观点，主张人之形色生命即是所谓的天性，因此不存在超越于人之形色生命的"天性"。

船山力图将人性本善奠基于气善这一根本立场上，"气"之所以善，固非"气"本身为善，而是建立在其本体观和天道论强调理气一体、理是气之理的理论前提下。[②] 例如他说：

> 孟子直将人之生理、人之生气、人之生形、人之生色，一切都归之于天。只是天生人，便唤作人，便唤作人之性，其实则莫非天也，故曰"形色，天性也。"说得直恁斩截。[③]

在这里，船山认为孟子将人的生理、生气、生形、生色的根源都归于天，人的形体、气质均禀赋于天，"天"创生了"人"才有人和人之性。因此他认定"形色，天性也"是关于人性问题确定无疑的表述，"人性"的根源即是"天性"。接着，基于对"形色，天

[①] "人之有形有色，无不各有自然之理，所谓天性也。"《朱子语类》卷第六十，第1452页。

[②] 潘小慧在《从王船山的本体论看其人性论》中认为："船山所论之性，有理有气，理乃气之理，而气乃有理之气，故为'理气合一'之人性。"但是她同时认为这是"基于'气本论'的性之理解"，并指出："船山之气本论或气一元论与理气合一说在理论上并不冲突。"潘小慧对船山人性论的理解颇为准确，但是在定位上，船山正是持理气合一论，而非气本论，我们应当正视船山并不只重视气，而是理气一体，本节即试图通过理气一体证明船山的气善论。潘小慧：《从王船山的本体论看其人性论》，《哲学与文化》1993年第9期，第927页。

[③] （明）王夫之：《读四书大全说卷八·孟子》，《船山全书》第六册，第961页。

性也"的独特解释，他通过批评程子的性二元论及"气禀说"进一步探讨了"形色，天性也"的理论内涵：

> 程子将性分作两截说，只为人之有恶，岂无所自来，故举而归之于气禀。孟子说性，是天性。程子说性，是己性，故气禀亦得谓之性。乃抑云"性出于天，才出于气"，则又谓气禀为才，而不谓之性矣。①
>
> 程子以气禀属之人，若谓此气禀者，一受之成侀而莫能或易。孟子以气禀归之天，故曰"莫非命也"。终身而莫非命，终身而莫非性也。时时在在，其成皆性；时时在在，其继皆善；盖时时在在，一阴一阳之莫非道也。②

船山不同意程子将性分成两截，明确指出程子为了追溯"恶"的问题，因而才无奈将人性二分，将恶归于气禀。船山认为，孟子将人性的根源归之于天，人性即天性，在人的现实性上，天和人是统一的，本原与现实是一体的，气禀人性便已经是禀赋于天的人性。而程子说的气质之性，是指人的特殊性和差异性，故将"气禀"称为"性"，也可称气质之性、气禀之性。在宋明理学传统中，现实的人通过禀得天地之性，然后落实为人的气质之性。更进一步，船山根据孟子原典分辨孟子与程子的差别。程子将气禀归之于人，这种气禀一旦成形就很难改变，可见他认为程子的"气禀"说指的是人们形成的难以改变的禀性。而孟子将气禀归于天，气禀受"天命"所指引，人受天命所引，便时时成性，完善人性，故他说"终身而莫非命，终身而莫非性也"。船山推崇孟子的性善论，不仅在于推崇人性的根源为善，更重要的是气禀亦具备向善、成善的倾向。人性并非一次性禀赋天命就算完成，人性

---

① （明）王夫之：《读四书大全说卷八·孟子》，《船山全书》第六册，第961页。
② （明）王夫之：《读四书大全说卷八·孟子》，《船山全书》第六册，第962页。

是时时日新的过程。

基于"形色天性"说，船山将"气禀"的根源归于天。同时，气禀随形体而有，与人之形体同时创生。而与此相区别的是，他认为程子所言气禀产生于形体产生之后，来源于形体。因而，从创生根源的角度来说，程子所论气禀并非根源于天，因而也就不具备道德禀赋。船山分疏了其中的差别：

> 天唯其大，是以一阴一阳皆道，而无不善。气禀唯小，是以有偏。天之命人，与形俱始。人之有气禀，则是将此气禀凝著者性在内。孟子所言，与形始者也。程子所言，气禀之所凝也。①

天广大无不善，原因在于一阴一阳皆道，天道是无不善的。而气禀是人身上的某种属性，所以相对而言小且可能有偏。人禀赋天命，气禀与形体是同时创生的，"性"是"凝著"在气禀之中的。因此，孟子所言的"形色，天性也"也可被视作气禀与形体是同时创生的，而程子所言的气禀在于强调气禀的局限性和变化性。由这一立场，船山继续评论程子的气禀说：

> 气禀之所凝者，在有其区量、有所忻合上生出不善来。有区量，有忻合，则小。小即或偏，偏即或恶。与形始之性，以未有区量而无所忻合，天只公共还他个生人之理，无心而成化，唯此则固莫有大焉者矣。②
>
> 气禀之所凝者，形而有者也。形而有之性，既有区量，有忻合，唯此则固小也。程子之言气禀，虽有偏，而要非不善，则谓形而有者上通于无极，小者非不可使大也。(此终费一转折。)③

---

① （明）王夫之：《读四书大全说卷八·孟子》，《船山全书》第六册，第961页。
② （明）王夫之：《读四书大全说卷八·孟子》，《船山全书》第六册，第962页。
③ （明）王夫之：《读四书大全说卷八·孟子》，《船山全书》第六册，第962页。

程子所说的气禀在其"区量"、"忻合"上产生了不善,"区量"指气禀赋的局限性,"忻合"指气禀的某种变易性,气禀之小或偏则有可能产生恶。但是,船山认为与形体同时生成的天性,因为其根源在天,所以不应该有局限性和变易性,人从天那里禀赋本善之理,天并不是有意志地创造了人性的不同,而是决定了人人皆具的善性。与此相区别,程子所谓的气禀之性,从时间上看产生于人的自然生命之后,所以是"与形始者"的"形而有者",在形体已经生成的状态下,人性已经在后天环境之中了,人性受其形体的影响有局限,也有变易性。不过,船山指出程子所言的气禀虽有偏正不同,但绝非不善,仍然可以按程朱理学的工夫论,通过涵养工夫,去除气禀对人性本来之善的遮蔽。总之,船山区分"与形始"和"形而有"的目的在于回溯孟子的"形色即天性",主张人的气禀和形色根源于天,而非仅仅根源于人之形体。

气禀也具备禀赋于天的道德性,那么船山的说法与程子的差别就在于气禀的结构及根源问题。在他看来,气禀是禀赋于天的道德本性,它不是有偏或有恶的人性,此时尚不涉及气禀在后天环境中产生的各种差异变化,而只是强调人生而初始之性,此时的"气"还未发生后天的变合没有善恶分化。相比之下,程子的"气禀"说主张人性是每一个人的自然生命,这个自然生命不是人的内在本性,而是在后天生命中表现出来的各种不同的禀性。这种禀性往往也被认为是在人的意志以外的自然禀赋,而不是内在本具的道德禀赋。不过在船山看来,气质的差异并不影响道德本性的善。

船山对气禀与天性关系的解释与其前面所述的本体观、理气观有密切关系。在本体观上,太极本体和天皆是内在具理的太虚絪缊之气,所以人从天禀赋的不仅是作为根据的"理",而是理气一体的整体,亦即"形色"和"天性"的总体,因为理与气是一体不离的结构,甚至可以说"气"的内涵和外延已经包含于"性"的概念之中,"气"不是性的实现场所,而是"性"的本质要素。理学家普遍认为"气"是人的自然禀赋以及这种禀赋表现出来的不同品性,所以"气"或"气禀"则有善有恶，例如"人之所以有善有不善，只缘气质之禀各有清浊"，① "气"常常更突出了精粗不同的"粗"的一面。不仅如此，他们也普遍坦言气禀难克，这在某种程度上压抑了"气"所具有的积极面向。所以，"气"在理学家的视野中更多地承担了相对消极的意义。事实上，船山眼中的"气"与理学家所谈之"气"略有差异，理学家所论的"气"常"气质"合用，② 如此，"气"乃指形构意义上的形体，代表了天生的禀赋，这是人们不能轻易改变的。船山却明确区分"气"与"形"，"气"与"质"，③ "气"在船山思想中并非指形质意义上的形体，而是充实于生命，内在于人的生命力，它遍布于天道与人身之中，"气"充实于"生""性"之中，是人的生命活动，包括道德行动的动力。④ 那么，我们或许不必拘泥于理学家将"气"视作自然禀赋的做法，因为这样就忽视了"气"的流行所具备的生命力、活动力。

船山的理气论立场在人性论领域的表现，即人之形色气质中也必然有所谓的"理"在其中，"形色，天性也"便为这样的理气论提供了合理的解释。故船山说：

> 尽天下无非理者；只有气处，便有理在。尽吾身无非性者；只有形处，性便充。孟子道个"形色，天性也"，忒煞奇特。此却与程子所论"气禀之性有不善"者大别。但是人之气禀，则无有不善也。⑤

---

① （宋）黎靖德编：《朱子语类》卷第四，第68页。
② "质并气而言，则是'形质'之'质'。"《朱子语类》卷第四，第76页。
③ "质是人之形质，范围著者生理在内；形质之内，则气充之。"（明）王夫之：《读四书大全说卷七·论语》，《船山全书》第六册，第859页。
④ "夫人之有形，则气为之'衷'矣。人之有气，则性为之'衷'矣。是故痿躄者，形具而无以用其形，则惟气之不充；乃形未有毁，是表具而'衷'亡也。"（明）王夫之：《尚书引义》卷三，《船山全书》第二册，第293页。
⑤ （明）王夫之：《读四书大全说卷十·孟子》，《船山全书》第六册，第1133页。

天下没有事物不具备"理",不过"理"必须在气中显现,有"气"处,便有"理"。同理,在人性论领域,人的形色生命皆性,性必充于形。尽管船山又指出"形色,天性也"是一奇说,但是与程子"气禀之性有不善"有重大差别,① 船山强调气禀本身无不善,无不善的关键在于人的气禀得之天,并且在天之气无不善。而他又言:"在天之气无不善。天以二气成五行,人以二殊成五性。温气为仁,肃气为义,昌气为礼,晶气为智,人之气亦无不善矣。"② 在天人授受的过程中,人禀赋在天之善气,因为在人之气也善。

不过,船山在论证在天之气无不善和在人之气无不善时存在一定的差异。他说:"人之性只是理之善,是以气之善;天之道惟其气之善,是以理之善。"③ 在人的层面,理善决定了气善;在天道层面,则是气善决定了理善。④ 天道层面的气善和理善应当理解为气善和理善相互规定,因为船山在前一句说:"理善则气无不善;气之不善,理之未善也。"⑤ 在论及天道和人性之前,他先从一般意义上谈论理善和气善的关系,唯有理善才能导致气善。在天道层面的气善导致理善,而气善的根源在于理善,气善和理善在天道层面是相互蕴涵的关系。

船山的诸多阐述都指出在人之气无不善这一命题。从他论证的思路来看,本然的天性应是理气一体、内在具理的气。船山说:

> 人之形色所以异于禽兽者,只为有天之元、亨、利、贞在里面,思则得之,所以外面也自差异。人之形异于禽兽。故言"形色天性"者,谓人有人之性,斯以有人之形色,则即人之形色而天与人之性在是也。尽性斯以践形,唯圣人能尽其性,斯以能践

---

① "或问:'人情本明,其有蔽,何也?'子曰:'性无不善,其偏蔽者,由气禀清浊之不齐也。'"《二程集》,第1256页。
② (明)王夫之:《读四书大全说卷十·孟子》,《船山全书》第六册,第1054页。
③ (明)王夫之:《读四书大全说卷十·孟子》,《船山全书》第六册,第1054页。
④ 陈来也提出了这一问题,见陈来《诠释与重建:王船山的哲学精神》,第206页。
⑤ (明)王夫之:《读四书大全说卷十·孟子》,《船山全书》第六册,第1054页。

其形。不然，则只是外面一段粗浮底灵明，化迹里面却空虚不曾踏着。故曰"践"，曰"充"，与《易》言"蕴"、《书》言"衷"一理。盖形色，气也；性，理也。**气本有理之气，故形色为天性；而有理乃以达其气，则唯尽性而后能践形**。①

人的形色之所以与禽兽不同，因为人所禀赋的天道已包含元、亨、利、贞四种德性，并且人能通过"思"的工夫获得这四种德性，而"性"又通过外在的形色来表现它们。正因如此，人和禽兽在形色上有差别。人之形色的独特性在于其禀赋了天性，天性由形色而呈现出德性。更进一步，"尽性"和"践形"亦是不即不离的关系。否则，人便流于与禽兽一样，只有形色上的知觉灵明的能力，即耳闻、目见、知味、知臭的能力，而无德性可言。故船山认为《孟子》的"充"和"践"，以及《易》中的"蕴"、《书》中的"衷"②一样，都旨在说明人的形色与德性不可分离。船山的一个最终结论是，"形色"即"气"，"性"即"理"，气之本身就是有理之气。基于此，"形色，天性也"亦可以被解读为理气一体，气本涵理，在人之气从禀赋上便已禀理在其中。

如果再看朱子对"形色，天性也"的注解，更能进一步了解船山与朱子的差异，朱子对这一命题的解释是："人之有形有色，无不各有自然之理，所谓天性也。"③ 所谓的"天性"是指自然之理，而不是形色。尽管船山也说"盖形色，气也；性，理也"，但是他的下一句是"气本有理之气，故形色为天性"，性是理在气中的一体结

---

① （明）王夫之：《读四书大全说卷十·孟子》，《船山全书》第六册，第1134页。
② "夫人之有形，则气为之'衷'矣。人之有气，则性为之'衷'矣。是故痿躄者，形具而无以用其形，则惟气之不充；乃形未有毁，是表具而'衷'亡也。然则狂易者，气具而无以善其气，则惟性之不存，乃气未有馁，是亦表具而'衷'亡矣。气衷形，循形而知其有也；性衷气，循气而不易知其有也；'故君子之道鲜矣'。"（明）王夫之：《尚书引义》卷三，《船山全书》第二册，第293页。
③ （宋）朱熹：《四书章句集注》，第360页。

构，而不仅仅是气中之理。即使是气中之理，也必须结合理不离气这一前提加以理解。

由此可以得出结论，尽管船山极力否认人生之前有一独立存在的性或理，但是这并不意味着他否认人性本善的根据，而是将其由"理"转化为理气总体，"理"被置于"气"之中，仍然是形色天性说得以成立的重要条件。在这个意义上，"理"仍然具有人性根源的特征，只是其存在方式是以不能抽离于气这一条件为前提的。事实上，船山揭示了一个重要的观点，人的道德表现和其外在的形色无法完全区分，道德的彰显必须借由其形色生命。在某种意义上，这可以说是"人性必著于形"，即使是人性本善，也指的是由形色生命禀赋了天之后所呈现出的人性本善，对人性的规定离不开人的自然形色生命，而"气"又是这种形色生命的载体，在这个意义上"气善"得以成立。

关于善的来源问题，船山还提出了一个说法，即"内生者善，外生者不善"，以此来说明孟子的性善论是内的，而不善来自人之外。他说：

> 自内生者善；内生者，天也，天在己者也，君子所性也。（唯君子自知其所有之性而以之为性。）自外生者不善；外生者，物来取而我不知也，天所无也，非己之所欲所为也。故好货、好色，不足以为不善；货、色进前，目淫不审而欲猎之，斯不善也。物摇气而气乃摇志，则气不守中而志不持气。此非气之过也，气亦善也。其所以善者，气亦天也。孟子性善之旨，尽于此矣。[1]

何谓"内生"？内生者，天也，更确切地说是在己之天，得于天之性。值得注意的是，船山在注中说"唯君子自知其所有之性而以之为性"，这是说，君子对内生之善有着充分的自知，这种禀赋于天

---

[1] （明）王夫之：《读四书大全说卷八·孟子》，《船山全书》第六册，第963页。

的善只有在经过人的意志认可和确证后才能成为性。那么，言外之意就是"外生"者不善，人在与外部事情接触时，受外物刺激，人对此并不自知。这样的行为依据并不是人的先天本性，而是出于人自身的欲望和行动。不过好货好色本身并不足以构成不善，当货色在眼前，人对此不加审察就受到货色的吸引，才是真正的不善。尽管外在之物引起了气的变易，气的变易动摇了志，但是不善的来源在于"志不持气"，而不是气本身，这个说法无疑将不善的根源引向了人的责任。船山论气善的思路十分清楚，气得之于天，所以气善，所以"性善之旨，尽于此矣"。

根据以上所述，不能将船山的"气善说"理解为气本身或气在根本上是善的，而必须结合"形色天性"说与"气本有理之气"这两个命题来对"气善"加以理解。严格来说，"气"无法成为道德依据，但是船山所指的人性根源并不只是"气"，而是内在具理的"有理之气"，他说："理善则气无不善；气之不善，理之未善也。"[①]这是说气善的根据在于理善，理气构成了天道，而人性的根据在于天道，因此禀赋于天的便是本善的人性，这是船山"气善说"的完整理解。[②]

总之，船山的"气善说"与程朱的人性论具有显著差异，但接近于张载的人性论，可以通过对比加以进一步探讨。一般而言，张载的人性论区分了"天地之性"与"气质之性"，为后世理学的人

[①] （明）王夫之：《读四书大全说卷十·孟子》，《船山全书》第六册，第1054页。

[②] "气善"或"气质善"的主张在明清之际并非个例，但是其背后是否也有与船山类似的理论关怀，则不一定。例如陈确说："一性也，推本言之曰天命，推广言之曰气、情、才，岂有二哉！由性之流露而言谓之情，由性之运用而言谓之才，由性之充周而言谓之气，一而已矣。性之善不可见，分见于气、情、才。情、才与气，皆性之良能也。天命有善而无恶，故人性亦有善而无恶；人性有善而无恶，故气、情、才亦有善而无恶。"（清）陈确：《气情才辨》，《陈确集》，中华书局1979年版，第451—452页。颜元亦说："若谓气恶，则理亦恶；若谓理善，则气亦善。盖气即理之气，理即气之理，乌得谓理纯一善而气质偏有恶哉！"（清）颜元：《存性篇》卷一，《颜元集》，王星贤等点校，中华书局1987年版，第1页。

性论奠定了理论基础,不过张载的人性论还有一著名命题即"合虚与气,有性之名",如何理解这一命题历来存在争议。船山对此的解释是:

> 秉太虚和气健顺相涵之实,而合五行之秀以成乎人之秉彝,此人之所以有性也。原于天而顺乎道,凝于形气,而五常百行之理无不可知,无不可能,于此言之则谓之性。①

所谓的"性"是从太虚和气禀赋的健顺之性,它由阴阳之气相涵而成,同时,太虚和气又与五行之秀合而成为人的常道,这是人性的根源。性根源于天,禀赋了道,并且存在于形气之中,这样的人性具有五常等各种理,是圆满的人性。可见,性禀赋了太虚,并且凝结于形气之中,这与"形色—天性"的一体结构是一致的,太虚即天,气即形气,合而言之即"性"。

相比而言,船山与程朱的人性说则有较大差异。朱子继承了程子"气禀"说,并结合理气论的"不离不杂"之论构造了其人性论。根据理气不离不杂之说,朱子认为作为本善之性的"理"必须挂搭在"气"上说,不离于气,但是又强调"理同而气异",亦即"理不杂于气","理"仍然在气中作为"气"之本然依据而存在,只是被分殊之气遮蔽了,所以朱子有"气质遮蔽"之说。就船山而言,因为"气"不是差异性原则,人性表现出来的善恶分化的根源不在气,毋宁说是"质",质是人的生理形质,他说:"以愚言之,则性之本一,而究以成乎相近而不尽一者,大端在质而不在气。"②气是建立在质的基础上的生命活动的表现,人与人之间在气的方面的差异不大,所以"气"不是差异产生的根源,相近而不尽相同的根源在于"质"。陈来指出:"船山所说的质,在朱子学即称为气,

---

① (明)王夫之:《张子正蒙注》卷一,《船山全书》第十二册,第33页。
② (明)王夫之:《读四书大全说卷七·论语》,《船山全书》第六册,第861页。

而船山这里所谓气,乃是指形体成形后作用于形体的天地之气。"①船山在调和孔子"性相近"与孟子"性本善"时指出:

> 孟子惟并其相近而不一者,推其所自而见无不一,故曰"性善"。孔子则就其已分而不一者,于质见异而于理见同,同以大始而异以殊生,故曰"相近"。②

船山的此段论述是基于程朱对"气质之性"的评价而论,程子对"性相近,习相远"的理解是:"此言气质之性,非言性之本也。若言其本,则性即是理,理无不善,孟子之言性善是也。何相近之有哉?"③ 程子的意思似在质疑孔子的性相近论而推崇孟子的性善论,认为性善是人性之相同的根本。而船山试图调解"性相近"和"性本善"的矛盾,认为孟子看到人性相近不一的现象,所以推出人性的根源是同一的性善;而孔子的"性相近"则是从现实人性的不同立论,"于质见异而于理见同"的意思与朱子"理同而气异"相近,但是孔子并没有排斥人性的根源上的同一。因为船山对"气质之性"的规定是"气质中之性",亦即气质中具有本然之性,作为根源的性因质不同产生了清浊不一。所以,"性相近"与"性本善"并不矛盾。值得一提的是,"质"的差异或不正并不是禽兽相对于人的不正,而是人的自然倾向有所偏全,例如"偏于此而全于彼,长于此而短于彼"并不是道德意义上的善恶差异。④

总而言之,船山仍坚持人性存在先天的善的根源,这一解释奠基于其对"形色即天性"的解释。他极力主张人性不能离气质和形色,但这并不意味着他否认人性本善的根据,人性本善的根据仍然是"理",但是构成人性的结构是内在具理之气。由此而言,作为人

---

① 陈来:《诠释与重建:王船山的哲学精神》,第155页。
② (明)王夫之:《读四书大全说卷七·论语》,《船山全书》第六册,第864页。
③ (宋)朱熹:《四书章句集注》,第176页。
④ (明)王夫之:《读四书大全说卷七·论语》,《船山全书》第六册,第864页。

性根源的"理"仍然具有本质的特征，只是其存在方式是以不能抽离于气这一状态为前提的。由此，我们不能单纯以动态、发展的视角来看待船山人性论，而忽视了其人性论仍然未能完全脱离传统的性善论这一重要背景。

第四节　性善："借端而言之"

船山的"气善说"仍然坚持性善论的基本立场，但是他为什么又要否认"初生之性"是圆满具足的善性，从而主张人性是日生日成的呢？这个问题有两个维度，其一，既然在天之理气是善的，为何人的禀赋却不是具足的善？其二，先天禀赋的善性究竟是什么意义上的善？

人的禀赋之性之所以不是具足圆成之性，根本原因是船山对天人之间的界限和张力有充分的认知，在天之善是无限的本然之善，而在人生而禀赋的善不可能达到在天之善的程度，相对而言具有局限性。船山认为"性"和"善"分属"天""人"两个领域，他说"人物有性，天地非有性"①，继而彻底将"性"落实于人的现实生命，性必然是有生以后之物，天地是无意志的存在者，不具有与人性类同的性。据此，船山批评了朱子后学关于"天地之性"的说法：

> 在天地直不可谓之性，故曰天道，曰天德。由天地无未生与死，则亦无生。其化无形坲，无方体，如何得谓之性！"天命之谓性"，亦就人物上见得。天道虽不息，天德虽无闲，而无人物处则无命也，况得有性！②

---

① （明）王夫之：《周易外传》卷五，《船山全书》第一册，第1006页。
② （明）王夫之：《读四书大全说卷七·论语》，《船山全书》第六册，第865页。

第七章 善其生而成其性——日生日成的人性论

"天地之性"一词并非朱子后学的创造，最早出自张载，意指至善的本然之性。船山在此反对以"性"言"天地"，但是他在《张子正蒙注》中认为"天地之性"即"太和絪缊之神"①，这是因为《正蒙》的文本中有"天地之性"，船山无法避免文本自身的语境。不过船山在《正蒙注》中也有"天与性一也，天无体，即其资始而成人之性者为体"的说法②，与此处的引文是一致的。天与性合一，天是性的根源，但是天无形体，只有落实到人的层面，才能有性。在天的层面不可言"性"，天地只有"天道"，"天德"。根据船山的本体观与天道论，天地之间是作为宇宙整体存在的本体，不存在开天辟地之前，也不存在消亡，更没有生命意志。而且，天地的生化没有具体的形质和固定的空间，所以不存在"性"。"性"必须指的是人的性，而不是天地。"天命之谓性"也必须落实到人的层面，虽然天道、天德不息而无间断，但是"天命"若无人的存在也就无法成为"命"，更何况人性的存在。在船山看来，"性"限于人的层面，因而有其固定的形质和范围，与作为本体存在的天地显然不可等而论之。事实上，这已经透露了船山在天人关系上重视天人的存在次序和价值次序。

这一点在船山对《系辞》"一阴一阳之谓道，继之者善也，成之者性也"的解释中表达得更为清晰。他认为以往的论者忽视了其中的存在次序和价值次序。他说："阴阳之相继也善，其未相继也不可谓之善。故成之而后性存焉，继之而后善著焉。言道者统而同之，不以其序，故知道者鲜矣。"③ 一阴一阳的运动代表了天道，阴阳相继而产生善，如果没有相继也就不存在善。人性的初生意味着人性之成，并且继得了天道之善。但是一般的论者对道、善、性三者等而论之，并没有按照其次序，所以也就无法获得道。那么，为什么

---

① （明）王夫之：《张子正蒙注》卷三，《船山全书》第十二册，第128页。
② （明）王夫之：《张子正蒙注》卷三，《船山全书》第十二册，第130页。
③ （明）王夫之：《周易外传》卷五，《船山全书》第一册，第1006页。

这三种存在遵循一定的价值次序呢？船山进一步说：

> 性存而后仁、义、礼、知之实章焉，以仁、义、礼、知而言天，不可也。成乎其为体，斯成乎其为灵。灵聚于体之中，而体皆含灵。若夫天，则未有体矣。
>
> 故成之者人也，继之者天人之际也，天则道而已矣。道大而善小，善大而性小。道生善，善生性。①

存性以后，人获得并彰显了仁、义、礼、知的德性，但是不可通过仁、义、礼、知而知天。因为人性已经有固定的形体，人的存在已是一个具备"灵性"的存在，这里的"灵"应指意志，"灵聚于体"和"体皆含灵"是指人是具备意志的存在者。只是与人的意志相比，"天"没有固定的形体，也没有意志，而塑造人性的主体在人。"继"是天人相继之时，天具备道的存在，是万物的存在依据和价值根据，人禀赋了天道规定的善。道的价值和范围大于善，善的价值和范围又大于性，所以可以说善生于道，性生于善。在此意义上，道—善—性的次序既是存在次序，亦是价值次序。从存在依据上，善必须根源于道，"天"即指一阴一阳之道，"道"为大，"道"生"善"，"善"生"性"，人继天道之善，并在生命中不断成就人性：

> 惟其有道，是以继之而得善焉，道者善之所从出也。惟其有善，是以成之为性焉，善者性之所资也。方其为善，而后道有善矣。方其为性，而后善凝于性矣。②

惟先有"道"，才有"继之"这一过程，"道"是善的来源，而"善"又是"性"之所资，成性的根源乃是继善。"善"必须落实于

---

① （明）王夫之：《周易外传》卷五，《船山全书》第一册，第1006页。
② （明）王夫之：《周易外传》卷五，《船山全书》第一册，第1007页。

"道"和"性"上说，善来源于道，呈现于一阴一阳之道中，然后凝于性，成为性的道德属性。

在存在次序的基础上，船山同时承认道—善—性的价值次序，道的价值次序为最高，善其次，性则是三者中最次：

> 道无时不有，无动无静之不然，无可无否之不任受。善则天人相续之际，有其时矣。善具其体而非能用之，抑具其用而无与为体，万汇各有其善，不相为知，而亦不相为一。性则敛于一物之中，有其量矣。有其时，非浩然无极之时；有其量，非融然流动之量。故曰"道大而善小，善大而性小"也。①

天道无时不在，亦无时不在动静之中，人也不可选择是否接受天道。而善则位于天人相继之时，故相对于天道的无时不在而具有时间性。善具备于体之中，但并不意味着一定有其用，善有其用也并不意味着有体，万事皆有其自身不同的善，并不一定相通，但也不是只有一个善。至于性，船山认为性在于物（人）身上，所以有其特定的空间范围，有其局限，而且性也有其时间性，不是超越于时间性的存在。对于"量"，船山还有一个补充说明，"量"不是指无限制的流动。总之，他对于道—善—性的价值排序是道大而善小，善大而性小。性不可能是在天的本然之善，而是在人的有限之善。

根据这个价值次序，船山质疑孟子"性善"这一命题中的性在善前的次序，因为这不符合船山置善于性之前的规定。他说：

> 《易》曰"继之者善也，成之者性也"，善在性先。孟子言性善，则善通性后。②
>
> 然则先言性而系之以善，则性有善而疑不仅有善。不如先

---

① （明）王夫之：《周易外传》卷五，《船山全书》第一册，第1006页。
② （明）王夫之：《读四书大全说卷八·孟子》，《船山全书》第六册，第961页。

言善而纪之以性，则善为性，而信善外之无性也。观于《系传》，而天人之次序审矣。①

从"继之者善也，成之者性也"来看，"善"在"性"先。这一命题不仅是一项事实描述，而且指"善"的价值次序优先于"性"。因此，若孟子先言"性"而后言"善"，那么可能意味着"性"也可有恶和其他面向。所以"善"在"性"先这一判断就显得尤为重要，"善"是"性"的根源，以"善"规定"性"便排除了性的其他可能倾向，例如性不善。船山的这一解释凸显了"善"对于"性"的价值优先性，而且不可颠倒天人之间的次序。

通过区分天人之间的价值次序，船山旨在表达虽然人的本善之性继之于天道，但是人性不等于善的完善状态，乃至天道之善。天人之间必有其价值高低的差异和次序上的先后，人的价值根源在于天，人却不可以获得天的全部，具备全然之善。尤其是初生之性，更不可能具备善的全体。船山说：

> 虽曰"性善"，性却不能尽善之致，善亦不能尽性之藏。②
> 孟子亦止道"性善"，却不得以笃实、光辉、化、不可知全摄入初生之性中。③

孟子虽然讲性善，但性并不能达到善的极致，这是由道—善—性的次序决定的。另外，善也不能概括性之所有内容，善只是关于性的一种价值判断，而不是性的全体和完美。人性的稳定品质和完善性，后天之性变化的可能性，以及不可预知的后天生命中的道德境遇，都不可完全纳入初生之性中。实际上，船山对初生性善之所

---

① （明）王夫之：《周易外传》卷五，《船山全书》第一册，第1007页。
② （明）王夫之：《读四书大全说卷九·孟子》，《船山全书》第六册，第1019页。
③ （明）王夫之：《读四书大全说卷九·孟子》，《船山全书》第六册，第1019页。

以不完善给出了两方面的说明，其一是道德品质的稳定性和完善性，"笃实"指的是道德品质的稳定性，而"光辉"指的是完善性，其二是道德内容的广度和范围，这两方面在初生时并不具有。"化"和"不可知"皆表明了人的道德生命还有诸多可能性有待于后天生命而展开。他的这一观点在明清之际并不罕见，根据日本学者马渊昌也的研究，明末学者钱一本、孙慎行、陈确亦主张人性虽本善，但并不是"本来圣人"，而是有待于后天的"扩充"和"成性"。① 尽管没有证据表明船山阅读过这些学者的著作，可是就思想现象来说，这恰恰体现了理论发展的某种趋势。

船山在另一处对"初生"之性善的解说更为明确，天地作为资生资始的根源只是"物之生"的"端"而已。尽管这是针对"物之生"而论，但是亦可据此理解船山对"初生"的理解：

> 然未生而生，已生而继其生，则万物日受命于天地，而乾、坤无不为万物之资，非初生之生理毕赋于物而后无所益。……象之以乾元坤元言资始资生者，就物之生，**借端而言之尔**。②

从未生到生，是万物的生成，万物已生之后，更重要的是"继其生"。这里的"继"亦即"继之者善"的"继"，这是说必须通过人的主动作为，在生命过程中不断创造道德价值，亦即"生生"之义。船山说天地之命在万物已生以后仍然时时作用于人，乾和坤是万物生成的根源，万物由此初生以后，乾坤并没有因此就不存在了，它仍然无时不在。所以，《象传》以乾元和坤元

---

① ［日］馬淵昌也：『明末における"拡充""成性"論の展開：錢一本・孫慎行を陳確との関係において論ず』，《言语　文化　社会》2016 年第 14 期，第 1—28 页；［日］马渊昌也：《陈确的非"本来性"儒学思想》，《国际儒学研究》（第十辑），2000 年，第 383—398 页。

② （明）王夫之：《张子正蒙注》卷七，《船山全书》第十二册，第 286—287 页。

作为万物资生资始的根源,只是强调这是万物之生的开端,并不是万物的完全实现。

人性虽然具备了善的根源,但是人性的具体实现和扩展则在于人的自觉和选择,因为现实的生活千变万化,人的生命及其境遇皆在日新变化之中。在此意义上,"继之者善"的"继"不仅是初生时的天人相继,而且是在现实生命中日生日成的不断相继,"继"的主体是人,唯有通过主体的自觉和选择,才能实现德性的完善:

> 夫繁然有生,粹然而生人,秩焉纪焉,精焉至焉,而成乎人之性,惟其继而已矣。道之不息于既生之后,生之不绝于大道之中,绵密相因,始终相洽,节宣相允,无他,如其继而已矣。①

"繁然有生""粹然而生人"皆指人的初生时的禀赋纯正而繁盛的状态,然而要达到人性的完美状态,必须通过"继"这一重要的行动,"继"是人主动有为,将天道赋予的内在本性不断呈现出来,并不断完善的行为,是成性的前提和基础。一阴一阳代表的天道在人生之后仍然生生不息,所以道之生生可谓紧密相继,始终不断。"节宣相允"本指四时节气的平衡,这里指在一阴一阳之道调适下的"生"的和谐状态,船山坚定地主张通过"继"这一过程,天道的生生不息才能在人的身上真正实现。

总体上看,对于初生之性之不完善的原因,船山给出了两个方面的解释,其一是他根据"一阴一阳之谓道,继之者善也,成之者性也"严格规定道—善—性的存在次序和价值次序,而人性相对于天道的本然之善具有时空的局限,所以不可能达到本然之善的高度。其二是先天禀赋的善性只是承认人性具有善的根源,但是其人性是否完善并不是先天决定的,而且人性在初生时也不具有稳定的品质

---

① (明)王夫之:《周易外传》卷五,《船山全书》第一册,第1007页。

以及成熟的道德权衡能力，更重要的是后天的生命过程中存在各种各样的道德境遇，人性也会随着生命的展开日新月异，初生之性根本还未涉及这些无限的可能。所以，人性的完善必须是一个不断发展的过程。

须指出的是，船山晚年在《正蒙注》中似乎放弃了人性日生的观点，回到了传统的"复性说"。提出张载"气之为物，散入无形，适得吾体；聚为有象，不失吾常"，对于这里的"常"，船山说："聚而不失其常，故有生之后，虽气禀物欲相窒相牿，而克自修治，即可复健顺之性。"[1] 显然，他这个说法几乎是朱子气质蒙蔽说的翻版，尽管在现实中常常受到气禀和物欲的遮蔽，但是人性之中仍然存在不变的善性，因此工夫的目的是恢复其健顺之性。类似的说法在《正蒙注》中并不罕见，不过这不代表晚山晚年放弃了"日生日成说"，这是由于文本脉络的限制，在张载思想中存在着"不失其常"的说法，船山只能顺着文本进行解释。在同时期的《思问录》中，可以看到船山晚年仍然坚持"日生日成说"，例如他说："命不已，性不息矣。谓生初之仅有者，方术家所谓胎元而已。"[2] 这个说法与他早年和中年的观点基本一致。

小　　结

船山的人性论创见是儒学思想史上的重要组成部分。人性论在历史上经历了长期纷争，从告子的性无善无恶说、荀子性恶说，到汉唐时期性善恶混、性三品说等，皆未能有定论，其特点无外乎将"性"看作某种固定不变的属性。宋儒以"天命之性""性即理"等命题重构的人性论同样将人性看作一种固定的品质。他们认为孟子

---

[1] （明）王夫之：《张子正蒙注》卷一，《船山全书》第十二册，第19页。
[2] （明）王夫之：《思问录内篇》，《船山全书》第十二册，第413页。

性善论虽然高度评价了人性皆有善的根源这一面向，但忽略了人性在现实中的具体性和差异性，即人性往往还有被遮蔽而不能将善性呈现的特点，因此理学家主张"论性不论气不备，论气不论性不明"，气质人性的提出便是为了解决孟子性善论的不足之处。

然而理学家往往在人之自然生命即形色生命之外设定一所谓的"本然之性"，而事实上，本然之性并不独立于人的自然生命而存在，人的自然生命的诞生便已禀赋了先天的善性，这就是本然之性，即船山说的"气质中之性"。所谓的"本然"和"天性"，指的是人尚未深入后天生命且未受现实生活所影响的本来状态，这种状态从理论上说还未受后天习染的影响，但是从存在结构上看，此人性的存在必然已是人生以后的成形状态。这一点无疑立论于船山的本体观，太极本体作为气之本然状态，内在地具理。所以，在人性论上，他同样主张人性之本然是人的道德本性和自然生命的合一，亦即理气的合一，此时尚不涉及社会生活以及人性在后天的变化，恶并不是先天决定的。

船山的人性思想既考虑了人性具有善的根源，但同时强调人性的价值又不是先天被决定的，为人性的发展和向善留下了充分的空间，这也是船山"生"的思想强调持续的创造性的重要面向。从概念的内涵和外延的角度看，他区分"道""善""性"的意义，认为"道""善""性"的内涵依次缩小，道是最高的价值属性，"善"是由道赋予的价值属性，它也是人性的善的根源；而"性"必然要落实于人之现实生命，因此它是具体的、相对的，不过这并不表明性善只是偶然的，"性善"只是源于"善"的根源的一种规定，并非善的完成。以善恶对立来看待人性问题未免失之简单，而认定人之必然有气禀清浊不一未免将人性在后天的不同表现当作人性之禀赋，而忽视了人性气禀本身并非不善。也正是因为人性的具体性和生命自然发展的事实，后天人性的不断向善生成显得更为重要。船山"以气善说性善"，在气质人性论的立场上通过"形色天性"这一命题重构性善论，并非以气善直接代替性善，而是将内在具理、本有理的气规定为善。船山在《正蒙注》中说得很明确，"气亦受之于天，而神为之御，理为之宰，非气之即为性也"①。气禀赋于天，神和理在气之中起引导和主宰的作用，这并不是"以气为性"。从这个角度来说，人性的本然仍然被定义为某种固定属性，当然，前提是将这种属性——"本有理之气"规定为善气，这与宋明理学的人性论立场其实并无太大差异。根本区别在于船山的人性论并不主张人性的本然等于完善的全体，而是需要通过后天的培养不断完善、进步和更新。

总之，船山试图揭示儒家人性论的两个重要面向：人性既有超越于自然生命的善性，又注重不断发展与完善，进而将自然生命提升至道德生命以实现人生的价值和意义。这一双重面向对于船山人性论而言至关重要，因为，人性之"生"既是道德之创生，又是生生不息的道德完善过程，是具有根源义的持续创造性。而船山人性论的这一双重维度既是对宋明理学人性论的完善，也丰富了儒家人性论的理论内涵。

---

① （明）王夫之：《张子正蒙注》卷九，《船山全书》第十二册，第368页。

第 八 章

人成亦生生之道——以德行道的人道论

"日生日成"的人性论强调人性既有善的根源，又需要在后天生命中不断扩展，但是如何扩展其实不是人性论需要解决的内容，人性论只是提出了关于人性发展的整体构架和结论，真正将这一问题落实的是工夫层面的问题，即人道论的问题。人道论试图解决的问题是人性或德性究竟如何在后天不断发展？天道之生如何转化为人道之生？在宋明理学的视域下，这一问题本质上便是"天道"与"性命"究竟如何相贯通。船山说："阴阳生人，而能任人之生，阴阳治人，而不能代人以治。"[①] 天地以阴阳生人，同时赋予了人对于"人之生"的自主性，人并不是听命于天道，而是顺天道之自然。天道生生作为人之生的根源，并不意味着天道替人做决定，人是有为者，并且能够主导其自我的生生。

船山在论及天道、人道关系时提出："天道自天也，人道自人也"[②]，主张天道自有其道，而人道的展开又出自人。那么，所谓的"日生日成"即德性的生成本质上根源于人道的自我决定，天道或天

[①] （明）王夫之：《周易外传》卷五，《船山全书》第一册，第992页。
[②] （明）王夫之：《读四书大全说卷十·孟子》，《船山全书》第六册，第1146页。

命的日生最终还是要落实到人道的生生。如果声称道德的自我完善和实现是出于自身的意志选择和行动，而同时又主张天道是人道生成的根据，规定了人道之所以可能生生的依据，天道之生和人道之生的张力在这里凸显无疑，乃至有学者例如劳思光指出天道和人道之间根本上是不相容的。①

人道既具备来自天道的本质规定，同时又是自觉自主的主体，那么人道如何能够弥合天人之间的断裂便成了船山人道论的关键。天道是人道的根源表明人道内在地具备了普遍的、固有的道德禀赋，船山称其为"天之德"；天道的存在并不意味着人道无须自觉地作为。他认为唯有通过自我的反求诸己产生的内生于人道的德性才是德性完善和发展的真正根源，他称其为"人之德"。这种德性不是道德本能的直觉呈现，而是能够进行自觉自主的价值选择，船山将这一价值选择和权衡的能力称为"持权"，它是在后天的修为过程中逐渐生成的一种稳定的道德品质。

本章关注的不是诸多人道工夫的具体类项，关于这个问题已有较为充分的研究。② 本章试图探讨的是人道的根据和构成问题，天道如何转化为人道？不断完善的究竟是什么样的道德品格？人道的生生为什么离不开形色？尝试回答这些问题将有助于深入了解船山的"生"的思想，进而探索其思想如何回应儒学传统尤其是宋明理学中天道生生与人道生生存在的张力。

---

① 劳思光亦认为既然天道决定了人是本善的，如果在天道之外另立一人道，那么两者就不相容了，则必须立一"自我"观念或"自由意志"观念，或"主体性"观念，以使"心"之能离"性"成为可解，但如此立论，"天道观"一面必须作理论上之退让。盖"自由意志"或"主体性"诸义，皆不能与"被决定"义相容。劳思光：《新编中国哲学史》三卷下，第 540 页。

② 可参看陈来《诠释与重建：王船山的哲学精神》第八章《船山〈孟子说〉的工夫论》，第 289—316 页。唐君毅：《王船山之人道论》，《中国哲学原论·原教篇》，中国社会科学出版社 2006 年版，第 381—409 页。

第一节 天人的张力：天之德与人之德

船山人道论的基本立场仍然不出宋明理学，例如他主张人之生本于天，人道得之于天道。这是说人的存在及其价值根源来自天道的生生，"天道"的创生力量创造了人和生物。不过在这个问题上，他不是老调重弹，而是在天人相通的前提下，强调天人之间的界限。关于界限的思考在船山思想中根深蒂固，在论证初生之性何以不是完满的善时，船山基于（天）道—善—性的价值次序规定了人的初生善性相对于天道和善是具有局限性的，并不是完满的善，最高的价值存在只能在天，而不能在人。本书已多次提出，这种界限思维显然来自船山对宋明理学强调"天人合一"论的反省。

当理学家在追溯万物的存在根源和价值根据时，莫不将这种依据归于"天"，例如程朱理学以"天理"作为万物的最终根据，因此便有"万物皆只是一个天理"的论断[1]，天理是一切事物的最高根源也是人的存在根源。至于人如何获得这种理，则是心性论的任务，心与理的关系以及如何定位"心"决定了人道如何实现天道。在朱子思想中，朱子的"心"是知觉主体，虽然朱子亦承认理内在地具备于心中，但是这并不是指理是心的内在本质，而是说理是心的道德意识的一种功能。所以，朱子在工夫上要求格物穷理以最终实现心理合一，天人合一。不过，前文也多次表明，朱子的宇宙论和心性论皆建立在"仁"的基础上，朱子以"仁"为天地生物之心，仁体是宇宙的最终根源，是万物生生的本性。[2] 在此意义上，"人"的存在当然也来自天地生物的过程，故仁体也是"心"之生生的根源。朱子发明"心"的概念时说："一言以蔽之，曰'生'

---

[1] 《二程集》，第30页。
[2] 陈来：《仁学本体论》，《仁体》第四，第182—183页。

而已。'天地之大德曰生',人受天地之气而生,故此心必仁,仁则生矣。"① "仁"是天地生物之心,"人"受天地之气而生,所以"心"不仅是宇宙的创造性根源,也是人心得以活动的根据。

其实这一思想更多地体现在阳明心学,阳明认为朱子学的成德工夫有向外穷理的弊病。因此,阳明以良知为万物的本体以及心学工夫的根据,良知亦即生生的仁体。为了保证良知的合法性和绝对性,阳明通过"良知即天理"的表述以"天理"为良知的最终依据。由此,阳明心学将心的知觉功能向上一提,成为绝对普遍的道德本心,实现了在根源上的心理同一,天人合一。

然而阳明的论调也有其弊端,晚明清初之际,反省阳明心学的一个重要论断是主张阳明的良知学容易使人高估了"心"的地位,分辨不清自主的情欲与发自本心的道德选择,从而容易使"心"沦为"情识",② 这种批评的依据和良知心学的理论建构有关。在阳明心学,天理保证了良知的普遍性和绝对性,良知与天理本质上是绝对同一的。所以,良知的发用流行即天理的呈现。天理是良知的根本依据,同时又是良知本身,然而良知毕竟是人心超越于知觉、闻见的一种德性之知、良知本体,既是人心是否合乎天理的判断标准,又是行为的实际发动者,那么如何保证良知的发用皆出于天理,便成为一大疑问。更何况,阳明强调人人皆可成圣,人人心中有个良知,如此一来,若良知的标准内在于良知心体自身,就很有可能走向其反面,导致良知下坠于人心的弊病。③

无论是朱子还是阳明,皆重视天道性命贯通或天人合一的精神,人的存在依据和价值依据皆在于天,人是天的化身,天道必落实于

---

① (宋)黎靖德编:《朱子语类》卷第五,第85页。
② 语出刘宗周"今天下争言良知矣,及其弊也,猖狂者参之以情识",见刘宗周《证学杂解》二十五,吴光主编:《刘宗周全集》第三册,浙江古籍出版社2012年版,第248页。
③ 吴震、刘昊:《论阳明学的良知实体化》,《学术月刊》2019年第10期,第14—21页。

人的现实存在。正如前文已多次指出的，船山在天人问题上不仅重视天人相通，而且强调天人之间应保持明确的界限，对天人之间的张力保持了非常谨慎的态度。一方面，他延续儒学传统，提出"且夫人之生也，莫不资始于天"①，"天之生斯人也，道以为用，一阴一阳以为体"②。这是认为人之生的根源在于天以及天道的创生。另一方面，他没有把一切都归于天的功劳，认为天道不能替代人的作为，他说：

> 天道自天也，人道自人也。人有其道，圣者尽之，则践形尽性而至于命矣。③
>
> 人之道，天之道也；**天之道，人不可以之为道者也**。语相天之大业，则必举而归之于圣人。乃其弗能相天与，则任天而已矣。鱼之泳游，禽之翔集，皆其任天者也。④

"天道自天"是指天道自有其运行法则，不以其他条件为存在依据，它超越于人的存在。"人道自人"表明人道不为外在因素所左右，而是出于自我决定和意愿，并非听命于他者。人人皆具有道，不过只有圣人可以尽人道，通过践形和尽性的工夫实践，进而实现天命所予。更重要的是，虽然人道的依据在于天道，但是人不可以天道为道。其理由在于，人道不等同于天道，却可以通过自身的努力去接近并实现天道，故船山将这种努力归结为圣人的"相天"大业。"相天"即"辅相天地"，"辅相"的本义是帮助和促成。⑤ 结合此处的文意，"辅相"的理论前提即圣人与天不可等同，而是有差

---

① （明）王夫之：《周易外传》卷五，《船山全书》第一册，第1014页。
② （明）王夫之：《周易外传》卷七，《船山全书》第一册，第1114页。
③ （明）王夫之：《读四书大全说卷十·孟子》，《船山全书》第六册，第1146页。
④ （明）王夫之：《续春秋左氏传博议》卷下，《船山全书》第五册，第617页。
⑤ "相，助也。当辅助天地所生之宜。"（魏）王弼、（晋）韩康伯注，（唐）孔颖达疏：《周易正义》，第55页。

第八章 人成亦生生之道——以德行道的人道论 231

等的存在，他说："圣人自圣人，天自天，故曰'可以赞'，'可以参'，曰'如神'，曰'配天'，俱有比拟，有差等。"① 圣人之于天的关系是圣人以天为本，但二者在根本上是有差等的存在。人不能超越于自身而僭越天地，只能对于天地的生化不息起到助力作用，不断接近于天道。这个说法显然与船山在人性论上强调道—善—性的价值次序一致。天道是最完善的存在者，而人相对天则具有局限性。再者，如果不能"相天"，便会沦为"任天"，"相天"和"任天"的区别在于"相天"是非本能性的行为，是出于人的意志，不断趋向于"天"这个价值目的的行为。而"任天"是本能性的，由自然本性决定的生理行为。"任"意指放任不勉强，例如鱼会游泳、动物的群居特性，这些都是"任天"的表现。

"相天"的观念表明天人之间存在差等，天道高于人道，然而天道的自然性并不意味着人道无思无为，顺其本性，便能呈现天道。对船山而言，唯有发挥人道的主动作为，在经过了价值判断、选择后，才能保证人道真正具备了天道，进而实现人道。船山的人性论主张人性初生时禀赋的善并不完整，需要后天不断扩展和生成，除了人性存在善的根源以外，人道的主动作为同样构成了人性后天生成的前提条件。若没有人的思虑和主动作为，天道作为人道的基础也只是虚设，并不能真正地落实于人道，人性及人道自我扩展的基础便不复存在。所以，人道必须将天道作为内在于己的根据，并且将这种根据作为道德行动的动力。

人道内在地具备天道，同时又可以自觉主动地将天道落实于具体的工夫实践。在人生之初，"所以生者"是天地之德，但是既生以后，"所以尽其生之事而持其生之气者，人道也"②。"尽生之事"，"持生之气"的"尽"和"持"无疑透露了在生命展开的过程中，人道具备了主动作为和选择的能力。人可以担当天道的主持者，在天道的指

---

① （明）王夫之：《读四书大全说卷三·中庸》，《船山全书》第六册，第542页。
② （明）王夫之：《读四书大全说卷五·论语》，《船山全书》第六册，第684页。

引下有所作为，将天道转化为人道的工夫。船山说："自然者天地，主持者人，人者天地之心。"① 结合文意来看，这里的"人者天地之心"，指的是人作为天地之心，具有主动作为的能力，其根据来自天地，而非人的恣意妄为。同时，人道最终的目的又是造福于天地之化。当然，船山认为唯有圣人可以遵从并且引导人道发挥天道的内容。故他指出："天地之道虽无为而不息，然圣人以裁成辅相之。"② 人道之所以能裁成辅相天地，他的这段论述值得注意：

> 天地之化，与君子之德，原无异理。天地有川流之德，有敦化之德，德一而大小殊，内外具别，则君子亦无不然。**天地之化、天地之德，本无垠鄂，唯人显之**。人知寒，乃以谓天地有寒化；人知暑，乃以谓天地有暑化；人贵生，乃以谓"天地之大德曰生"；人性仁义，乃以曰"立天之道，阴与阳；立地之道，柔与刚"。③

船山此说由朱子而来，朱子在《四书章句集注》中评价"加我数年，五十以学易，可以无大过矣"时指出："学《易》，则明乎吉凶消长之理，进退存亡之道，故可以无大过。"④ 针对朱子的解释，船山认为《易》不仅告诉我们进退存亡之道，更是彰显天人一致的理，天地之化与君子之德没有分别，天地之德，君子皆具。后面的论述十分重要，他道出了人道何以知天道的过程，天地之德无穷无尽，唯有人可以彰显天地之德。人知寒所以知天地之寒，人知暑所知天地之暑，人重视其生命，因此知"天地之大德曰生"，人性具备仁义的德性，显示了立天之道和立地之道。由此可见，他的思路是，人通过知寒知暑的自然现象，反推而知天地有寒有暑。依此，人性

---

① （明）王夫之：《周易外传》卷二，《船山全书》第一册，第885页。
② （明）王夫之：《读四书大全说卷六·论语》，《船山全书》第六册，第834页。
③ （明）王夫之：《读四书大全说卷五·论语》，《船山全书》第六册，第706页。
④ （宋）朱熹：《四书章句集注》，第97页。

第八章 人成亦生生之道——以德行道的人道论

有"生"和仁义,同样也可以追溯天地存在大德和仁义之道。前者的论证涉及自然现象,符合日常经验,而后者却涉及道德伦理,从人性有仁义同样可以推知有天地有仁义之道。若依西方哲学的标准,这样的类比论证犯了从事实过渡到价值的谬误,由知寒知暑推知天地存在寒暑是一个关于自然事实的判断,依此通过人性有生和仁义推定天地之大德和仁义之道的存在却是从自然事实走向了价值判断。船山并没有关于事实和价值区分的意识,其旨意在于表明天地的大德和仁义之道内在于人,它规定了人之所是,贵生与仁义如同知寒知暑一样,是人具有的内在本性。总之,虽然人道来源于天道,但是天道毕竟自身不会作为,也没有意志,唯有人才能将天道呈现。

船山强调人道的重要性,但并不意味着德性的生成完全来自人的自我决定。他进一步将"人道"划分为两个部分,为德性确立了双重来源,一是立人之道,二是成人之道,实际上前者即天道,后者是内化于人在人身上能够为己所用的道。据此,人的德性亦由两部分组成,一是先天的禀赋,称为"天之德";二是"人之德",亦称为学之德。他的解释与朱子在《四书章句集注》中的解释并不一样,朱子在《四书章句集注》中释"德"为"行道而有得于心",后改为"得于心而不失"[①],侧重于强调从工夫实践中获得德性,但是朱子也说"德是得于天者,讲学而得之,得自家本分底物事"[②],如果依此解释,那就与船山主张"德"有先天之得和后天之得的区分基本相同。不过,重要的是如何理解"得于天"和"得于己"的关系,这是了解船山德性论和人道论的关键。他说:

> 人道有两义,必备举而后其可敏政之理著焉。道也,(修身以道。)仁也,义也,礼也,此立人之道,人之所当修者。犹地道之于树,必为茎、为叶、为华、为实者也。仁也,知也,勇

[①] 《四书章句附考序》,(宋)朱熹:《四书章句集注》,第 379 页。
[②] (宋)黎靖德编:《朱子语类》卷第六,第 101 页。

也，此成乎其人之道，而人得斯道以为德者。犹地道之于树，有所以生茎、生叶、生华、生实者也。道者，天与人所同也，天所与立而人必繇之者也。**德者，己所有也，天授之人而人用以行也。然人所得者，亦成其为条理，**（知以知，仁以守，勇以作。）而各有其径术，（知入道，仁凝道，勇向道。）故达德而亦人道也。以德行道，而所以行之者必一焉，则敏之之事也。①

这是船山对《中庸》第二十章"人道敏政，地道敏树"的解释，他认为这里的人道具有两层含义，由此才能有助于政事。首先，人道当有"立人之道"，"立人之道"是人道实行的根据，是人之所当修者，即人道的所以然。例如地道之于树，地道决定了树必可长出茎、叶、果实，因此立人之道是人之为人的根据。其次，人道也包括"成人之道"，因为仅有人道的根据还不够，最终实现人道还要依赖于人的作为，所以他将"仁，知，勇"作为成人之道，亦即表明仁、智、勇是实现"立人之道"的人道工夫。他又进一步用"德"的两个维度来说明这一问题，"德"是人所拥有的品质，一方面，"德"来自天赋，人具备了天赋之德以后，在道德实践中以此为根据；另一方面，他主张"人之所得"也能够成为人道的一部分，作为人道之根据而存在。例如，知的目的在于获得道德义理，是入道之门；仁的目的在于坚守住德性的品质，其作用是凝聚人道；勇的目的在于能够果断地决定和行动，最终通向并且实现人道。因此，作为三达德的"知、仁、勇"亦是人道。以德行道和行道的依据必然是合一的，而不是分离的。

不过，作为人道之依据的德性和后天获得的德性并不是先天合一的，而是在工夫实践的基础上才能实现合一。船山说：

---

① （明）王夫之：《读四书大全说卷三·中庸》，《船山全书》第六册，第520—521页。

第八章 人成亦生生之道——以德行道的人道论 235

　　德者，得也。有得于天者，性之得也；有得于人者，学之得也。学之得者，知道而力行之，则亦可得之为德矣。性之得者，非静存动察以见天地之心者，不足与于斯也。故不知德者，未尝无德，而其为德也，所谓弋获也，从道而得者也。唯知德者，则灼见夫所性之中，知、仁、勇之本体，自足以行天下之达道；而非缘道在天下，其名其法在所必行，因行之而生其心也。①

　　"德"意指有所得。有得于天者，称为"性之得"；有得于人者，称为"学之得"，即通过学也可以获得道，并且能够将道付诸实践，所以也可以称为德性。而先天禀赋之德，也不是自然获得的，而是必须通过"静存"和"动察"亦即通过道德涵养才能拥有，进而成为工夫的依据。"不知德者"未必是不具备德，只是还没有获得德性，只有通过具体的行为（"弋获"喻指行为），才能获得德性。而"知德者"亦即有德性的人，具备了知、仁、勇的本体根据，于是能够付诸实践，并且实现"达道"的道德境界。船山特别补充指出，道并不在人身之外，而是客观地存在于我们这个世界之中，具有某种必然执行的意义，而它也只有在具体的行动中使德性变成内在于人心的道德品质，才能成为人的道德根据。

　　获得的德性最终必须内化于人心，才成为真正的德性，这也是朱子"行道而有得于心"的本义。无论是得于天者还是行道所得，都最终成为"心"的某种内在品质。因此船山说："德有性之德，有行道有得之德，皆涵于心者也。"② 他不仅强调道、德本身的重要性，更强调德性须得于"心"。③ "德"并不只是一种道德品质或状态，而是内在于心的道德根据。"有得于心"，并不是在认知意义上

---

① （明）王夫之：《读四书大全说卷六·论语》，《船山全书》第六册，第823页。
② （明）王夫之：《读四书大全说卷五·论语》，《船山全书》第六册，第718页。
③ "行道而有得于心之谓德。得为心得，则修亦修之于心，故朱子以诚意、正心言此。"（明）王夫之：《读四书大全说卷五·论语》，《船山全书》第六册，第699页。

掌握了某个客观知识，而是被心所可，能够分辨、权衡善恶的道德品质，进而成为道德行动的动力根据。故船山强调：

> 性继善而无为，天之德也；心含性而效动，人之德也。①

前一句的经典依据是"继之者善"，意指先天禀赋的性，从善而来，这是天之德。天德本身并不会自我实现。只有经过"心"的自觉选择，并且发用为道德行为，才能真正成为人之德。因此，船山在讨论"天之德"和"人之德"时重在区分二者，并且强调"人之德"是后天所得，它不是来自先天所得，但是并未涉及"天之德"和"人之德"的关系问题，以及"天之德"究竟如何成为"人之德"？这是接下来要解答的问题。

第二节　人道的根基：自成、自道与自然

船山一方面主张人道来自天道，否则人道就失去了根据和基础；另一方面又提出"天道自天、人道自人"的观点，认为人道具有自我决定和判断的能力，试图凸显人道对于道德修养工夫的重要性。同时，他通过区分"天之德"和"人之德"来表明天人之间两种德性的差异。那么，天道的自然和人道的自为就存在不可绕开的矛盾，天道和人道的张力突显无疑。

如何化解这种张力是船山人道论的重要问题。他对此的讨论主要围绕《中庸》第二十五章"诚者自成，而道者自道也"而展开，其中的关键在于如何理解"自成"和"自道"。朱子《四书章句集注》对此章的解释是："言诚者物之所以自成，而道者人之所当自行

---

① （明）王夫之：《读四书大全说卷八·孟子》，《船山全书》第六册，第 895 页。

也。"① 前者意味着天道之诚会自我实现，表现在事物上；后者强调道便依赖人的行为。船山认为"自成"和"自道"皆是人道的工夫，因为"自"不是无主使、无造作的自然生成或本性使其所然，而是指自我的成德工夫。② 朱子在《四书或问》中通过引用程子"至诚事亲，则成人子，至诚事君，则成人臣"表达了这层意思，事亲和事君皆是人道。但根据船山的理解，《四书章句集注》和程子的说法存在一定矛盾。朱子"物之所以自成"指物的"本然"，这是说自我成就的根据在于事物具有本原意义上的"诚"，所以事物会自我造就和生成。另外，程门弟子游酢和杨时将"自成"理解为"无所待而然"，"无待"出自《庄子》，与有待有对，也指的是事物的自我造就，无须依赖外在力量。而程子的事亲、事君之说旨在表明人道的"能然"，指人道的能力。由此而言，一种解释表明事物存在本然的根据，因此便能自我成就，另一种解释则强调人道的主导作用。事实上，船山认为两者实则不可偏废：

> 须知《章句》于此下一"物"字，是尽著道体，说教圆满，而所取程子之说，则以距游、杨"无待"之言误以"自"为"自然"之自，而大谬于归其事于人之旨也。故《章句》又云"诚以心言"。曰"心"，则非在天之成万物者可知矣。③

对于天道的本然和人道的能然，船山更重视人道的工夫，并且认为人道工夫的关键在于"心"。船山肯定"诚者物之所以自成"指的是道体，即指天道。但是，仅有天道的本然还不够，因为根据天道的本然很有可能将"自成"理解为由天道便能自然而然创生，例如船山认为游酢和杨时的解释继承了老庄之旨，忽略了本章旨在强调人事工夫

---

① （宋）朱熹：《四书章句集注》，第33页。
② "'自成'乃所谓诚身成己之德也。"（明）王夫之：《四书笺解卷二·中庸》，《船山全书》第六册，第151页。
③ （明）王夫之：《读四书大全说卷三·中庸》，《船山全书》第六册，第554页。

的宗旨。因此，程子提出的事亲、事君旨在针对游、杨二人的"无待"之论。他进一步补充道，《四书章句集注》又言"诚以心言"表明"心"显然不是指天道本然对万物的创生，而是指内在于人的人心。

他之所以如此重视"诚以心言"这四个字，根源于他始终认为本章的宗旨在于强调人道工夫的重要性。"诚者自成"是指人的自我成就，涉及工夫层面的问题，而不是讨论天道之本然，这是他赞同"诚以心言"的原因。虽然心与性存在密切关联，但是心毕竟不是性，不可以心言性，其依据是"性为天所命之体，心为天所授之用"①。这是说性是天命之体，而发用者是心，仁义礼知皆是性，其本身不会发用流行。诚即心，因为心不是一个固定的性体，心可以将性体发用。所以，"诚以心言"获得了船山的充分肯定。

"诚以心言"也符合船山诠释此章的本意，他力图表明天道和人道皆不可偏废，天道不会自行造就人和物，人道又不可离开天道而自我完成人道。所以，他指出"心"根源于天，是内在于人的道德活动的发动根源，他说："心者，谓天予人以诚而人得之以为心也"，"人固有之心备万物于我者而言之"②。这是说"诚以心言"既肯定了诚和心的根源在于天道，同时又承认诚和心在本质上是属于人的，而不是天道以及他人替自我做主，这正是船山论本章的要旨所在。因此，船山又言：

> 若本文之旨，则"诚"与"道"皆以其固然之体言之，又皆兼人物而言之。"自成""自道"，则皆当然而务致其功之词，而略物以归之当人之身。若曰：天所命物以诚而我得之以为心者，乃我之所以成其德也；天所命我以性而人率之为道者，乃我之所必自行焉而后得为道也。以诚自成，而后天道之诚不虚；

---

① （明）王夫之：《读四书大全说卷三·中庸》，《船山全书》第六册，第554—555页。

② （明）王夫之：《读四书大全说卷三·中庸》，《船山全书》第六册，第554—555页。

第八章　人成亦生生之道——以德行道的人道论

自道夫道，而后率性之道不离。①

本章所论的"诚"和"道"既是天道的本然之体，又兼人物而言。"自成""自道"皆指人之当然，是指人道工夫。但是"自成""自道"省略了物的问题，而将"成"和"道"的主体归于人。天命将诚赋予人，人得诚以其为心，是人成德工夫的依据。天命将性赋予人，人率性以其为道，此道虽得之于天命，却必须通过人的"自行"才能得其道。这个论断十分重要，虽然天道是人道的根源，但是天道不会自我成就，更不会替代人道，只有在自我实际行为中才能真正获得道。由此出发，天道之诚得以在人身上呈现，率性之道亦不离于人。

"必自行"足以显示船山对人道的重视，这样的论述在其思想中并不鲜见，如"惟天道不息之妙，必因人道而成能，故人事自尽之极，合诸天道而不贰"②。天道生生不息的妙用，必须通过人道而呈现，只有将人事扩展到极致，才能合于天道。"则所贵者，必在己之'自成'而'自道'也"也表达了同一个道理。③ 人道之成德工夫的实现，从根本上说必须来自自主的选择和决定，而不是外在他力的强制。

若进一步追问，"自成"和"自道"本质上根源于自我选择和决定，那么这种自我决定是如何符合天道的，为什么自我的决定必定会根据天道的规定去行动？其实，天道在人已经指示了人内在地具备道德本能或潜能，但是更为重要的是将这种本能转化为自觉有为且稳定的道德能力，由此才能实现真正的"自成"和"自道"。

船山针对这一问题围绕"自"和"自然"的概念作了反省，试图证明人道虽根源于天，但是必须实得于己，因而"自"不是本性的自然生成，而是表明人道根源于自身，是指"有所自"。它既是反求诸己的反思能力，又是默识于心的体察能力。归根到底，"自"旨在

---

① （明）王夫之：《读四书大全说卷三·中庸》，《船山全书》第六册，第555页。
② （明）王夫之：《读四书大全说卷三·中庸》，《船山全书》第六册，第556页。
③ （明）王夫之：《读四书大全说卷三·中庸》，《船山全书》第六册，第555页。

强调人道必须基于自觉，由此才可以拥有天道，使天道得之于己，而非完全听命于天道。

"自然"一词，本多用于道家，具有万物实体、万物本性等多重内涵。① 就宋明理学而言，"自然"有两个重要意义，一是指天道的自然运行并且创造万物的过程，二是与人的"作为"相对，代表一种至高境界，特别是人格的熟化境界。② 按理学家之说，"自然"是"不勉强""不造作"的自然境界，与道家所言的本性自然有异曲同工之处，不过理学家的"自然"并不是自然本性无待而生，而是道德的自然，是天道本性所导致的道德精神的自然流露，是工夫修炼以后瓜熟蒂落的道德境界。对于这一点，无论是朱子学还是阳明学，皆肯定儒家的修养工夫的圣人境界须出于"自然"。朱子说："圣只是做到极至处，自然安行，不待勉强，故谓之圣。"③ 这是说圣学工夫在达到极致后，便是自然流露、不勉强的境界。到了明代，"以自然为宗"更是成为明代思想中的一股潮流。阳明学主张良知是不学而虑的，认为只要人人具备了良知本体，心自然会知，人自然会孝，强调的也是自然不造作的道德境界。

船山理解的"自然"并不强调自然不勉强的道德境界。在《说文广义》中，船山对"自"和"自然"作了诠释：

> 自者，己所言也。……通为从此达彼之词，转为所因之意者，事物皆由己出，己者，万事万物之因也。己为子，因以事父，己为臣，因以事君，推之皆从己出，故自者本也，事所因也。自然者，有自而然也。浮屠氏分释之，以有所原本曰自，固尔如此曰然，义亦略通。有自而然，则不待更作之劳，故为

---

① 王中江：《中国"自然"概念的源流和特性考论》，《学术月刊》2018 年第 9 期，第 15—34 页。
② 杨儒宾：《理学论述的"自然"概念》，载杨儒宾编《自然概念史论》，台北：台湾大学出版中心 2014 年版，第 188、198 页。
③ （宋）黎靖德编：《朱子语类》卷第五十八，第 1366 页。

不思不勉、生安合道之称。其所自者，性也；其能然者，理也。理全于性，性即理也。若物之必尔非待作为，事之必尔更无变易者，亦曰自然，言自己信之为然也。①

首先，船山从文字学的角度解释"自"，然后再引向义理解释。"自"训为"己"，进而引申为由此达彼，也可转释为"所因"，如事物皆由"己"而出即表明"己"是根据。自己为子，所以应该孝顺父亲，若为臣，则应忠于君主。万物由"己"而产生，所以"自"意味着万事之本，万物的根据。至于"自然"，他认为这是"有自而然"，亦即事物如此这样皆有其根据。他认为佛教将"自"和"然"分开解释，"自"指有所本，"然"指如此这样，其义也是相通的。如果事物皆有所本，那么就无须外力强加，事物自会依照其根据进行。他以儒家强调的"不思不勉""生知安行"为例，"自"即指人的德性，"能然"即指理，理合于性，因此"性即理也"，所以他认为"自然"也可以用来解释儒家的道德工夫。此外，他还指出，事物无须外力的强加，自己必然会实现，也是指"自然"，具体来说指信之以为然。应该说，他在这里对"自然"的解释稍显奇怪，比如，"能然"为什么是理？不过，其主要思想在于说明"自"是指事物的原因、根据，因此"自然"也是指事物有所本。

船山进一步将"自然"的解释运用到对"自得"工夫的理解上。早在先秦时代，《孟子》中已经明确出现"自得"的说法，② 君子以道为依据，沉潜于道德实践中，目的在于能够自觉地有所获得。如果在道德行为中实现了自得，还能牢牢地掌握它，并且在积蓄了一段时间后能够深刻地把握它，君子便能够游刃有余地表现道德的一面，所以道德的理想境界应是"自得"。

---

① （明）王夫之：《说文广义》卷三，《船山全书》第九册，第312页。
② "君子深造之以道，欲其自得之也。自得之，则居之安；居之安，则资之深；资之深，则取之左右逢其原，故君子欲其自得之也。"《孟子·离娄下》。

宋代理学家程颐、朱子后学等人皆以"自然而得""不假安排"解释"自得"。这里的"自得"是指在深厚的修养工夫基础上，自然而然就有德性。朱子则在《四书章句集注》中另辟蹊径，提出"自然而得之于己"的观点，既主张"自然而得"，又强调"得之于己"，前者强调不假安排，后者强调德性的获得内在于己。船山十分看重朱熹的这一观点，但是与朱子略有不同，朱子更重视"自然而得"，①而船山认为"自然而得"就是得之于己。他肯定了"深造以道"和"自得"完全是相呼应的关系，唯有在不断进行工夫实践的基础上，才能获得自觉的德性，如果工夫行之不深，只能是偶有所得或者勉强而得，就不是真正的自然而得。工夫的"深造"是自然而得的基础。这是朱子延续程颐等人之说，将自然而得作为不假安排的最高境界。船山更看重的是朱子"得之于己"的观点，认为："然所谓'自然而得'者，亦即于己得之之意。"② 也就是说，所谓的"自然而得"，不是指不用安排布置，而是真正得之于己，成为人的内在德性，这才是"自然而得之于己"的内在含义，其理由在于：

> 彼拏著守著、强勉求得者，唯其刻期取效于见闻，而非得于心。深造之以道，则以道养其心，而心受养于道，**故其自然而得者，唯吾心之所自生也**。③

"自然而得"不是勉强自己有意为之，并且在某个严格规定的时间范围内从日常见闻中获得道，这只是见闻所得，而非得于心。此

---

① 朱汉民等认为："朱子对自得的解释，与孟子本义稍有出入，朱子更多强调了得之自然的义涵，而孟子旨在强调自己之得。"见朱汉民、周之翔《朱熹的"自得"思想》，《社会科学战线》2011 年第 6 期，第 42 页。不过，朱子也并非完全不强调得之于己，见曹海东、钟虹《朱熹经典解释理论中的"自得"说》，《学习与实践》2014 年第 10 期，第 128—135 页。

② （明）王夫之：《读四书大全说卷九·孟子》，《船山全书》第六册，第 1020 页。

③ （明）王夫之：《读四书大全说卷九·孟子》，《船山全书》第六册，第 1020 页。

处以"见闻"和"心"对立,难免会令人想到宋明理学"见闻(闻见)之知"与"德性之知"的对立,意在指出勉强求得的只是出于知觉经验的见闻之知,而非出自内心本身的德性之知。船山试图指出,孟子的"深造以道"告诉我们,以道养心,心受养于道,由此就可以自然而得,因为道在心中是自觉自主获得的,这是真正的"自然而得"。如果严格来看,以道养心是指凭借"道"而养心,但是他又强调吾心自生,那么,这无疑默认了道已经内在于人心,由此才能保证道在吾心能够自生。要之,"自然而得"的真正要义在于强调心能够自觉体认内在于人的义理,并且将其作为道德根据,而不仅仅是不勉强地自然获得。因此,船山对《四书章句集注》中所引张栻的"自得"解释有所不满,因为张栻以"非他人所得"解释"自得",他认为无须从自我的对立面来论证"自得"。他提出:

> 此"自"字唯不须立一"人"字作对,却与**"反身而诚"**言"反身"者相近,亦与《论语注》"不言而识之于心"一"心"字相通,亦是学者吃紧论功取效处,不可删抹。**即以"自然而得"言之,所谓"自然"者,有所自而然之谓也。**如人翦彩作花,即非自然,唯彩虽可花,而非其**自体所固有**,必待他翦。若桃李之花,自然而发,则以桃李自体固有其花,因其所自而无不然,无待于他。由此言之,则吾心为义理所养,亲得亲生,得之己而无倚,唯其有自而然,斯以自然而然,明矣。①

"自"无须在"自我"与"他人"的对立中证明,"自"乃是出于自我,得之于己完全可以凭借自我得以确立。船山进一步说,"自"与《孟子》"反身而诚"的"反身"相近,与朱子对《论语》"默而识之"的解释"不言而识之于心"相通。"反身"即反求诸己,通过自我的反思,我们就可以使道得诸己。换言之,道根源于

---

① (明)王夫之:《读四书大全说卷九·孟子》,《船山全书》第六册,第1021页。

自我的反思性认同（reflective endorsement），① 反思性的认同确立了道在于心，得之于己，而不是来自他人或外部。所以，"不言而识之于心"强调的是道不是来自由外部产生的闻见，而是通过"心"的自我肯定领会道在于心。

接着，船山对"自然"下了一个定义，"自然"是"有所自而然"，此处的"自"指的是自我固有的品质，这种品质自觉地来自自我本身，而非他人强加于我。例如花的生长，来自其自身的生长规律，如果人剪裁而产生花，那么这样的花就不是其本来具有的特性。通过这一比喻，船山意在说明，若花的生长来自自身，那么义理与吾心的关系亦复如是，心中涵养义理，不需要依靠他物和他人，而是亲力亲为所得。因此，自然不是不依靠外力、不造作地任其自然，而必须是植根于内在根基的"自然"，故船山提出"唯其有自而然"，在这个意义上才能实现"自然而然"。须指出，这里的"自然而然"是指在具有内在根据的基础上，道便会自主自觉地从心中呈现。由此可知，他不否认从"不勉强""不造作"的角度谈自然，只是这样的自然必须基于自我或吾心这个内在根基，否则"不勉强"无从谈起，这是船山论"自然"的特色所在。

船山之所以强调"有所自而然"，另一个重要因素在于反对道家的自然观。在船山看来，道家式的自然停留于舍弃万物，因循而不主宰自我，不对自我进行反思，这显然是儒家不能认同的。② 儒家所说的自然，归根到底是道德的自然境界，如同船山所说："天下之义理，皆吾心之固有；涵泳深长，则吾心之义理油然自生。得之自然

---

① 这个概念来自克里斯蒂娜·M. 柯尔斯戈德（Christine M. Korsgaard）的《规范性的来源》，旨在论证规范性的来源出于人的理性，人的理性的反思性认同确立了规范性的根基，以及确立了自我的同一性。［美］克里斯蒂娜·柯尔斯戈德：《规范性的来源》，杨顺利译，上海译文出版社2010年版，第56—103页。

② 船山说："既深造以道，便已资于学问义理之养，则与庄子守此无物之己，堕耳目、弃圣智以孤求于心者不同。"（明）王夫之：《读四书大全说卷九·孟子》，《船山全书》第六册，第1020页。

者，皆心也；其不自然者，则唯其非吾心之得也。"① 天下的义理本已内在于吾心，如果涵养工夫达到一定深度和时间，义理会自然而然地呈现。所以船山得出结论，得之自然的都来自心，不自然的肯定不是心的真正所得。

总之，船山的"自然"之论有两个不可或缺的维度。第一，"自然"是基于内在依据即心之固有义理的"有所自而然"，它并不是无主使、无主宰的顺其自然，而是出于人心的道德反思形成的德性品质，同时，这种德性既根源于天，又来自修为。在这个意义上，"自然而得"是对于道德本性以及后天不断完善而得的道德的自得和体认。第二，他虽然未完全否认"不勉强"的自然，但是强调只有在工夫达到一定深度和时间的积累之后，才能实现"不勉强"的自然而然。因此，"自然"不是道德成熟以后抛弃了道德原则而进入了一种直觉反应，②"自然而得"必须出于有主使、有主宰的道德根据，这个根据即"心"，亦即船山心论中的"心思"。③

---

① （明）王夫之：《读四书大全说卷九·孟子》，《船山全书》第六册，第1021页。
② 转引自唐热风《心智具身性与行动的心智特征》，《哲学研究》2015年第2期，第114—115页。
③ 关于船山的"心"论，学界已多有研究。《尚书引义》反映了船山早期的"心论"，重点探讨了心之于身和工夫的地位，以及道心人心的关系等问题，但是并没有系统性地表达"心论"的基本观点。在《读四书大全说》中，船山系统性地阐发了心性情关系，心思，心志，恶的问题，集中地表达了"心论"。另可参见陈明《王船山〈尚书引义〉中对理学心说之反省及其治心工夫论》，《中国哲学史》2016年第2期，第105—113页；陈力祥、颜小梅：《褒贬是非：船山对朱子阳明性情论之批判与重构》，《宁夏社会科学》2018年第2期，第33—40页；谢晓东：《互藏交发说的困境及出路——王船山的人心道心思想新探》，《哲学动态》2019年第4期，第50—56页；胡家祥：《王夫之"志"论疏解》，《哲学研究》2017年第1期，第68—73页；程旺：《持志以定心——王船山的"正心教"及其定位》，《中国哲学史》2019年第4期，第66—72页；张学智：《王夫之〈四书〉阐说中的心与思——以〈孟子·尽心〉为中心》，《国学研究》第12期，2003年，第277—292页；陈政扬：《王夫之对张载"心"论的承继与新诠——以〈张子正蒙注〉为例》，《陕西师范大学学报》（哲学社会科学版）2017年第2期，第103—118页。

第三节　人道的完善：持权与德之成性

总体来看，船山认为圣学工夫没有什么是自然而然、不假修为的，实现道德境界必须建立在不断修为的基础之上，这无疑是船山人性理论的必然结论，他的出发点在于质疑宋明理学主张生而所禀赋的人性已实现了生而具足的现实状态。而他所主张的人性的存在是一个不断进步发展的过程，而不是先天地具备了完整的本质状态，故船山极力突出"日生"和"修为"的重要性。所以，他对天性的"自然"性提出了批评，这一"自然"指的是本性生而圆满具足，不需要任何人为的修饰和改变。

朱子在解释《孟子》"尧舜，性者也。汤武，反之也"时指出："性者，得全于天，无所污坏，不假修为，圣之至也。"① 朱子正是以自己的理学思想对"性者也"进行了诠释，性是天命之性，亦即理，它是人性的本然状态，没有被破坏，也无须后天的修为，所以工夫的努力在于"复其性"，这是圣学的最高境界。因此，"反之"也就得到了合理的解释，因为人性本来具足，只是在每一个个体身上被遮蔽了，所以后天的修为不是扩展其性，而是"复其性"，"反"和"复"的意思相通。

船山根据其人性论对朱子提出了异议，他说："谓尧、舜之所以能尔者，因其天资之为上哲，则固然矣。然云'无所污坏'则得，云'不假修为'则不得。"② 这是说尧、舜之所以成为尧、舜，其天资固然为上，也可以认为天资没有遭到破坏，但是不可主张其天性不需要后天的工夫。依船山之见，"《大易》《论语》说尧、舜，说

---

① （宋）朱熹：《四书章句集注》，第373页。
② （明）王夫之：《读四书大全说卷十·孟子》，《船山全书》第六册，第1144页。

圣人，一皆有实，不作自然之词"①。《易》和《论语》中提及圣人，皆有其实，从来没有以"自然"来形容圣人，圣人之学无一例外皆需要后天工夫的努力。在这个意义上，程子的解释引起了船山的注意。程子在解释"性者"和"反之"时认为，这里的"性者"通于"性之"，"性之"和"性者"的"性"是动词，意指养性、率性。船山据此而论：

> 此一"性"字，但周子引用分明，曰"性焉、安焉之谓圣"。性下著个"焉"字，与孟子言"性之"、"性者"合辙。但奉性以正情，则谓之"性焉"。《中庸》云"能尽其性"，有"能"有"尽"，岂不假修为之谓哉！既云"尧、舜性者也"，又云"人皆可以为尧、舜"，此二处若何折合？尧、舜之德自不可企及，何易言"人皆可为"？所以可为者，正在此一"性"字上。若云天使之然，则成侧不易，其将戕贼人而为之乎？②

船山认为周敦颐提出的"性焉、安焉"与孟子的"性之"和"性者"完全相同，皆表明"性"是动词，其含义是以性为依据纠正人的情感。这里的意思仍然旨在说明"性者"不是无须修为的自然天性，而是通过工夫而努力实现圣人之性。《中庸》"能尽其性"的"能"和"尽"同样指涉工夫，因此怎能说圣人不需要修为呢？更进一步，船山发现了一对矛盾，如果承认尧、舜自性本足，同时又声称人皆可为尧、舜，就落入了矛盾之中。究其本质，他认为不能轻易断言人皆可以尧舜，之所以"可为"，就在于天性不是圆满具足的，而是需要后天的努力。如果只强调天性自然，并且始终不变，也就无须人的修为工夫。最终，船山提出：

---

① （明）王夫之：《读四书大全说卷十·孟子》，《船山全书》第六册，第1145页。
② （明）王夫之：《读四书大全说卷十·孟子》，《船山全书》第六册，第1145页。

圣贤之教，下以别人于物，而上不欲人之蹑等于天。天则自然矣，物则自然矣。蜂蚁之义，相鼠之礼，不假修为矣，任天故也。过持"自然"之说，欲以合天，恐名天而实物也，危矣哉！[1]

圣贤之教不仅将人与物的不同加以区分，而且区分了人与天的地位，不可将人性作为天性，不能过度突出天性的重要性。天只有其自然运行，物也只有自然生理，蜂蚁之间的义，相鼠之间的礼皆无须修为，这是顺其天性的自然。然而，落实在人的层面，若过度强调自然，将人性合于天性，则是徒有天之名，而将人等同于动物，那样就危险了。船山说：

夫人之所以异于禽兽者，以其知觉之有渐，寂然不动，待感而通也。若禽之初出于𧃌，兽之初坠于胎，其啄龁之能，趋避之智，嗁啾求母，呴嚅相呼，及其长而无以过。使有人焉，生而能言，则亦智侔雏麑，而为不祥之尤矣。是何也？禽兽有天明而无己明，去天近，而其明较现。人则有天道而抑有人道，**去天道远，而人道始持权也**。[2]

在所引材料中，船山提到"人禽之辨"。"人禽之辨"语出《孟子》。他在释《孟子》时，认为人禽的根本区别在于"心"，人之"心"能发出仁义道德，而禽之"心"则不能明人世间的义理。[3] 而这里的人禽之辨，强调"生而有之"和"后天工夫"的差别。就人而言，人的知觉活动是一个渐进的发展过程，人与外界事物接触后才能逐渐明义理，即所谓的"感而通"。而对于禽兽而言，它们的身

---

[1]（明）王夫之：《读四书大全说卷十·孟子》，《船山全书》第六册，第1146页。
[2]（明）王夫之：《读四书大全说卷七·论语》，《船山全书》第六册，第852页。
[3]（明）王夫之：《读四书大全说卷七·论语》，《船山全书》第六册，第853页。

心活动，包括捕食、趋利避害等，并不会因为生命的成长而有所进步，始终保持在自然生理的层面。尽管人在初生之时，与禽兽类似，也具有先天赋予的自然本能，不过禽兽"有天明而无己明"，不能将这种本能进一步扩充，而人不仅能禀赋天性，还有后天的"人道"。"人道"的主体乃是人，"人道始持权也"意味着人能够自主决定自己的价值选择，并渐渐扩充其本能，使人道合于天道，因此也扩展了人的初生之性。

"人道始持权"是一个十分重要的概念，"始持权"表明在修为工夫的过程中，人逐渐发展了一种自作主宰的能力，这种能力的关键在于"权"。在儒学传统中，"权"出自《论语》和《孟子》，《论语》中有著名的"未可与权"，《孟子》有"权，然后知轻重"，以及"嫂溺援之以手者，权也"。这些论述引发了儒学史上著名的经权之变，一般来说，通常以为"权"意味着反经，也就是与礼法、道德原则相对的权变。从儒家伦理学的角度看，"权"是一种抽象上的道理的权衡，[①] 更确切地说，是一种道德权衡和道德选择。因此，修为会促进人的道德本能逐渐发展为一种稳定的道德判断、权衡、选择的能力，[②] 权的掌握也是一个在生命过程中不断形成的过程。船山说：

> 生之初，人未有权也，不能自取而自用也。惟天所授，则皆其纯粹以精者矣。天用其化以与人，则固谓之命矣。已生以

[①] 柳存仁：《说权及儒之行权义》，《中国文哲研究通讯》1999 年第 1 期，第 127—147 页。

[②] 有学者将船山的"权"解释为"自由意志"，认为："王夫之在人性生成论中通过对'人之权的自由选择性'、'自我的变革性'和'面向未来的创造性'三个方面的阐释，充分彰显了人性的生成性和人的自由意志。"陈屹：《王夫之的人性生成论思想》，《哲学与文化》2018 年第 10 期，第 107 页。但船山所谓的"权"以及自取、自用等概念，仍然强调的是人只有将某种普遍的道德本性逐渐转化为内在于己的德性品质后，才能够做出自主的道德选择。其根据仍然在具有超越性的天道，而不是完全来自自我，在道德问题上，船山以及儒家的基本立场是兼顾天人两个层面。

后，人既有权也，能自取而自用也。自取自用，则因乎习之所贯，为情之所歆，于是而疵莫择矣。①

在人生之初时，人不具备权衡判断的能力，因此对于天命不能"自取"和"自用"。"自取"和"自用"表明人的道德品质并不是仅仅听命于天而已，虽然人生而具备内在固然的善性。"自取"是自我的自觉，而"自用"则是道德的意志决断。如果不能进行自我的道德选择和决断，并且在具体的道德行为中展现出来，便不构成完整的道德性。故船山又说："故君子之养性，行所无事，而非听其自然，斯以择善必精，执中必固，无敢驰驱而戏渝已。"②即使在无事之时，也应做养性工夫以保持德性，而不是任凭自然本性，"择善"旨在实现道德的正当与完善，"执中"旨在实现德性的稳定。

船山的上述说法显然已经涉及人的道德判断和选择在德性形成和培养中的作用，禀赋于天的内在德性的显现需要经过主体的取舍和决定，才能成为一个稳定的道德品格。生而具有的善性只是人具备德性的根源，不等于人就此拥有了完整而稳定的德性，在人的生命展开过程中，还需要主体在各种道德境遇下不断培养、反思乃至坚守其德性。"自取"和"自用"的形成来自"习之所贯"和"情之所歆"，前者指后天的实践，只有通过不断反复的实践，才能逐渐形成一种稳定的权衡、判断能力；后者其实指自觉和自愿，意指我们的情感所羡慕、向往的东西，实际上可以引申为出自内心情感的自觉和自愿。也就是说，真正的道德行为必须是主观自愿的，而非外力强迫。所以，船山认为如果想要实现"自取"和"自用"，必须根源于不断的实践，在实践的基础上形成权衡的能力，并且达到自觉和自愿的境界，在此情况下，人的选择也就没有错误可言。

因此道德权衡的能力与道德品格既有联系又存在区别，道德品

---

① （明）王夫之：《尚书引义》卷三，《船山全书》第二册，第300—301页。
② （明）王夫之：《尚书引义》卷三，《船山全书》第二册，第301页。

第八章　人成亦生生之道——以德行道的人道论　251

格一般是指一个人的德性品质如何，但是道德权衡的能力又在很大程度上影响了其品性的发挥，所以二者并不是毫无关联的。如船山说：

> 耳有聪，目有明，心思有睿知。入天下之声色而研其理者，人之道也。聪必历于声而始辨，明必择于色而始晰，心出思而得之，不思则不得也。①

依船山之见，灵敏的听觉是耳朵应当具备的功能，清晰的视觉是眼睛具备的功能，明智之智是"心思"所具备的特质。"心思"不同于耳朵和眼睛的功能，是人的道德反思以及行动根源。而且，耳朵和眼睛的"功能"不是指工具性的功用，而是其固有的本性，心的本质功能是对其所遇到的声色进行研判。船山进而指出，耳目和心思的功能必须在其发挥功能的过程中才能进一步得到完善，如果没有使用这些功能，便不能成之为人。

"思而得之"的不仅是道德权衡能力，更是德性品质的完善，道德权衡能力只是其中一部分。完整的德性品质，还应当是内容上的扩展和完善。一个在道德上完善的人不能只具备抽象的、原则性的权衡能力，但无法在具体的实践中施用。道德情境上的扩展和道德权衡、判断能力的形成和完善，也是相辅相成的。如船山说：

> 德者，行道而有得于心之谓。有得于心者，必其有得于事理者也。若执一端之义，莽撞用去，**不复问现前所值之境，事理所宜，则日用之间，不得于心而妄为者多矣**。是知**日新而益盛**者，皆德也。②

---

① （明）王夫之：《读四书大全说卷七·论语》，《船山全书》第六册，第852页。
② （明）王夫之：《读四书大全说卷六·论语》，《船山全书》第六册，第780页。

船山延续了朱子对于"德"的解释,并且指出"得于心"必须基于事理而获得,"事理"指从具体的事情和情境中获得的礼仪规范。如果仅执着于心,不考虑具体的情境、具体事情的合理权宜,那么在日常的道德实践中,就会导致不得于心而妄自行动的状况,因此不合于德性。故船山主张,德性需要在日常的具体行为中,通过具体事件的积累而不断扩展,因此是"日新之德"。须指出的是,船山所言的"事理",其中的重要内容应指礼学所要求的礼仪实践,如船山说:"盖《易》《诗》《书》《乐》《春秋》皆著其理,而《礼》则实见于事。"① 五经皆指向理,而《礼记》则是将理实际地应用于具体的典籍。在具体的礼仪实践中,通过反复的礼仪行为,人逐渐将礼仪所要求的规定内在化为人心的德性积淀,进而形成道德的自觉和自用,故船山说:"仪物容貌之间,极乎至小而皆所性之德,体之而不遗,习于此则无不敬,安于敬则无不和,德涵于心而形于外,天理之节文皆仁之显也。"② 虽然礼仪实践的具体规定极为细致,但都关涉人的德性,唯有在礼仪实践中不断体察,才能形成对礼仪和道德法则的敬畏之心,从而达到内心的中和状态,完成德性的培养。因此,德性能够施用于具体的行为,天理的要求亦即仁的要求也就得以显现。

至于如何将日常情境行为的习惯转化为德性,并且能够适应于各种相应的日常情境,也是一个极为棘手的问题。当代社会心理学和人性心理学的境况主义实验对此提出了挑战,从伦理学的角度看,稳定的德性是自我认识和道德行动的基础,但是心理学家试图表明,人类行为更多地受到具体境况或情境的影响,而不是像我们通常设想的那样,主要是由行动者内在的心理特性来决定的。③ 我们的推理、决策

---

① (明)王夫之:《礼记章句》卷二十六,《船山全书》第四册,第1171页。
② (明)王夫之:《礼记章句》卷十二,《船山全书》第四册,第679页。
③ 陈玮、徐向东:《境况主义挑战与美德伦理》,《哲学研究》2018年第5期,第105页。

和判断并非都受到自己有意识的控制。① 实验主要针对的是亚里士多德的德性伦理学中的"品格"概念,而船山以及宋明理学所讲的"德性"能否被仅仅理解为"品格",是一个有待讨论的问题。

至少从船山的主张来看,其所理解的德性包含甚广,既有先天的德性,又有后天生成的德性,而且后天生成的德性并不是一种经验性的品格,而是在先天所赋德性的基础上,融入后天获得的德性,将其纳入自己的本性之中,进而完善人之为人的德性,这一德性能够克服自然欲望,成为一种道德力量。他说:

> 以性之德言之,人之有知有能也,皆人心固有之知能,得学而适遇之者也。若性无此知能,则应如梦,不相接续。故曰"惟狂克念作圣"。念不忘也,求之心而得其已知已能者也。抑曰"心之官则思,思则得之","此天之所与我者"。心官能思,所以思而即得,得之则为"故"矣。此固天之所与我者,而岂非性之成能乎?②

这一段引文是船山对《论语》"温故而知新"的进一步解释,船山解为"寻绎旧所得",这个解释根源于朱子。对于"旧所得",船山认为不应仅仅理解为先天之得,亦即"天之德"(性之德),行道而得于心者(人之德)也是旧所得。"旧所得"既是先天固然的德性,亦是后天不断获得的德性,两者共同构成了"性之德"。尽管船山区分了"天之德"(性之德)和"人之德",但是"人之德"最终还是需要成为"性之德",作为人性的德性品质而存在。所以船山说,从"性之德"的角度来看,人心有固有的道德知识和能力,不过需要在后天的各种遭遇中去呈现。如果"性"没有这样的固有

---

① 陈玮、徐向东:《境况主义挑战与美德伦理》,《哲学研究》2018 年第 5 期,第 106 页。

② (明)王夫之:《读四书大全说卷三·中庸》,《船山全书》第六册,第 567 页。

德性,后天得到的德性也就没有基础。故船山以《尚书》的"唯狂克念作圣"证明"克念"是对善的持守,[1] 并且求之于心,得其已知已能的德性,此便是"性之德"。他又以《孟子》"心之官则思,思则得之"和"此天之所与我者"试图说明,心的本质功能在"思",思是一种道德反思,通过"思"便能产生并获得德性,一旦得到了德性,"德性"就成为"旧所得"。"思"是天赋予我的固有道德根据,然而其施用则在后天,后天获得的德性也能促进和完善固有德性,因此是"性之成能"。

船山以"德之成性"表明后天的获得不断扩展德性,它是在先天所赋的固有德性基础上的完善:

以德之成性者言之,则凡触于事,兴于物,开通于前言往行者,皆天理流行之实,以日生其性者也。"继之者善",而"成之为性"者,与形始之性也;成以为性,而存存以为道义之门者,形而有之性也。(今人皆不能知此性。)性以为德,而德即其性,"故"之为德性也明矣;奉而勿失,使此心之明者常明焉,斯其为存心而非致知也,亦明矣。[2]

"德之成性"指人与事物不断接触,包括当下的事物,也包括前人的言论和行为,这里泛指人与各类事物的接触。船山认为在这个过程中,人的行为表现其实就是天理流行之实,这是喻指人的德性在其行为中不断发用,由此完善人的德性。虽然从天命那里禀赋的性具有善的根源,但是,"成之为性"的"性"是与形体所生时之性,而"成以为性"意味着需要人在后天生命中不断涵养(存存),最终成就其德性的完善。"性"具体表现为"德",而"德"即

---

[1] 船山在《尚书引义》中对"克念"的解释是"圣之所克念者,善而已矣"和"故相续之谓念,能持之谓克",所以"克念"即时时保持善心。(明)王夫之:《尚书引义》卷五,《船山全书》第二册,第388、390页。

[2] (明)王夫之:《读四书大全说卷三·中庸》,《船山全书》第六册,第567页。

"性"的，所以船山说"温故"的"故"即为德性，不应将德和性区分对待。如果能使德性始终涵于心，心便能常明，如此一来，"温故"便不是指记问之学，而是道德意义上的存心之学。①

总之，在生命过程中不断扩充积累的不是一般意义的知识，它不是知识内容和广度上的扩展，而是德性的完善。当然，这种扩充不是从无到有，而是基于先天的、内在的德性，在内在德性的基础上不断完善。其中最为主要的是道德权衡能力的培养和形成。"持权"这一概念表明，修为对人的促进作用在于将先天固有的道德本能或者道德意识转化为稳定的道德权衡能力。具备持权的能力，才能具备道德的"自取"和"自用"，前者是对德性的掌握，是道德的自觉，后者是将德性呈现出来，涉及意志和动力问题。船山并未明确区分两者，"自取"和"自用"是统一的关系。

第四节 人道不舍形色：充气与践形

在船山看来，德性的日生不仅是内在德性的完善，还离不开充

---

① 这里的"存心而非致知"旨在针对朱子后学对于朱子《中庸章句》第二十七章的讨论，《中庸》第二十七章说："故君子尊德性而道问学，致广大而尽精微，极高明而道中庸。温故而知新，敦厚以崇礼。"朱子《章句》的解释为："尊德性，所以存心而极乎道体之大也。道问学，所以致知而尽乎道体之细也。二者修德凝道之大端也。不以一毫私意自蔽，不以一毫私欲自累，涵泳乎其所已知。敦笃乎其所已能，此皆存心之属也。析理则不使有毫厘之差，处事则不使有过不及之谬，理义则日知其所未知，节文则日谨其所未谨，此皆致知之属也。盖非存心无以致知，而存心者又不可以不致知。故此五句，大小相资，首尾相应，圣贤所示入德之方，莫详于此，学者宜尽心焉。"朱子将尊德性作为存心之学，而将道问学作为致知之学，因此本章的解释旨在讨论"尊德性"和"道问学"的关系，这也是朱子思想的重要内容。朱子后学的关注焦点在于"存心"和"致知"分别指的是什么，以及两者之间的关系。其中，有学者以"温故"为致知之学，船山反对这一点，因而认为"温故"是尊德性之学。（明）胡广等纂修：《四书大全校注》上，周群、王玉琴校注，武汉大学出版社2009年版，第226—228页。

气与践形的实践,这在以往的船山学研究中关注较少,有必要加以探讨。① 前文曾引船山"人有其道,圣者尽之,则践形尽性而至于命矣"的说法,这是说圣人充分实现人道,须通过践形、尽性的工夫,最终才能实现天命所予,可见"践形"在船山人道论中具有重要地位。"践形"出自《孟子》:"形色,天性也。惟圣人然后可以践形。"上一章已经分析了船山的形色天性说与人性论的关联,其基本主张是形色即气,性即理,形色天性构成了内在具理之气,因此气善得以成立。所以在工夫论上,"践形"与"充气"密不可分,因为人道论的理论基础在于人性论的气善说,在天之气无不善,人禀赋了在天之气,亦是善的。在这个意义上,气充实于人的形色,并且在成德工夫中得到充实和进一步完善。船山说:

> 气充满于天地之间,即仁义充满于天地之间;充满待用,而为变为合,因于造物之无心,故犬牛之性不善,无伤于天道之诚。(在犬牛则不善,在造化之有犬牛则非不善。)**气充满于有生之后,则健顺充满于形色之中**;而变合无恒,以流乎情而效乎才者亦无恒也,故情之可以为不善,才之有善有不善,无伤于人道之善。②

气充满于天地之间,即仁义充满于天地之间。根据上一章,船山论证了气善,因此在天之气,内在具理之气,天地间充满的气即善气。具备善气以后可以发用流行,但是发用产生的变合具有偶然性。因为天地的造化并没有意志,所以动物之性有不善,并不影响天道本身具有的诚,即天道本身的善。犬牛虽有不善,但是天地造化产生犬牛的过程并无不善。在人身上,在天之气充满于人的生命

---

① 冯琳:《王船山的"践形"思想研究》,《江汉论坛》2013年第5期,第22—26页。

② (明)王夫之:《读四书大全说卷十·孟子》,《船山全书》第六册,第1056页。

初生以后，"有生以后"即指生命的存在，这意味着健顺之理充满于形色之中，这里所指的"形色"是指人的肉身存在。由此可见气的充实即道德之善充实于人的形体，这是人道的善。不善来自情，情可善也可不善，并不影响人道本身的善。

船山之所以重视"形色"和"践形"，根源于他不满佛老和儒学中的异端流于静坐、静悟的做法，他认为佛老的行为实践舍弃了由身体活动而实现的道德工夫。儒学的道德实践是真切地身体力行，形体虽然不是道德产生的根源，但是道德工夫离不开身体活动。他说：

> 圣人践形、尽性之学，岂但空空洞洞立于无过之地而已哉！[1]

> 此正圣学、异端一大界限。圣贤学问，纵教圣不可知，亦只是一实。舍吾耳目口体、动静语默，而别求根本；抑践此形形色色，而别立一至贵者，此唯释氏为然尔。[2]

儒学的践形、尽性之学不是空洞的学问，而是切实地实践。圣人的理想境界虽难以达到，但是圣学的核心要义在于"实"，如果舍弃耳目口体的身体活动以及言语活动，在人身之外另求一个根源，或者贬低人的肉身存在，试图在人的生命存在之外寻求解脱，这就等同于佛教的做法了。

尽管船山强调"充气"与"践形"对于人道实现的重要性，但是这并不等同于主张工夫在形色上做，形色终究不是儒学工夫的落实之处。在"形色天性"的一体结构中，形色不等同于天性，形色中有理，理在形色中的一体存在才是船山的关怀。也就是说，实现

---

[1] （明）王夫之：《读四书大全说卷七·论语》，《船山全书》第六册，第856页。
[2] （明）王夫之：《读四书大全说卷五·论语》，《船山全书》第六册，第714—715页。

人道工夫，充气与践形不是第一序的，它必须在穷理尽性的基础上才能进行。唯有先具备了道德义理，践形才有道德意义，才能实现德性的完善。因此，船山始终强调有理才能达气，尽性才能践形，这个说法的根源在于朱子对"践形"的解释。

朱子对"践形"的解释融入了自己的理学思想，他说：

> 人之有形有色，无不各有自然之理，所谓天性也。践，如践言之践。盖众人有是形，而不能尽其理，故无以践其形；惟圣人有是形，而又能尽其理，然后可以践其形而无歉也。①

朱子认为"形色，天性"的"天性"指形色之中的自然之理，"践"应当解释为践行。而不能践形的根源在于不能尽理，如果先穷尽了理，那么就能实现践形。在朱子看来，"践形"必须基于"尽理"。在这个问题上，船山继承了朱子的说法，并没有高看形色。他说：

> 形色则即是天性，而要以天性充形色，必不可于形色求作用。于形色求作用，则但得形色。合下一层粗浮底气魄，乃造化之迹，而非吾形色之实。故必如颜子之复礼以行乎视听言动者，**而后为践形之实学**。②

基于"形色即是天性"这一命题产生的工夫应是"以天性充形色"，而不是在形色上求形色的作用。船山已经讲得十分清楚，如果在形色上求得涵养的效果，只能获得形色。在形色上涵养，得到的是粗的气魄，这是造化的形迹，并不是真正的"形色—天

---

① （宋）朱熹：《四书章句集注》，第360—361页。
② （明）王夫之：《读四书大全说卷十·孟子》，《船山全书》第六册，第1133—1134页。

性"一体的真正的形色。所以必须通过复礼的实践端正视听言动的行为，由此才能落实为践形的实学。船山在此处强调复礼是践形的前提，同时他也指出存神是道德工夫的根本，但是存神的工夫不离于形色：

> 天之为德，不显于形色，而成形成色，沦浃贯通于形色之粗，无非气之所流行，则无非理之所昭著。圣功以存神为至，而不舍形色以尽其诚，此所以异于异端之虚而无实，自谓神灵而实则习不察、行不著也。①

天德在天的层面不显现于形色，在人成形以后，即人的生命产生以后，天德深入并贯通于形色，这一贯通即气在形色中流行，理在形色中显现。圣学之功以"存神"作为最重要的工夫，但是圣学最终达到诚的境界，不能舍弃形色，这是儒家之学与异端的分野所在。异端之学虚而无实，只讲"神灵"却抛弃具体的习行和实践。从这一段论述也可看到，船山强调存神为上，但是同样不能舍弃形色。

总之，形色并不是儒学工夫最根本的落脚点，践形在复礼、存神这些儒学的工夫面前是第二序的。不过，船山认为践形却是儒学区别于异端的根本所在。归根到底，"践形"的实质是以理达气，在尽性的基础上践形，必须落实于基于气与形的身体实践，而不是完全内化的心性之学，这也是船山人道论不可或缺的重要部分。

小　　结

本章主要探讨了以下两个问题。第一，人道的自我决定并不能

---

① （明）王夫之：《张子正蒙注》卷六，《船山全书》第十二册，第232页。

代表天道的存在，不能使天道只成一个虚设，或者说不能使天道没有实际意义。船山所言的天道不是主观建构的存在，或者只是由此说明道德根据为何。① 在中国哲学传统中，尤其是在船山深受影响的宋明理学的主流观点中，皆认为天道既是真实存在、生生不已的存在，又是真实无妄的价值依据。这一点船山亦不例外：

> 若人生之初，所以得生者，则实有之而可据者矣。"乾道变化，各正性命"，一阖一辟，充盈流动，与目为明，与耳为聪，与顶为圆，与踵为方正，自有雷雨满盈、絪缊蕃变之妙。②

在人生之初，人之所以生的根源不仅是实有的，而且是真实有据的。"实有"指天道的实在性，"可据"则是指天道对人而言不是没有意义的，更非借用过来作为道德的根据，而是真实可以为我所用的。天道不仅是"可据"的信念，更是人之所以生的最终依据和根据，是万物之所以生成的最终原因。这个依据即天道，乾道的变化产生了人的性命，阴阳二气的推荡运动充满于天道的运行。在天地的絪缊生化作用下，眼睛应具有清晰的视觉，耳朵应拥有灵敏的

---

① 例如，查尔斯·泰勒主张道德根源在于构成性的善（constitutive goods），而这个思想来自泰勒所认同的表达论，他说："道德根源给人以力量。更接近它们，得到关于它们的更清楚的观念，把握它们与什么相关，对于那些认识到它们的人来说，就是变得热爱或尊重它们，而且通过这种热爱和尊重能够更好地实践它们。而表达能使它们变得更近。那就是为什么词语能给人力量；为什么词语有时能有巨大的道德力量。"[加] 查尔斯·泰勒：《自我的根源：现代认同的形成》，韩震等译，译林出版社2012年版，第139页。关于泰勒"构成性的善"与儒家道德内在思想的比较研究，参见钱永祥《如何理解儒家的"道德内在说"：以泰勒为对比》，《台湾政治大学哲学学报》第19期，2008年，第1—32页。杨泽波主张儒家"天"论具体表现为"借天为说"，他认为："先秦儒家将仁性的根源归给德性之天，本质上是一种'借天为说'的做法，只能从'认其为真'的意义上理解，切不可认为仁性真的来自德性之天的赋予，从而把德性之天视为一个形上实体。"杨泽波：《信念的还是实体的？——儒家生生伦理学关于德性之天与仁性关系的思考》，《孔子研究》2018年第1期，第10—19页。

② （明）王夫之：《读四书大全说卷五·论语》，《船山全书》第六册，第685页。

听力，圆顶方足亦是身体形态应当具有的理想状态。目明、耳聪为何来自天道？因为对这些功能的本质规定并不来自人，它不以人的意志为转移，是人的固有品质。船山在解释"诚者天之道"时指出天之道是"天之所以立人之道而人性之中固有之天道"①，"固有"便是天道在人的实质内涵。所以，包括船山在内的儒学传统将人道的根源归于天，认为天作为一种超越人格的力量，决定了事物的固有属性，这就是天道的创生作用。同样，作为伦理依据的"心思"同样也不完全是人所能决定的，人在本质上内在地具备了道德，例如船山说："'天以阴阳五行化生万物'，以者用也，即用此阴阳五行之体也。犹言人以目视，以耳听，以手持，以足行，以心思也。"② 耳目手足以及心思能力，亦是天通过阴阳五行化生的结果。总之，天道高高在上，自然运行不息，是人的本质的最终根据和原因，其意在表明人在根本上是道德的存在，与禽兽和非生物具有本质差异。

第二，天道是人道的根源，但是人道具体如何展开，天道对此无能为力，故船山突出强调人道的重要性。天道的本然规定，全因人道而呈现。船山说：

> 形色备则天性寓矣。有自天成者，有自人成者。人成者生于人心之巧，亦生生之道也。③

天性寓于形色之中，然而道德价值有天生的，也有形成和成就于人道的。人成者根源于人心的灵巧，这就是所谓的"生生之道"。不过天成和人成的双重结构产生的一个理论结果很有可能是天人的倒置，天道在人成的前提下变成了相对而虚幻的根据。尽管天道存

---

① （明）王夫之：《四书笺解卷二·中庸》，《船山全书》第六册，第147页。
② （明）王夫之：《读四书大全说卷二·中庸》，《船山全书》第六册，第461页。
③ （明）王夫之：《礼记章句》卷四，《船山全书》第四册，第239页。

在其本然，但是对天道的把握和推行，却取决于人道的接受和判断能力在多大程度上能够把握并实现天道。即使承认人道具备了天道，也只是表明人道具有善的根源，具有善的本质能力，而人道的实现程度则取决于人道本身，因为"天"在每一个个体那里的意义可能完全不同，这正是船山所担忧的问题。

船山区分了"人之天"和"天之天"，以表明天人之间的张力。他说："人所有者，人之天也，晶然之清，晶然之虚，沦然之一，穹然之大，人不得而用之也。虽然，果且有异乎哉？昔之为天之天者，今之为人之天也。"[1] 人所拥有的是人的天，尽管天是"清虚一大"之天，"清虚一大"语出张载，指天的广袤无垠，对于这样的天，人无法全然获得，但是可以内在于己，为己所用。即便如此，"天"存在区分吗？船山明确提出存在"天之天"和"人之天"的区别，天本来是自在的存在，因人的存在，又产生了"人之天"。

不同的"人之天"可能完全不一样，因而"天"具有一定的相对性。船山坚持人禽之辨，认为"人之天"与"物之天"有所不同，他说："人之所知，人之天也；物之所知，物之天也。若夫天之为天者，肆应无极，随时无常，人以为人之天，物以为物之天，统人物之合以敦化，各正性命而不可齐也。"[2] 人所知的是人之天，动物所知的是物之天，不过天之所以为天，无极限也无意志，虽然天是人物的根源，决定了人物之性，但是人性与物性毕竟不同。更为深刻的是，船山质疑人之天也不一定等同于真正的天，因为时常出现以"己之意见"为天的现象，他说："人且不知天之又何似也，而以己之意见，号之曰'天'，以期人之尊信，求天之佑也，难矣哉！"[3] 如果人不知道何谓"天"，便以个人意见为天，以之作为敬重的对象，并希望求得天的保佑，但这是错误的。因此，天道生人

---

[1] （明）王夫之：《诗广传》卷四，《船山全书》第三册，第463页。
[2] （明）王夫之：《尚书引义》卷一，《船山全书》第二册，第271页。
[3] （明）王夫之：《尚书引义》卷一，《船山全书》第二册，第272页。

确实是一个天道授命的过程,然而真正能够把握天道,将其转化的根本在于人道。所以从现实层面来看,尽管人和物获得的天道是相同的,但是人和物对其的掌握和了解并不一样。如何能确保人们所获得的天道是真正普遍、绝对的在天之道,而不只是个人意见,恐怕是船山乃至宋明理学的这套理论都必然面临的挑战。

船山对"人之天"和"天之天"的区分旨在批评人的任意妄为,以己意为天意的做法。这个说法并不否认天道内在于人道,人具有道德的根源,但人道的自成和自道并不是任意妄为的自我主张,其依据是内在于心中的义理,而根据船山的心论,"心思"是人作为道德存在的根基,具备了对道德禀赋及道德价值的判断和选择能力。因此,船山试图强调的是内在的道德禀赋、自然天性必须经过人道的自觉认同、选择,在经历了生生不已的道德实践之后才能真正成为内在于己的道德品性,也正是在此意义上,人性在后天才能不断完善和扩展。

第九章

治身治世而不穷——道在事中的历史观

宇宙和人生具备"生"的面向也体现在历史观上,它为"生"的问题进一步打开了时空维度。历史中的主体是人,所以了解历史亦即把握人性所创造的历史,① 故有关历史发展的相关问题也与"生"的问题有关。"生"的过程本质上是"气"之"生",历史发展的过程即一阴一阳的错综变化,这一点往往也被视作气论的独特贡献。唐君毅在论及船山思想与朱子学、阳明学的区别时,特别重视船山思想的历史、社会以及文化价值,他说:"一重气而政治经济之重要性益显矣。一重气而论历史不止于褒贬,而可论事之社会价值、文化价值、历史价值及世运之升降,而有真正之历史哲学矣。"②

船山之所以重视历史,并非旨在了解过去发生之事,而是希望从历史中获得治理之道,最终落实于经世。经世一直是中国古代史学的理想,"资治"和"通鉴"是史家著史的终极目标,鉴于往事、通于

---

① 林安梧认为船山思想中的历史即人性史,或称为历史人性学。船山阐扬了人的历史性,并认定历史乃是人性落实于时空中的过程,历史乃是作为具有人性的人创造之历史,而人性实亦在此历史过程中养成。林安梧:《王船山人性史哲学之研究》,第38页。

② 唐君毅:《中国哲学原论·原教篇》,第414页。

今世、资于治世即史学的经世功能。① "资治"的前提取决于如何认识历史,以及是否能从历史上获得一般的普遍法则,如果能从历史中得到一般的规律,那么君王之治便有据可循。但是这个问题的前提条件是否成立还是存疑的,即历史中是否存在一般的规律或普遍之道本身就存在疑问。南宋时对此已有讨论,朱子和陈亮就"道"的问题展开了一场著名论辩,其焦点在汉唐君王是否得圣人之道,争论的背后反映了二者对圣王之道的理解大相径庭。朱子认为:"夫人只是这个人,道只是这个道,岂有三代、汉唐之别?"② 这是说道在天地间具有超越历史的特质,它是普遍之道。而陈亮由事功的角度出发,主张汉唐君王亦有圣人之道,必须基于具体的人和事来理解道,如其所言:"道非赖人以存,则释氏所谓千劫万劫者是真有之矣。"③

船山的历史观与陈亮表面上有类似之处,第六章曾指出,在船山的天道观中,"道"并非抽象的形而上之道,而是不离于阴阳、在阴阳之中的具体的真实之道。但是这并不意味着天道所具备的根据义同样遭到解构。船山的主张在于强调"道"不是独立于具体事物的独立存在物,而是与事物一体,必须于事物中呈现,即"道与阴阳为体"。更何况,"道"的本义已包含了通行之路这样的含义。因此,将"道"的问题落实至历史和政治领域中,便是在历史中不存在终极不变的圣王之道以及主宰历史发展的终极之道,"道"会随着具体的时代变化而具有某个时代的普遍性,所以也是生生不息的。

倘若这一结论成立,可能引发一些问题,首先便是世间根本不存在实现合理政治秩序的普遍依据,那么如何认识历史之道?对君王而言,"资治"和"通鉴"如何可能?此外,"道"的具体化也在

---

① 嵇文甫:《王船山的史学方法论》,载嵇文甫《王船山学术论丛》,第 1—21 页。
② (宋)朱熹:《答陈同甫(八)》,《晦庵先生朱文公文集》卷三十六,《朱子全书》第 21 册,第 1588 页。
③ 陈亮:《又乙巳春书之一》,《陈亮集》(增订本),邓广铭点校,中华书局 1987 年版,第 346 页。

某种程度上潜在地拒绝承认儒家传统中的"道统"论述,因为一事有一事之道必然导致"道"在历史中的绵延相传失去可能性,这也是值得探讨的问题。

第一节 一治一乱

历史上的治乱变化、朝代变革正是"生"的维度在人类社会中的具体展开。天道的运行是以阴阳相互往来为基础的"气"的运动,同理,人类社会的发展过程亦是"气"的运动。例如船山说:"物之生,器之成,气化之消长,世运之治乱,人事之顺逆,学术事功之得失,莫非一阴一阳之错综所就。"[1] 这是说事物的生长,器物的生成,气化过程的此消彼长,世运的治乱变化,人事以及学术和事功的得失,都来自一阴一阳之气的错综变化。

尤其值得一提的是世运的治乱,这是对历史进程的描述。船山认为历史进程存在"治"和"乱"两种情形,人类社会的历史展开具体呈现为一治一乱的交替:

> 治乱循环,一阴阳动静之几也。今云乱极而治,犹可言也;借曰治极而乱,其可乎?乱若生于治极,则尧、舜、禹之相承,治已极矣,胡弗即报以永嘉、靖康之祸乎?方乱而治人生,治法未亡,乃治;方治而乱人生,治法弛,乃乱。阴阳动静,固莫不然。阳含静德,故方动而静;阴储动能,故方静而动。故曰"动静无端"。待其极至而后大反,则有端矣。[2]

历史中治乱的循环,来自阴阳动静的相互作用之"几","几"是

---

[1] (明)王夫之:《周易内传》卷五,《船山全书》第一册,第537页。
[2] (明)王夫之:《思问录外篇》,《船山全书》第十二册,第431页。

阴阳变化的不确定性。乱的局面发展到极致转化为"治"是可行或可能的，然而由治的局面发展到了极致便转为"乱"，却是可疑的。船山对此又作了补充解释，如果"乱"产生于治极的状态，那么上古经历了尧、舜、禹三代圣王的统治，已经达到治的极点，为什么没有出现永嘉之乱、靖康之祸？尽管他对"治极而乱"有所怀疑，但是他仍然主张治乱始终处在循环之中，其理由是"治而乱"则是因为明君出现，治法没有丧失，"治而乱"则是因为治法已有松动，昏君产生，因此安定的局面并不坚定。更进一步，治乱循环的模式与阴阳动静的循环是同理的，阳动而含静的可能，故动而静，阴静的同时也含有动的可能，因此静而有动。所以动静始终处在相互循环、相互渗透的关系中，故有"动静无端"的说法。由此而言，治而乱、乱而治的状况在历史发展中都有端倪。因此，船山的历史观并不强调历史进步论，即认为历史将朝着某个最终目的不断前进和发展。

不过船山关于"一治一乱"的说法难免会给人造成一种印象，如果阴阳的变化是交替循环的，那么历史进程也是由治到乱、由乱到治的固定循环，因而构成了历史循环论，甚至引向历史预定论。事实上，治乱的交替并不是固定的循环，引入一阴一阳的错综来说明治乱，只是表明治乱这两种情况在历史上存在相互转化的可能，而不是绝对意义上的固定循环。船山说：

> 何以谓之陵夷？陵之夷而原，渐迤而下也。故陵之与原，无轸者也。乱极而治，非一旦之治也；治极而乱，非一旦之乱也。方乱之终，治之几动而响随之，为暄风之试霜午，犹乱已亟者，莫之觊焉耳；方治之盛，乱之几动而响随之，为凉飔之飏于暑昼，怙治而骄者、莫之觉焉耳。①

船山以陵与夷的转化这一自然现象证明治乱的循环不是固定不

---

① （明）王夫之：《诗广传》卷四，《船山全书》第三册，第479页。

变的,而是具有偶然性,因为丘陵渐缓而成为平原并没有严格的界限,所以是"无畛"的,没有自然预兆的。同理,乱而极、极而乱的循环也不是突然发生的,乱世行将结束时,治的可能性就会产生,只是难以察觉。治达到极点,乱的可能性也会产生,治乱的变化不是一蹴而就,而是有渐进的过程。船山由治乱的偶然性力图表明两个道理:第一,在历史进程中存在一定的规律,长治久安固然是人类社会的最高理想,然而基于历史经验来看,治乱更迭的现象始终是历史发展中的基本模式。第二,尽管承认治乱交替的必然性,但是对于治乱究竟何时更迭,是否存在固定不变的交替模式,船山持否定态度,因为不能以人为规定的普遍发展模式来安排和设想人类社会的进程。相反,对历史进程的评价和判断必须依其客观情势,它具有因地因时的具体性,而没有抽象的普遍义。所以,历史进程中亦不存在普遍的、超越于时代的道,治乱可以视为一种循环,但是治乱的循环并不是严格意义上重复,而是具有相对的偶然性。这种偶然性的产生取决于君主的作为是否合乎儒家的道德标准,能否以儒家之道治理好整个国家。

根据这一观点,历代王朝各种各样的"常法"也因此不复存在,例如"正统论"便遭到了船山的强烈批评。自秦汉以来,支撑"正统论"的主要根据之一是邹衍的"五德终始说",即以五德之运的循环规律作为王朝合法性的理论根源。由此一来,政权合法与否取决于一套"人为"建构的正统观念。而在船山看来,政权的治乱更迭不存在不变的绝对性,因此君主也无须秉持正统论如"五德始终"来证明政权的合法性。他说:

> 天下之势,一离一合,一治一乱而已。离而合之,合者不继离也;乱而治之,治者不继乱也。明于治乱合离之各有时,**则奚有于五德之相禅,而取必于一统之相承哉!**[①]

---

① (明)王夫之:《读通鉴论》卷十六,《船山全书》第十册,第610页。

第九章 治身治世而不穷——道在事中的历史观　269

天下之势无非由离合和治乱构成。不过，离合和治乱并不是固定的此消彼长关系，在分崩离析之时，亟须的是统一，但是这并不意味着合继承了离。同理，乱世需要平定，然而也不表明安定的王朝直接继承了乱世。究其根本，治乱合离各有其自身的时机，而不是以五德循环为标准代代传承下去。所以，船山否认历史中存在预定的客观法则。

不过船山也并没有否认把握历史必然性的可能性。他把这种必然性仍然归于道，主张王朝更替的过程是"道"的传承过程，正如他所说："天下之生，一治一乱，帝王之兴，以治相继，奚必手相授受哉！道相承也。"① 一治一乱的传承，实质上是继承安定的统治，而且，哪里一定需要帝王相授或相承呢？归根结底，传承的不是君位，而是儒家之道。显然，船山以儒家的道德标准来评判正统论。这是宋代以来政治文化出现的一个重要变化，五德始终说在宋代以降的正统观念中逐渐让位给道德旨趣，② 船山亦概莫能外。例如他在总结历史兴亡教训时试图告诉世人，"安危祸福之几，莫不循理以为本"③。在存亡之际，唯有遵循以理为本的治理之道，才能得以转危为安。"循理"显然带有鲜明的宋明理学色彩，这个"理"不仅是万物客观之理，更是道德义理。

船山主张道在历史中相承，在某种意义上也否认了"道"具有超越时空、绝对不变的特点。以道德标准来衡量正统性，实质是以君主的道德性来规范统治的合法性。因此，船山将人在历史中的作用和历史进程的趋势结合起来，主张在历史进程中存在着客观情势，如果君主能够顺应历史潮流，以理驭势，得天下之大势，实现统治的长治久安，也就获得了王朝的合法性。其实，支撑这一观点的逻

---

① （明）王夫之：《读通鉴论》卷二十二，《船山全书》第十册，第853页。
② 刘浦江：《"五德终始"说之终结——兼论宋代以降传统政治文化的嬗变》，载刘浦江《正统与华夷：中国传统政治文化研究》，中华书局2017年版，第61—87页。
③ （明）王夫之：《读通鉴论》卷二十四，《船山全书》第十册，第932页。

辑是承认在历史发展过程中存在着一定的道，道必须植根于特定的历史大势之中，而不是脱离于历史情境的抽象的普遍之道。由此，道在历史中生生不息，历史的发展不只是情势的种种变化，而是道在器中生生不已的传承。

第二节　理势合一

治乱相生是对历史客观进程的一种描述，船山承认治乱相生的背后不存在固定不变的循环，但是这并不表明历史进程中没有秩序和法则，只是他否认脱离具体的时代来获得这种合理的秩序和法则，亦即道。他用"理势"这对概念来解释具体的场景，即天下有道之时和无道之时的状态，其讨论的文本主要基于《孟子·离娄上》中的"天下有道，小德役大德，小贤役大贤；天下无道，小役大，弱役强。斯二者，天也。顺天者存，逆天者亡。"船山的论述正是针对《孟子》的原文及朱子的解释及朱子后学的注释而阐发的。

朱子在《四书章句集注》中说："天者，理势之当然。"① 有道和无道都是"天"，前者指德性不足的人服从于德性深厚的人，即是"理"的状态，这是理所应当的。反过来，德性不足的役使德性深厚的人，这种情况的出现不以德性的高低为标准，有德者在下位，无德者在上位，正是所谓的"德不配位"，这是以实力的强弱为标准，就是所谓的"势"，是一种人们难以拒绝的现实法则，因此也是"天"，这里的天指人们对此无可奈何。从表面上看，有道之天是以"理"而言，无道之天是以"势"而言，但是船山反对将理和势分别对应天下有道和天下无道，他说："粗疏就文字看，则有道之天似以理言，无道之天似以势言，实则不然。"② 他的理解是既然《孟

---

① （宋）朱熹：《四书章句集注》，第279页。
② （明）王夫之：《读四书大全说卷九·孟子》，《船山全书》第六册，第992页。

子》中的两句话都用"役"这个词，显然都指的是势。同时，势之当然处就是理，两者不可区分。他在这个问题上的看法在于强调理势不可分或理势合一。而他的批评对象还包括了朱子后学饶鲁，即饶双峰，双峰说："小德大德，小贤大贤，以理言；小大强弱以势言。盖天下有理有气，就事上说，气便是势，才到势之当然处，便非人之所能为，即势是天子。"① 双峰认为有道之时是以理为标准。无道之时则是以势为标准。这个说法即船山批评的对象，他主张理和势实际上截然不可分。

他说：

"小德役大德，小贤役大贤"，理也。理当然而然，则成乎势矣。"小役大，弱役强"，势也。势既然而不得不然，则即此为理矣。②

"理势合一"说的基础即理气论，前面已经多次提及，在理气关系上，他认为"理"是"气"的变化运动中所呈现出的根据，"理"必在"气"上见。基于此，他认为"理势"亦不可分。

这种解释的难点在于，无道之时为何是理势合一的？小德小贤宜听大德大贤是理所当然，理是客观情势运行的合理法则。而弱役强显然不符合那种道义上的所当然之理，但是它是人们通常无力改变的情势，这也是一种不得不这样的必然之理。所以船山把有道规定为气成乎治之理，把无道规定为气成乎乱之理，③ 承认存在"乱之理"。治之理是理成势之理，乱之理是势成理之势。但是这不是说船山认为在治理天下时应当弱役强，他只是承认无道之时确实是存在的，其中的理是乱之理，不是治之理，他仍然强调"理势"其实

---

① （明）胡广等纂修：《四书大全校注》下，第902页。
② （明）王夫之：《读四书大全说卷九·孟子》，《船山全书》第六册，第992页。
③ （明）王夫之：《读四书大全说卷九·孟子》，《船山全书》第六册，第993页。

应当是理之势,循理才能成势。"势"和"理"的关系并不是由"势"决定"理",而是应由"理"得"势"。因此船山说:

> 言理势者,犹言理之势也,犹凡言理气者,谓理之气也。理本非一成可执之物,不可得而见;气之条绪节文,乃理之可见者也。故其始之有理,即于气上见理;迨已得理,则自然成势,又只在势之必然处见理。①

"理势"即"有理之势",如同"理气"即"有理之气"。"理"并非一真实的可执之物,"理"必须于"气"上才能见,例如"理"是"气"的条理纹路。从根源上说,也要有"理",才能成为气之"理"。基于此,有理之气则自然成为某种"势",势所呈现出的便是"理"。因此船山高度评价孟子将这种"理势"的必然性归之于"天",并且强调了理势合一的观点。他说:

> 孟子于此,看得"势"字精微,"理"字广大,合而名之曰"天"。进可以兴王,而退可以保国,总将**理势作一合说**。曲为分析,失其旨矣。②

船山认为孟子所理解的"理"和"势"颇有见地,合"理""势"为"天",若顺"理势",顺"天"而治,便可以完成"兴王""保国"的政治事业。更重要的是,必须将理势作"合一"看待,如果拆分了理势,也就失去了其根本意旨。这里所指的天,当为"顺天者存,逆天者亡"这一句中的"天",它是理之势,即由合理的道义而引发的天下情势,而不是"斯二者,天也"所指的那

---

① (明)王夫之:《读四书大全说卷九·孟子》,《船山全书》第六册,第994页。
② (明)王夫之:《读四书大全说卷九·孟子》,《船山全书》第六册,第994—995页。

种不以人的意志为转移的"天"。

以"理势合一"为"天","理"内在于势,而不是脱离于势。此说的意义旨在强调,理不是超越时空、亘古不变的终极真理,更不存在固定排列的历史循环规律。"理"必须植根于具体的历史环境,实现于具体的历史场景中才有意义,它既是具体的,又是普遍的。张学智在讨论船山历史观时指出:"王夫之不认为整个人类历史过程有规律,但他承认一定的历史时期存在某种必然性。"[①] 因此,这意味着不同的时代有其自身的普遍之理,把握这样的理必须考虑其具体的历史环境,这是船山得出的最终论断。

"理势合一"的观点旨在告诉人们,尤其是君王,若想要寻求善治,应该顺应天下之理势。因此,更为关键的问题便是,对于君王而言,究竟如何顺天下之理势?这是船山的历史观试图回答的终极问题。

第三节　道以成事有体

虽然理势是船山史论的一种解释范畴,但是他使用较多的概念仍然是"道"。中国传统的史论也多用"道"的观念。"道"是在历史发展过程中具体的、普遍的原则,那么对历史的了解和探索的目的就是探求历史上各朝各代的"道",终极目的则是希望通过从历史中获得启示,并且用于今日的治理之道。船山亦主张统治者通过探求不同历史阶段中的具体的"道",最终服务于王朝的治理。

在《读通鉴论》的最后,他指出:

> 引而伸之,是以有论;浚而求之,是以有论;博而证之,

[①] 张学智:《王夫之历史观新议》,载北京大学中国传统文化研究中心编《文化的馈赠:汉学研究国际会议论文集·哲学卷》,北京大学出版社2000年版,第253页。

是以有论；协而一之，是以有论；心得而可以资人之通，是以有论。**道无方，以位物于有方；道无体，以成事之有体**。鉴之者明，通之也广，资之也深，**人自取之，而治身治世、肆应而不穷**。抑岂曰"**此所论者立一成之俪，而终古不易也哉**"！①

船山认为，《资治通鉴》的作用在于"资治"，因此十分重视史论，而史论主要有五种类型，一是引申而论，二是求历史的原因而论，三是通过旁征博引而引发的评论，四是综合各种历史现象而论，五是心有所得而论。撰写史论的目的在于获得"道"，道无方所，只有在物之中才有道，在具体的事之中才有道，因此，对历史事件的考察和评论，宗旨就在于由对历史事件的评判，上升到通晓历史，最终落实于资治。而资治的主体在人，人通过考察历史实现治身治世，此乃读史的终极理想。而资治的根据乃是历史中具体的、多样的道，它随着不同历史阶段而有不同的表现，因此也就不存在终古不易的抽象的普遍之道。船山提出"道以成事为体"的意义在于，揭示道在历史中是生生不息的，道存在于各个历史阶段，落实在具体的史事之中具有生生不息的特点。所以统治者观察历史，也必须结合具体的历史情境来理解道，由此才能实现治身治世而生生不穷。

历史发展过程中的秩序是可以被掌握和了解的，这种秩序即是"道"。得道的主体在于心，船山史论的最终理想是"心得而可以资人之通"，也就是说，资治的真正落脚处在于"心"，"心"是治世的核心。因此船山提出"以心驭政"的说法，力主治的实现必须依赖于"心"。他说：

> 曰"资治"者，非知治知乱而已也，所以为力行求治之资也。览往代之治而快然，览往代之乱而愀然，知其有以致治而治，则称说其美；知其有以召乱而乱，则诟厉其恶；言已终，

---

① （明）王夫之：《读通鉴论》卷末，《船山全书》第十册，第1184页。

第九章　治身治世而不穷——道在事中的历史观

卷已掩，好恶之情已竭，颓然若忘，临事而仍用其故心，闻见虽多，辨证虽详，亦程子所谓"玩物丧志"也。①

"资治"绝非只是知治和乱的历史事实而已，而应以具体的力行为根本宗旨，这里的"力行"指政治实践。船山批评了读史的一些错误倾向，例如我们通常读历史时，读到历史上的盛世会感到快意，看到乱世便会感到惆怅，同样，也会因此称赞盛世而贬低乱世，但是当我们读完历史后，便会忘记所有，遇事仍然以其"故心"，没有从历史中获得新启发。尽管读了很多史书，考察详细的历史，却仍然如同程子所说的"玩物丧志"。船山列举上述例子，旨在说明读史必须要有新的心得，并提升自己的"心"，从而能够更好地应对天下之事，向"治"的方向而不断努力。因为，治世之道所要求和依靠的是君主之心。因此，他主张"治之所资，唯在一心"。他说：

> 夫治之所资，法之善者也。善于彼者，未必其善于此也。君以柔嘉为则，而汉元帝失制以酿乱；臣以戆直为忠，而刘栖楚碎首以藏奸。攘夷复中原，大义也，而梁武以败；含怒杀将帅，危道也，而周主以兴。无不可为治之资者，无不可为乱之媒。然则治之所资者，**一心而已矣。以心驭政**，则凡政皆可以宜民，莫匪治之资；而善取资者，变通以成乎可久。设身于古之时势，为己之所躬逢；研虑于古之谋为，为己之所身任。取古人宗社之安危，代为之忧患，而己之去危以即安者在矣；取古昔民情之利病，代为之斟酌，而今之兴利以除害者在矣。得可资，失亦可资也；同可资，异亦可资也。**故治之所资，惟在一心**，而史特其鉴也。②

---

① （明）王夫之：《读通鉴论》卷末，《船山全书》第十册，第1183页。
② （明）王夫之：《读通鉴论》卷末，《船山全书》第十册，第1183—1184页。

船山认为"治"所凭借的就是各种法则，只是每个人所擅长的部分皆有不同。他举例说，如果君主以温和善良为原则，就会出现汉元帝刘奭宠信宦官所导致的朝廷混乱，进而引发西汉衰乱；如果臣子以憨厚耿直为忠于君主，就如同刘栖楚以碎首相逼，最后落得回乡的下场。尊王攘夷看似是大义，梁武帝击退北魏，最终也失败了。含怒杀将帅，本应是危险之道，但是周主却由此开始兴盛。事实上，这些史论旨在表明知历史上治乱的终极目的是资治，由治乱获得启示。而启示的根本立足点即在于"心"，所以船山说"治之所资者，一心而已矣"，以心驭政，才能实现治世治民的理想境界。然而，何以实现"以心驭政呢"？关键在于"心"的变通，具体来说，船山主张君主要设身处于历史中，由此才能假设自己遇古人之遇，思古人之所思，以古人之任为己任，体会古人的忧患，社稷的安危，体察古代的民情利害，并假设自己能够代替古人兴利除害。

治的根据在于心，但是船山同时认为古代圣人得道的途径在于"冶器"，治的对象是器而不是道。他提出"天下惟器"的观点，认为"道"的存在必须依于器，他说：

> 天下惟器而已矣。道者器之道，器者不可谓之道之器也。[1]

他认为天下最根本的存在只有"器"，"道"的存在必须依于器，而不可说"道"之"器"，因为"道"由器而呈现，因而在逻辑上必先有"器"，才能有"道"。基于此，船山展开了对"道"的历史性的论证，他说：

> 无其器则无其道，人鲜能言之，而固其诚然者也。洪荒无揖让之道，唐、虞无吊伐之道，汉、唐无今日之道，则今日无

---

[1] （明）王夫之：《周易外传》卷五，《船山全书》第一册，第1027页。

他年之道者多矣。未有弓矢而无射道，未有车马而无御道，未有牢醴璧币、钟磬管弦而无礼乐之道。则未有子而无父道，未有弟而无兄道，道之可有而且无者多矣。故无其器则无其道，诚然之言也，而人特未察耳。①

船山认为"无器则无道"这一观点鲜有人能了解。所以他通过具体的例子来证明这个观点，例如洪荒时代无揖让之道，唐虞之际无吊乏之道，汉唐也无今日之道。由此可推知，今日亦无过往某个时段的道的情形众多。另外，从具体的器物出发，船山举例说如没有弓便无射道，没有车马也就没有御道等，这些例子旨在说明"道"的存在与否不是必然的事，因为"道"必须依于"器"而存在，没有"器"也就不存在"道"。

围绕"道""器"的论述并不局限于纯粹的理论意义，而是具有丰富的政治、历史维度，因为它涉及治国平天下的政治方略到底是"治道"还是"治器"，"治道"表面上意味着抛开具体的历史环境，主张"道"的超越普遍性，认为"道"不因时因地而存在。与之相对，"治器"则是从"道"的历史相对性出发，认为因时空的变化而有不同的政治之道。显然，基于"无器则无道"的立场，船山注重"治器"，他说：

故古之圣人，能治器而不能治道。治器者则谓之道，道得则谓之德，器成则谓之行，器用之广则谓之变通，器效之著则谓之事业。②

这一段话是对于《系辞》"化而裁之谓之变，推而行之谓之通，举而错之天下之民谓之事业"的评论，本义是以《易》的阴阳推移

---

① （明）王夫之：《周易外传》卷五，《船山全书》第一册，第1028页。
② （明）王夫之：《周易外传》卷五，《船山全书》第一册，第1028页。

往来所代表的"道"去应天下之变，行天下之事，最终施于天下之民，才能成就圣王的伟大事业。而在船山看来，古代的圣人能治器而不能治道，治器即实现了天下之治，便是实现"道"，得道便意味着"德"的实现。古代圣王的最终目的是"器成"，即实现社会政治的良序发展，由"治器"出发，可以通于天下之事，进而完成平治天下的事业。

第四节 "道统"观再论

依据"资治于心，以心驭政"的立场，资治的主体是"心"，而资治的对象表面上是"器"，但最终实现的是"道"，表明船山仍然主张以"道"而"治"。这就关系到儒学传统中的一大重要论题，即"道统"与"治统"的关系。在船山看来，应当追求的最高理想即"道统"与"治统"的合一。

根据船山之论，"道"必以"事"为体，这是由其道不离阴阳、道不离器的理论立场所决定的。基于这一立场，儒学传统的"道统"观念遂有可能受到挑战。宋代以来所建立的道统观之所以成立的一个重要理论依据在于，"道"存在于圣人之学中，且存在一个传承谱系。"道"具有某种脱离具体时代的普遍超越性，由此才可能产生道统相传的儒学精神传统。故宋代以来"道统观"中的"道"不可能是某种具体的、具有历史相对性的"道"。

船山否认"道"的抽象普遍性，认为"道"不离于阴阳，必须在器中见，再结合其主张"治器"的观念，他对道统论应持否定态度。在他的论述中，确实可以找到若干说法来支持这一点：

> 故学者之言学，治者之言治，奉尧、舜以为镇压人心之标的；我察其情，与缁黄之流推高其祖以树宗风者无以异。韩愈氏之言曰："尧以是传之舜，舜以是传之禹"，相续不断以至于

第九章　治身治世而不穷——道在事中的历史观　279

孟子。愈果灼见其所传者何道邪？抑仅高举之以夸其所从来邪？愈以俗儒之词章，安石以申、商之名法，无不可曰尧、舜在是，吾甚为言尧言舜者危也。①

　　这一段论述往往用来证明船山是反道统论的，② 其文本来自他对北宋王安石的史事的评论，实质是针对具体的政治治理的问题，特别是治法的问题而论，而非论儒家道统问题。具体说来，起因是王安石入对，宋神宗向王安石询问效仿唐太宗治国如何，王安石认为应效法尧舜，而非唐太宗。对此，船山认为王安石出言过甚，因此对学者言学、治者言治时的思想倾向进行批评，不满他们将尧、舜奉为标杆，并将自己列到尧舜的传承谱系中，这在某种程度上无异于抬高自我、贬低他人。他指出这种倾向与佛教中推高其始祖来标榜宗派的做法并无二致。基于此，船山质疑韩愈提出的由尧传舜再传至孟子的道统论中所谓的"道"根本不存在，并断定此道统论过度推高了道统传承的重要性。在这个意义上，道统论的合法性在船山看来是存疑的。

　　但是船山转而又对尧舜大加赞赏，并且提出"人皆可为尧舜"的论调，由此言之，尧舜之道不仅不是封闭的宗派之传，而是可学可效仿的。他说：

夫尧、舜之学，与尧、舜之治，同条而共贯者也。安石亦知之乎？尧、舜之治，尧、舜之道为之；尧、舜之道，尧、舜之德为之。二典具存，孔、孟之所称述者不一，定以何者为尧、舜之治法哉？命岳牧，放四凶，敬郊禋，觐群后，皆百王之常法。唯以允恭克让之心，致其精一以行之，遂与天同其巍荡。

----

① （明）王夫之：《宋论》卷六，《船山全书》第十一册，第153页。
② 吴根友：《王夫之的政治哲学思想简论》，《船山学刊》2014年第3期，第28页。

故尧曰"无名"。舜曰"无为"。非无可名而不为其为也。求一名以为独至之美,**求一为以为一成之例**,不可得也。今夫唐太宗之于尧、舜,其相去之远,夫人而信之矣。而非出号令、颁科条之大有异也。藉令尧、舜而举唐太宗所行之善政,允矣其为尧、舜。抑令唐太宗而仿尧、舜所行之成迹,允矣其仅为唐太宗而止。则法尧、舜者之不以法法,明矣。德协于一,载于王心,人皆可为尧、舜者,此也。①

船山认为对于尧舜的评价,应将其教与治合而言之,根据在于尧舜之"教"与"治"是"同条而共贯"的,这是说我们评价尧舜的伟大时须结合其治、道、德统一考虑,而且要看到尧舜之治是源于尧舜之道,尧舜之道又出自尧舜之德。那么究竟什么是尧舜的治法呢?船山以尧舜之时"命岳牧""放四凶""敬郊禋""觐群后"四个事件作为体现常法的例子,并结合"允执厥中,惟精惟一"的心法来解释。治的依据在心法,所以船山认为尧舜之心与天同德。因此,尧舜的丰功伟德得到了后世的高度评价,如庄子称赞尧让天下于许由而有"圣人无名"的论断,孔子在《论语》中发出"无为而治者,其舜也与"的感叹。船山认为这并不是因为他们无从命名,而是由尧舜的圣德已经无法用言语来加以赞美和规定以及以某种特定的不变原则来概括。如果以某种固定的名称来描述尧舜之道,那就限定了尧舜之道,船山始终反对道具有"一成之例",这是说道的产生即形成某种固定不变的永恒秩序。接着船山举例说,尽管唐太宗本人与尧舜相距甚远,但在具体的法令、政策上,其实并无多大差别。即便让尧舜来坐唐太宗的位子,尧舜仍然成其为尧舜。反过来说,使唐太宗效仿尧舜,唐太宗也不可能成为尧舜,而仍然是唐太宗。故效仿尧舜的宗旨不在于其具体的法令,而是尧舜的完美德性,如果君主的内心能够具备完美的德性,并且这种德性与三代圣

---

① (明)王夫之:《宋论》卷六,《船山全书》第十一册,第153页。

第九章　治身治世而不穷——道在事中的历史观　281

王一致,则人人皆有成为尧舜的可能性。

　　船山对道统论的批评并不意味着他反对道统论,他仍然极力主张人可以效仿尧舜之道,也有学者已指出这一点。① 具体来说,他反对的是道统的封闭性和狭隘性致使后人往往将道统作为标榜某一学派的特殊性的工具,例如他说:"安石之所必为者,以桑弘羊、刘晏自任,而文之曰周官之法,尧、舜之道;则固自以为是,斥之为非而不服。"② 这是批评王安石标榜自己效仿尧舜之道,周官之法,却在实际中相距甚远。又比如,他批评阳明学门人的传承类似于佛教的"心法之传",因而偏离了儒学的道统相传。③ 尽管这一批评可能背离了阳明心学的本意,但是船山真正的矛头所指是将道统作为排除异己(包括学术和政治领域)的狭隘倾向,他痛恨的是夷狄和盗贼的"道统之窃",而不是道统本身。④

　　从根本上看,船山并不反对道统观念本身。他在《张子正蒙注》中明确支持自韩愈以来的"道统论"建构,表彰自尧舜禹汤,再到孔孟,以及宋代的周张二程和朱子的道统谱系,并且推崇张载在其中的重要地位,他说:"张子之学,上承孔、孟之志,下救来兹之

---

①　朱汉民曾指出:"在许多船山学的论著中,均认为王船山是道统论的批判者、反对者,笔者不同意这种观点。只要能够客观地品读船山的著作,就可以发现他是宋儒道统论的支持者。"朱汉民:《王船山的道统、治统与学统》,《北京大学学报》(哲学社会科学版)2013年第1期,第36页。

②　(明)王夫之:《宋论》卷六,《船山全书》第十一册,第155页。

③　船山在《俟解》中有言:"语学而有云秘传密语者,不必更问而即知其为邪说。'夫子之言性与天道不可得而闻',待可教而后教耳。及其言之,则亦与众昌言,如呼曾子而告一以贯之,则门人共闻,而曾子亦不难以忠恕注破,固夫子之所雅言也。密室传心之法,乃玄、禅两家自欺欺人事,学者未能拣别所闻之邪正且于此分晓,早已除一分邪,惑矣。王龙溪、钱绪山天泉传道一事,乃摹仿慧能、神秀而为之,其'无善无恶'四句,即'身是菩提树'四句转语。附耳相师,天下繁有其徒,学者当远之。"(明)王夫之:《俟解》,《船山全书》第十二册,第488页。

④　"道统之窃,沐猴而冠,教猱而升木,尸名以徼利,为夷狄盗贼之羽翼,以文致之为圣贤,而恣为妖妄,方且施施然谓守先王之道以化成天下;而受罚于天,不旋踵而亡。"(明)王夫之:《读通鉴论》卷十三,《船山全书》第十册,第479页。

失,如皎日丽天,无幽不烛,圣人复起,未有能易焉者也。"① 据此而言,船山突出了张载在道统谱系中的地位,这一点无须赘言。

而且,船山仍然使用并肯定"道统"一词,只是相比宋儒道统观强调谱系传承的严格性,他将"道统"定义为更宽泛意义上的圣人之教。他说:"天下所极重而不可窃者二:天子之位也,是谓治统;圣人之教也,是谓道统。"② 他认为圣人之教和圣人之统都是不可窃取的,在他看来,尧舜之道、尧舜之德与尧舜之治应该是统一的,即道统与治统的合一,故三代的圣王仍然是我们今天效仿的对象,其潜在依据就在于尧舜之德是可以被效仿的。因此,不能以船山在批评王安石时连带指责了道统论便以为他否认道统论,船山仍然是道统论的有力拥护者。他说:

> 儒者之统,与帝王之统并行于天下,而互为兴替。其合也,天下以道而治,道以天子而明;及其衰,而帝王之统绝,儒者犹保其道以孤行而无所待,以人存道,而道可不亡。③

儒者之统与帝王之治并行或交替。在道统与治统并行之时,天下以道而治。在治统丧失之时,儒者仍然要保其道以孤行于天地间,以人存道,将道接续下去。故道统之于治统存在相对的独立性,尽管理想社会当然是"道统"与"治统"的合一。值得一提的是,船山之所以如此重视道统的独立性,与其所处的时代不无关系,明清易代之际,天下动荡,少数民族入主中原已成为历史现实,这在船山看来显然属于无治统的时代,因此船山所言的"儒者之统"孤行于天地间旨在自许,认为唯有通过"以人存道",才能使"道"在天地间生生不息地存续。

---

① (明)王夫之:《张子正蒙注·序论》,《船山全书》第十二册,第11页。
② (明)王夫之:《读通鉴论》卷十三,《船山全书》第十册,第479页。
③ (明)王夫之:《读通鉴论》卷十五,《船山全书》第十册,第568页。

要之，尽管船山力主"道"不离于阴阳，不离于器，但是这不必然引向对"道"的绝对性和普遍性的排斥，只是说道的普遍性需要在历史具体中呈现，是具体的普遍性。对历史上各个时代的具体之"道"的考察的最终目的乃是将其转化为当下所用。而且船山认为道统可与治统分离而孤行，但是道得以延续的过程，即道统相传绝不是秘密抽象的传承，必须落实于"以人存道"，因此"道"并非孤立地存于世间，而是必须在具体的生命存在中获得儒者之道，实践儒者之道，这便是儒者之道的延续。

船山的历史论奠基于其本体观和天道论，天道论中的"道不离阴阳""道在器中"等观点看似解构了"道"的普遍存在，但是这并不是否认道，"道"之于每个历史时代皆有其具体的真理性，而不是亘古不变的真理性。在这个意义上，历史发展的过程呈现为一治一乱，生生不息，与此相应，"道"也在历史发展的天下大势中生生不息，没有固定不变之体。而且，"道"无法决定历史发展的进程，尽管历史进程中的治乱存亡有其客观必然之情势，但这种客观必然不是出自预先设定的历史循环论，而是在具体的历史发展过程出现的某种趋势，例如治极之时同时也有可能出现由极转乱的隐忧，如果不加以制止，这种趋势就会成为现实。

船山将历史发展的过程归于"理势合一"的相辅相成作用，这表明历史发展存在客观必然的趋势，但并不意味着人在历史面前无所作为。这一结论将问题引向了政治层面，倘若君主想要实现善治、良治，必然要注重客观情势，顺应历史的大势所趋，而非秉持某种绝对抽象的普遍真理。政治上的良序与良治必然离不开了解和考察具体的历史大势，由历史获得具体的"道"，而在中国史论传统中，《资治通鉴》即"以史资治"的标志性著作。船山亦以此出发，主张"资治于心，以心驭政"是读史的终极理想，这足以说明船山的历史观及其史论并非只是知历史之治乱而已，而是力图劝导君主读史明鉴，以心驭政。这是船山历史观的真实意图所在。

结　　语

第一节　气学与船山思想定位

近几十年来，有关船山哲学思想定位的一个重要问题是其思想与宋明理学的关系。其一是启蒙说，以萧萐父等学者为代表，这一观点在今日仍有一定影响；其二是"非启蒙说"，这一观点将船山视为宋明理学的一部分，主张船山通过上溯周敦颐和张载的思想，适度修正程朱理学，进而重建儒学的正统。尤其陈来的《诠释与重建：王船山哲学的精神》已经为学界研究船山与宋明理学的关系树立了典范意义。

就宋明理学内部而言，学界往往还将船山置于明清气学或气本论的框架之内，这也是中国哲学史的通常论述。气学是宋明理学中的一部分，学界普遍承认气学可以在理学、心学之外作为独立一派存在。不过，这种说法也遭到了一些学者的质疑，问题的症结在于"气学"能否在宋明理学的理学和心学之外具有独立的意义，所以究竟应当如何定位气学，船山思想是否属于气学也是我们今天定位和评价船山思想时须考虑的问题。

鉴于过往对气学的认知过于单一，学界近年来对气学进行了分类，较有影响的有杨儒宾、马渊昌也、刘又铭等学者的观点。杨儒宾基于工夫论提出了"两种气学"的主张，一是"先天型气学"，主张"气"是一种超越的"形上之气"，这种"气"须建立在理气一物、理气不离的基础上，代表人物是罗钦顺；杨儒宾说："所谓的先天型气学——如果依据传统史家的分类，他们通常被归类为理学或心学的范围——他们在形上学或人性论上，都主张天道性命相贯通，这样的理论预设的是一种无限的人性论。"① "先天型气学"包括了理学的先天型气学和心学的先天型气学，其根本主张是承认人性在根源上本善。二是传统所讲的气学，即"后天型气学"，这一类型主张自然气本论，因而反对超越性的内涵，也不同意性善论，在工夫论上是"反复性说"，代表人物是王廷相。② 日本学者马渊昌也的分类与杨儒宾不同，在理路上却有相同之处，他将气学分成三种类型，第一种是朱子学的气论，罗钦顺是其代表；第二种是心学的气论，以湛若水为代表，前两种皆强调性善说以及本来圣人说；第三种则是非本来圣人、非性善说的气的哲学，代表人物是王廷相。③ 这种划分的依据是"性善说"与"非性善说"，与杨儒宾的"先天"与"后天"之说异曲同工。刘又铭的划分方式也有同样的考虑，他将气本论分为"神圣气本论"和"自然气本论"，前者包括了"含摄理本论的气本论"与"含摄心本论的气本论"，④ 其本质仍然是以神圣圆满的本心和本性为前提；而"自然气本论"主张宇宙本体和人性皆由自然的元气组成。据此，刘又铭认为王船山属于"神圣气本论"。

然而这三种分类方式似乎皆无法容纳船山的思想。杨儒宾和马渊昌也的分类并没有讨论王船山的地位，其焦点在于罗钦顺以及心学一系的湛若水、刘宗周、黄宗羲等人，而刘又铭将王船山归于"神圣气本论"中的"含摄理的气本论"，承认有神圣圆满的本性。

---

① 杨儒宾：《两种气学，两种儒学》，《异议的意义：近世东亚的反理学思潮》，第128页。

② 杨儒宾：《检证气学——理学史脉络下的观点》，《异议的意义：近世东亚的反理学思潮》，第109页。

③ ［日］马渊昌也：《明代后期的"气的哲学"之三种类型与陈确的新思想》，载杨儒宾、祝平次编《儒学的气论与工夫论》，第161—202页。

④ 刘又铭：《宋明清气本论研究的若干问题》，载杨儒宾、祝平次编《儒学的气论与工夫论》，第203—246页。

但是王船山既主张人之初生并不具有圆满具足的特点，也不存在本来圣人，只是承认人性具有善的根据，所以人性需要在后天的生命实践过程不断发展和完善。船山既不主张性善论的"复性说"，也不主张所谓的"自然气本论"，因为船山显然承认人性具有善的根源，而不是由自然之气构成的。那么，在"本来圣人"和"非本来圣人"的二分架构下，船山无法满足两者中的任意一种类型。

杨儒宾在最近的一篇文章中进一步修正了其观点，提出"道体论"可以作为程朱理学、陆王心学之外的第三系，这一系以张载、方以智、王夫之为代表，这是以气学为核心而又具有超越论的体系。[①] 他们的人性论是"继成"的人性论，不同于朱子学意义上的"复性说"。杨儒宾说："这就是'继成说'，也就意味着本心、本性不是圆满具足，它的圆满具足是后发或后得的，因此是不完满的。性体不同于其它物之性体，在于它不封闭于自体的结构内，它在活动中完成自己。"[②] 这种"道体论"的提出，弥补了原先的二分法不足以容纳所有气学类型（主要是张载和王船山）的缺憾，不过能否将张载、方以智、王夫之视为一系，本书无法展开详细讨论。[③] 而且，对于过去的思想是否一定要分类，或者分类是不是能够看清问题的本质，这本身也是值得探讨的话题。

在气学尚有争议的背景下，有关船山思想的气学定位问题其实涉及气学研究的"元问题"，即"气学"如何在宋明理学的历史上作为朱子理学和阳明心学两大主要流派以外的独立学派而存在。上

[①] 杨儒宾：《继成的人性论：道体论的论点》，《中国文化》2019 年第 2 期，第 26 页。

[②] 杨儒宾：《继成的人性论：道体论的论点》，《中国文化》2019 年第 2 期，第 38 页。

[③] 如果按照"继成"的人性论主张来判定类型，明末清初主张这一观点的恐怕不在少数。日本学者马渊昌也对此已有重要的研究，在前文已经提及。在杨儒宾的分类中，王船山与张载显然具有密切的思想关系，而方以智的家学渊源虽然受到理学的影响，但是其思想本身是否以理学来判定仍然有待确定。总体上，方以智的思想取向比较多元，在儒道佛之间游走。

述主张气学分类的学者是其支持者,然而也出现了反对者的声音。林月惠在近年的一篇长文中,对杨儒宾的气学分类提出疑问,认为先天型气学不能作为独立于理学和心学的单独一派,它只具有描述意义。而后天型气学与理学和心学不相容,是反理学的。[①]

就本书涉及的问题而言,应搁置气学有关争议的预设和前见,而是将焦点放在船山的宇宙观、天道、人道等思想与理学、心学究竟是否有本质区别这个问题上,这里所讲的区别,主要是指思想结构上的差异,而非船山提出的某个独立的命题与朱子某命题之间的差异,尤其是理气观的表述。由此,若要深入这一问题,更应该关注船山有关"气"的论述在船山思想的整体结构中具有怎样的地位和意义。气是第一性的还是第二性的,气本是不是就等同于气学的基本立场,其实都是今人学术视野构建的产物。当然,所有的学术研究都是今人的学术建构,但不妨碍我们可以在一些前提性的问题上进行反思,由此进一步定位船山思想。

第二节 生生而实有的宇宙观

本书并不是气学思想的专题研究,而是试图以"生"的问题为主要线索,以船山为个案,进而探索"气"之于"生"的意义。一般而言,"气"的生生不已有两层含义:一是描述万物的存在及其大化流行;二是将气的生生上提一层,成为持续的创造性的根源,成为万物进步、更新、发展的根据,这是"生"的思想的要义。

在宋代以前,受到经学注疏解释的影响,"生生"主要指万物大化流行的过程,往往用来描述宇宙生成的过程。结合当时的宇

[①] 林月惠:《"异议"的再议——近世东亚的"理学"与"气学"》,《东吴哲学学报》第34期,2016年,第97—144页。林月惠与杨儒宾的讨论,还可参考林月惠主编《中国哲学的当代议题:气与身体》,台北:"中研院"中国文哲研究所2019年版,第1—19页。

宙生成论，"生生"即阴阳相感交互运动，不断生成万物的过程。"生"也是指阴阳之气的运动产生天地万物的宇宙生成。直到宋代早期，汉代的宇宙生成论仍然有重要影响，张载试图突破宇宙生成论，以太虚之气为本体。但是从程朱的视角来看，气是形而下者，本体应是形而上者，因此张载仍然难逃以形而下之物为本体或道体的窠臼。

程朱理学将《系辞》的"生生之谓易"与"天地之大德曰生"结合起来，将"生生"的过程义纳入宇宙论、天道论的范围。于是，"生生"不仅是万物大化流行的过程，而是必须上提一层，成为本体层面的"生生"，即"生生"不仅是过程，而且兼具根源义和过程义，是持续不断的创造性。在整个宋明理学中，"仁者天地生物之心""理生气""良知生天生地"等命题并不是指"理"实际地制造、演化而产生"气"，也不是说"良知"创造了天地万物，而是说宇宙运行和天地万物的流行之中必然有其生生的所以然，而且这个所以然的本体是不断活动且具有生意的，它并不在万物流行之外，而是在宇宙之中的生生存在，这是儒学的根本立场。正如朱子提出"生亦是生生之意"，"生生"已经被内在地包含在"生"的含义之中，这是指本体存在即仁的存在是流行活动的，生生不已的。从程明道"以生论仁"和朱子的仁学思想看，"仁"内在地具有"生生"的维度，朱子以"天地生物之心"规定"仁"，确立了"仁"是宇宙生成的动力根源，"仁"作为宇宙的生机始终处在生生不息的活动之中。与"生生之仁"密切相关的是"一体之仁"，"仁体"的"生生"不仅是其自身的运动，它还与天地万物"共生"，因为"仁体"不是某种局限性的存在，而是遍及万物的本体实在。当然，"仁"的"生生"不是形而下的草木生长，江河涌动，它仍然是形而上层面的"生生"，也就是承认在万物生生之中，其恒常之体亦在生生，并决定着万物运行的秩序。至此，宋明理学通过理气论和仁体论，确立了一套关于宇宙本体、人性本然的结构，这是对儒学传统宇宙生成观的突破。

在确立了本体观的基础上，宋明理学的基本构架有两层，一层是指现实的万物存在、人的存在，这是由气的生生流行构成的实在；另一层则是作为万物本源、人的本性的本体层面的实在，它可以是天道、天理、仁体等概念和范畴，这是现实的万物与人得以生成的本性和根源。如果借用日本学者荒木见悟的分析框架，宋明理学以朱子学和阳明学为代表的思想框架在一定程度上可以用"本来性"和"现实性"加以概括。[①] 朱子学理气论可以说明这一点，宇宙的现实构成是理气不离的，但在根源上理和气是不杂的，"理"是"气"的根源，是真实无妄的本体存在。朱子所谓的"理在气先"也正是在这个意义上强调"理"的先在性。不管万物如何生成变化，"理"的形而上地位是确定不疑的，"气"则从属于形而下的形器层面。"本来性"即"理"或天命之性（本然之性），"现实性"即"气"或"气质"。两者是一体相通的，"本来性"在"现实性"中常常受到遮蔽，即朱子所说的"气质遮蔽"说，而"现实性"的最终目标是恢复或者实现"本来性"。

从船山思想来看，他当然也坚持了"本来性"和"现实性"的区分，作为万物及人性本原的不是气，而是理气整体，亦即在天之理气，而作为万物之现实存在的也是"理气"。不过在他的语境中，若要运用"本来性"和"现实性"这一框架，则需要改造，尤其在人性问题上，船山所谓的"本来性"并不是指本来具足的人性，而是指人性皆有善的根源，人性圆满的实现必须依赖后天的不断生成，这一点也是船山与朱子的关键分歧所在。至于"现实性"，在船山这里指现实人性的不完满状态，例如人性的种种不合乎本来善性的表现，甚至是尚未展开、发展出来的社会性面向。对于现实性与本来性之间的差异，即现实性的不完满状态，船山认为天地间的万物流行超出了人的认知范围，人不能控制或者决定自然现象的种种不合理表现，而物具有本来性，但不具有价值属性，只有其自然的

[①] ［日］荒木见悟：《佛教与儒教》，廖肇亨译，台北：联经出版事业股份有限公司2017年版，第3—8页。

生理本能。至于人的现实不完满状态，或人性之恶的产生，其根源不在气，而在"心"。由此，虽然船山总体上延续了宋明理学对"本来性"与"现实性"的区分，但是含义已有区别，不过这并不影响船山的思想仍然从属于宋明理学的整体框架。

过去一般认为自元明以来，理学家普遍反对朱子学的理气论架构，否认在构成天地万物的气之上或之外设定一个形而上之理，因而主张理气不离或理在气中，所谓的"理"只是气之条理、属性。以往对于"气学"的成立也正是在这一论述背景下展开的，但是这一点并不限于所谓的"气学"范围之内，而是中晚明至清代的普遍现象。在此背景下，朱子学"理在气先"的命题成为众矢之的，这一时期的学者试图质疑的正是"理生气"和"理在气先"，而认为"气"是天地万物的最终实在，是天地万物生成的直接根据和实在基础，"理"如何能够生"气"。由此，"理生气"需要发生倒转，转化为"气生理"，如果没有天地万物之气的实有存在，也就不存在所谓的"理"，"理"必然是气之理。于是，"理"收于"气"之中，也就不再是形上实体了。有学者主张中晚明时代以后的理学走向了"形上玄远"之学的没落[1]，这种观点在今天也仍然有一定影响。

但是主张理在气中、理气不离或理气合一，并不意味着颠覆朱子学理气论以及宋明理学的理论架构，明代有不少朱子学者仅反对本原意义上的"理在气先"，但并不反对朱子在论理气构成时的"理气不离不杂"。明初的薛瑄以及明中期的魏校等人的理气论前提是"理气不离"，然而他们同时强调"理气不杂"，"理气不杂"可以在"理气不离"的前提下得以成立。[2] 也就是说，他们质疑的是"本来性"能

---

[1] 王汎森:《清初思想中形上玄远之学的没落》，载王汎森《权力的毛细管作用：清代的思想、学术与心态》（修订版），台北：联经出版事业股份有限公司2014年第二版，第1—40页。此外还可参见郑宗义《明清儒学转型探析：从刘蕺山到戴东原》（增订版），香港中文大学出版社2009年版，第1—8页。

[2] 刘昊:《理气虽不相离，亦不曾相杂——明代中期朱子学理气论的一项新了解》，《中国哲学史》2020年第5期，第96—102页。

否完全独立于"现实性"而存在,并不质疑"本来性"与"现实性"的这个区分本身。即便是学界历来争议较多的罗钦顺,向来以质疑朱子"理气为二物"而著称,但是罗钦顺反对"认气为理",仍然坚持"理"和"气"有所区分。① 这样的区分延续了朱子学理气论意义上的"形而上"和"形而下"的区分,只不过明清学者在构成论中强调形而上者不离于形而下,而这也是朱子学一直强调的观念。

判断某一理气论是否解构了朱子学的理气论,其标准之一应当考虑这种理气论是否解构了"本来性"与"现实性"、天与人、天道与性命这个区分,而不仅是侧重工夫论上的异同。如果承认"本来性"必然不离于"现实性",在"现实性"中保有独立的地位,这仍然是朱子学坚持的核心观点。更重要的是,"本来性"与"现实性"这个理论框架用中国哲学的语言来表达便是天和人的关系,或天道和性命的关系,以及人性的本然与现实的关系。中国哲学强调天人合一与天道性命相贯通;贯通的前提是天和人、天道与性命的相分,承认天道是人和万物的最高根据,自有其运行的秩序,并且决定着万物的存在和运行。换言之,在理论上承认"理不离于气""理在气中"并不意味着解构宋明理学尤其是朱子学形成的基本架构,我们还要看其理论是否完全抛弃了"本来性",或者说将理的优先性地位抛弃,而只承认"现实性",即万物由气构成,理是气的表现。在理气观上强调理气不离,气皆有理并不意味着颠覆了宋明理学建构的基本结构,关键问题在于理气问题在宇宙观的整体结构中充当了什么要素。事实上,关于理气的讨论在根本上服从于宇宙观、天道观的表达和阐释,将理气论从宇宙观中抽离可能会导致对宇宙观和理气论的理解产生偏差。

元明以来反对"理在先气""道生天地"论调的出现,也表明朱子理气论中"本原—构成"两个维度转向了生生连续的造化根原论,

---

① 罗钦顺说:"理须就气上认取,然认气为理便不是。"(明)罗钦顺:《困知记·卷下》,阎韬点校,中华书局2013年版,第42页。

但是这种论调并非解构了理学的天道—性命贯通的理论基础。这一思想倾向其实在张载以及传统的元气宇宙论那里有深厚基础,张载的思想以"先识造化"为先,在世界的本原问题上肯定天地万物、人的生活世界是实在的,但是张载的思想主旨仍然在于强调"推天道以明人事"的天人合一之学。① 所谓的"造化"便是指天道对万物和人事的生生不已的造化,这种造化在明代以来的理气论的发展趋势中表现为,即使承认世界的本原(天,道)是气,气也是内在具理的理气整体。② 在这个意义上,这一整体的造化与万物的生成是生生连续的,而不是断裂的。同时,根源于天道的造化也赋予了人和物以价值和意义。

学界过去主张,元明以降出现"理"的"去实体化"扩散的现象,但本书认为这同时意味着一种新的动向,亦即"理气"整体的实体化。"实体"一词多用于西方哲学。但是在宋明理学中也有大量的"实体"概念,学界已指出这一点。③ 总体上看,"实体"在宋明的语境中指宇宙本原、天道实体,是一个实在之物。所谓的实在,其一指由气构成的实在,是实有之物;其二指无形无象而又真实无妄的理。例如朱子也用"实理""道体"等概念来说明"理"和"道"这些形上范畴。朱子以"理"为"实体"是指"理"是不杂于气也不离于气的形上存在,它无声无臭,也无法用感官把握。

而船山所说的"实体",亦即"理内在于气"的总体,即太极本体。这个总体既是宇宙的终极本体,又是价值的终极依据,而且是能生生流行的"实体"。例如船山有"皆取给于太和绸缊之实体"④,"阴阳一太极之实体"⑤,"乾坤十二位之实体"⑥ 的说法,

---

① 李存山:《"先识造化":张载的气本论哲学》,《中国哲学史》2009 年第 2 期,第 69 页。
② 这里只是提示明代以来理学发展的一种趋势,并不是排他性的论述。
③ 陈来:《仁学本体论》,第 201—209 页。
④ (明)王夫之:《张子正蒙注》卷一,《船山全书》第十二册,第 36 页。
⑤ (明)王夫之:《张子正蒙注》卷一,《船山全书》第十二册,第 24 页。
⑥ (明)王夫之:《张子正蒙注》卷七,《船山全书》第十二册,第 277 页。

"太和絪缊""太极""乾坤十二位"是异名实指，皆指太极本体。根据船山的本体观，"太极"即指"实体"，太极由阴阳之气构成，是生成变化的阴阳之气的本然状态，因此太极具有实有性。而且，船山的"实体"是内在具理的，这是由太极本体内在具理所决定的。

船山关于理气和本体的探讨是对元明以降理学发展方向的一种回应，至少是在思想上作出的积极回应。[①] 如果顺着"理"的"去实体化"方向继承走下去，可能会进一步对宋明理学的体系带来巨大冲击，有学者对此指出："当学者转而强调理只是气之理，理也有动静、有形色时，是否会对以天理为核心的理学形上学体系带来巨大冲击？"[②] 事实上，与船山同时代的颜元和戴震试图对以朱子学为代表的宋明理学进行整体性批判，旨在解构程朱理学以"理"为形上本体的思想体系。例如戴震试图否认朱子所谓的"理"的合法性，认为古典儒学未曾多言"理"，宋儒言"理"是非常值得怀疑的，其最终结果导致"理"流于人心之意见。

但船山并非拒斥宋明理学的基本立场，而是以"理气"整体为宇宙本体和实体。在本体层面，理气是不能割裂的，是一个结构总体。这个总体即船山通过易学思想"乾坤并建"建构的"太极本体"或"太虚本体"，他十分明确地提出"太极虽虚而理气充凝""太虚一实之理气"等说法。在"太极"或"太虚"之中，理气浑融为一体。而在现实的层面，船山区分万物的存在和人的存在，在万物的自然存在中，"理"自然也在"气"中，但是这个"理"不具备价值意义；只有禀赋了在天之理气的人才具备价值意义。合而言之，在现实层面，理气也是一个整体存在。这与程朱理学直接规定"理"的实在性

---

① 明清之际也有不少学者选择回到朱子学本身"理在气先"与"理气不离不杂"的论断，而不是顺着"理"的"去实体化"方向继续走下去。申祖胜：《清初理学对气学的回应——陆世仪的"即气是理"说及其对罗钦顺"理气为一物"论的评析》，《哲学与文化》2019年第8期，第127—140页。

② 田智忠：《当"道体"遭遇"理本"——论朱子"道体论"的困境及其消解》，《哲学研究》2020年第4期，第89页。

（实理）有所不同，"理"的实在性意味着"理"的存在是真实无妄的，但是这并不意味着承认"理"是在"气"的意义上的实有存在，"理"不占有空间和时间，而"气"是充实于整个宇宙之间的实在。问题是，看似占有时空的"理气"总体又如何能够成为本体？万物生成之本为何已经是内在具有理气的总体？或者说，如果我们要承认"气"具有"超越"的意义，那么这个"超越"义究竟怎么来证成？

船山所论的"太极本体"之所以能够成为本体，在于它既是宇宙存在的整体，也是宇宙万物的构造之源。但它不是构成万物存在的形质之气，因为这些都是有限性的存在，无法成为本体。"太极本体"是一个无限性的存在，它不占有具体的空间，也不是宇宙间的暂时性过程，而是整体。宇宙整体不是一个僵死的、静止的本体，而是永恒运动的、生生不息的。它一方面占据了全部的时空，另一方面又超越于时空，它不具有时间先后以及具体的形质。从儒学的立场看，这个宇宙整体亦即"天"，是万物存在的超越性根源。由于宇宙整体对人来说不是一个有限性的存在，所以人的认识无法达到对本体的整全认识，它的存在无形无象，非目力所及。同样，这里的无形无象并不是指"理"的无形无象，"理"的无形无象是指"理"不是我们目力所及的有形之物，而"气"的无形无象是指太极和太虚之气不具有固定的形体，但不是没有形体，"无"并不是与"有"相对的不存在，而是指气一旦落入形象，便成为具体的有限性存在，也就无法成其为本体。

本体层面的太极本体和万物化生之后的"气"便构成了同源异质的关系，如果按照过去研究常用的范畴，我们可以认为船山在本体问题上谈论的"生"既是宇宙生成论的，又是体用论、本体论的。宇宙的本根、本源与本体是兼容的，而不是排斥的。船山的本体观奠基于"气"，但不是直接将"气"作为本体，而是将宇宙整体作为本体存在，"气"弥漫充实于宇宙，是对宇宙的实有性和生生的确认和规定，也就是对于本体的实在性与活动性的确认。须指出的是，在船山的语境中，真正具有超越性的本体并非"气"本身，而是由气构成的宇宙整体亦即"天"的存在。"天"是万物化生得以存在的根源，同样也是价值生成的最高根源，是人的认识所不能完全了解的超越性根源。作为价值根源，"天"的化生并不是无方向秩序的恣意妄为，其化生过程内在地已具有理，理规定了秩序和方向，同时又在化生过程中显现。不过，天道生生并非靠"理"而维持，而是天道生生即是天之体，生生变化之中必有其作为根源的"理"。

学界通常认为船山的思想与张载的气学有密切关系，但船山的气学并不是单纯地回归张载。虽然他从早年开始就已推崇张载，晚年更是以横渠之学为思想宗旨，试图将宇宙本体及心性问题皆归结到"气"上，但是有一个问题必须指出，"气"终究不能独立地成为本体。这一点在宋明理学对汉代元气宇宙论的超越以及程朱对张载的批评中已很清楚。

船山在某种程度上仍然延续了程朱理学以"理"为本体的根本立场，即使船山承认理气在根源上不可分，但是在理气总体之中，更为根源性的是理而不是气。在"形色天性"不离（理气不离）的人性论中，作为人性根本依据的也是理。在理欲关系上，若无理的存在，欲亦不能合理地实现。不过，船山并非与朱子一样，以"理"为形上本体以及心性、道德价值生成的根源，因为在船山看来，"理"并不能反映宇宙的实有性，亦不具有活动性，因而不能"生生"。所以，船山的宇宙观奠基于"有理之气"或"内在具理之气"的理气总体，以保证本体的活动性。在这个总体之中，"理"和"气"并非外在关系，如果说"气"是"理"的存在载体，这是在根源上先预设"理"和"气"的分离，然后再强调"理"在现实中的存在离不开"气"，这是一种外在关系。从根本上，理气关系是具有内在关联的结构，"气"是对"理"的实有性规定，"气"不是"理"的"形而下"的存在场所，不是客观世界的物质构成，也不是与"理"的理想世界不一致且又不完满的现实世界。在理气整体中，"气"就是"理"的"存在方式"而已，这里的存在不是指现实的感性存在，而是指其本身存在的方式。由此，由理气构成的整体不仅具有实有性，同时兼具了生生连续的过程义和作为本体的根源义。

总之，船山的宇宙观和本体观试图确立既"实有"而又能"生生"的宇宙本体。在他看来，佛道两家的宇宙生成论及本体论的弊病在于"有生于无"。在儒学之内，以"理"为本体的问题在于"理"自身不能上下往来活动，"气"本体的问题在于无法具有价值意义。船山以理气总体为太极本体和天道，实则是对佛道的拒斥以及对宋明理学本体建构问题的反思与总结，[①] 是对元明以来"理"的"去实体化"现象的一种思想回应。在思想结构上，船山以张载的气论为基础，并继承了宋明理学区分"本来性"与"现实性"的整体架构，吸收了程朱理学的理气论，最终主张理气整体是持续的创造性的根源所在。

第三节　德性生成的双重维度

如果声称"气"并非本体，而是理气总体构成的宇宙整体作为本体，那么在理气总体之中，理和气究竟还有没有价值上的区分？这个问题涉及如何从宇宙观和本体观为儒学的道德实践工夫奠基。在过往的气学研究中，气学常常受到的一个质疑是"气"难以确立价值和安顿道德。天地和万物始终处于一气生生流行变化的自然过程，天人是一个连续的整体，人性由天所禀赋，那么道德价值又从何处来？

根据船山的本体观，作为本体的理气是一个整体，单独的理或单纯的气皆不能构成本体，所以人从天禀赋的也是有理之气，而不是单纯的理或者气，因为人的存在不可能凭空而来，他也是从

[①] 这里所谓的回应，并不是认为本书赞同船山对佛老以及宋明理学的主张，明清之际的思想家在批判佛道，反思理学时，或多或少都建立在诠释乃至误解他人思想的基础上。

属于宇宙之中，在天地的造化之中产生。所以，人不可能只禀赋理，而不禀赋气。据此，船山的人性论提出了"气善"的思想。他并不是主张"气"本身是善的，而是禀赋于天的"理气"是善的，只是理气在现实中呈现出来的外在存在形态是"气"，这是由于人的存在形态是一个活生生的，具有生命力的"气"的存在。宋明理学一贯突出理的价值根源意义，一般认为气并没有积极的价值意义。船山也在一定程度上保留了理和气在价值上的区分，如果脱离了"理"，"气"则只是无方向秩序的自然之气，无法具有价值意义。船山说：

> 其或可以气言者，亦谓天人之感通，以气相授受耳。其实，言气即离理不得。所以君子顺受其正，亦但据理，终不据气。新安谓"以理御气"，固已。乃令此气直不由理，一横一直，一顺一逆，如飘风暴雨相似，则理亦御他不得。如马则可御，而驾豺虎猕猴则终不能，以其原无此理也。①

这段话是基于《孟子》"莫非命也，顺受其正"的解释。船山说虽然天人感通是一气相连的，人从天受命和禀赋的是气，不过气必有理存在其中，禀赋于天的不只是气，而是有理之气。然而在有理之气中，如果君子禀赋的是正命，那么其根据在于理，而不是气。如果"气"不是有理之气，气的上下来往运动便无方向可言，如自然现象中的风雨，理也管不住它。他还举例说，我们可以驾驭马，但是不能驾驭豺虎猕猴，其依据就是豺虎猕猴原本没有理。对于船山提出的"亦但据理，终不据气"，我们可以有两种解释，其一，船山试图强调在理和气之中，价值根源来自理，而不是气。其二，由于理在气中，在天之气本身是有理之气，这里的侧重点在突出天

---

① （明）王夫之：《读四书大全说卷十·孟子》，《船山全书》第六册，第1116—1117页。

之气必有理，而不是强调理可以在气之外具有独立的价值意义，这一点恰恰是船山所不能认同的。在天的层面，理脱离气无法存在，气脱离理也不能存在，所以是互相为体。气之外没有理，离开了理，气也无法构成作为价值根源，在根源上，理和气不能被割裂。"亦但据理，终不据气"指理气总体之中，理和气的功能依然需要加以区分，理承担了奠基价值的任务。

也正由此，"气"终究无法直接作为价值根源，所谓的"气善"或"气无不善"的说法无非在于表明"气中有理"和"气必有理"。"气善"的根源是"气之中理是善的"，由此才导致了"气善"。

也许有质疑者提出疑问，既然船山仍然承认价值的根源是"理"，那么"气"在其思想中的整体地位和作用似乎不是那么必要，其思想本色仍然是以程朱理学为根底的，为何不直接肯定"理"就是价值根源，而无需依托"气"。他的确承认此理气整体中仍然以理为价值根源，但是这一点并不意味着船山的思想与朱子学本质上是相同的，因为在船山看来，万物的存在根据和价值根源并不只是静而不动的"理"，"理"自身不具有活动性，并不能上下往来，生生变易，进而化生万物。所以，尽管"气"不是价值根据，但是没有"气"，"理"也不能成为万物之本。由此而言，天人之间的理气便构成了相续生生的连续体，而且在这个天人一气的生生过程中，人从天地禀赋的气也不只是作为生理自然的气，而是有理之气，这决定了船山的人性论主张大体上仍然不出性善论的立场，只不过其呈现形式是"气善论"。

不过，船山反对人性具有一种超越于个体差异和社会存在的恒常本性。依程朱理学的看法，人的本性具有禀赋于天道的超越性特质，人初生时禀赋的理来自天的化生或天命产生的"理"，即使人皆有气质构成的现实人性，但是人人皆具有天命之性。人性的这一超越面向，更加体现在阳明学中，阳明学主张"人人皆有良知""良知现成"等主张在理学史上有其不可否认的积极意义。阳明的良知学通过"良知即天理"这一命题来保证天理其实已经完全内在于人的良知之中，因此良知既内在又超越。然而如果过于强调人心的内在超越性，则有可能导致良知主体以其内心笃信的伦理规范亦即天理作为本心发动的依据，即使我们承认"良知即天理"以保证良知的内在根源不是人心而是天理，但是天理的普遍性又如何保证，最终仍然可能回到了良知与天理的互相诠释的困境。

如果依照当代新儒家的解释，所谓的良知的超越性，即中国哲学包括宋明理学的特征可以用"内在超越"（Immanent transcendence）来概括，这个说法几乎已成为中国哲学的标志性特征之一，以区别于西方哲学的外在超越（External transcendence）。尽管"内在超越"说也引来了不少批评，[1] 但是此说在中国哲学研究的影响仍然难以撼动。"内在超越"的基本含义是，天道不仅仅是高高在上的超越性存在，它又同时内在于人而成为人的本性，所以是内在的。[2] 李明辉在回应安乐哲对"内在超越"的批评时指出，新儒家的"超越内在"说不是西方哲学中的二元论架构中的严格意义的"超越"，而是取其"较宽松的意义"，表示"现实性与理想性或者

---

[1] 郝大维、安乐哲在《孔子哲学思微》中批评了新儒家的"内在超越说"，其依据是儒家思想天人关系是相互性的依赖关系或者只有内在性，而把"超越的特点赋予古代儒家，并不能充分表达西方超越的存在或者原则的独立性质"。[美]郝大维、安乐哲：《孔子哲学思微》，蒋弋为、李志林译，江苏人民出版社1996年版，第156页；冯耀明也指出"超越内在"说存在内部的理论问题，有可能导致神秘主义的本体宇宙论倾向，而且西方哲学的"超越"与"内在"是对立的。见冯耀明：《皇帝的新心："超越内在"说再论》，收于氏著《"超越内在"的迷思：从分析哲学观点看当代新儒学》，香港中文大学出版社2003年版，第195页。张汝伦、黄玉顺近年也对"内在超越"说进行了批评，见张汝伦《论"内在超越"》，《哲学研究》2018年第3期，第81—89页；黄玉顺：《中国哲学"内在超越"的两个教条——关于人本主义的反思》，《学术界》2020年第2期，第68—76页。

[2] 最有代表性的定义来自牟宗三，牟宗三说："天道高高在上，有超越的意义。天道贯注于人身之时，又内在于人而为人的性，这时天道又是内在的（Immanent）。因此，我们可以康德喜用的字眼，说天道一方面是超越的（Transcendent），另一方面又是内在的（Immanent与Transcendent是相反字）。"见牟宗三《中国哲学的特质》，第19页。

有限性与无限性之间的张力"。① 另外,"天之超越性只能透过人之道德主体性来理解,人之道德主体亦因而取得超越意义",② 由此,"超越内在"得以成立。其他批评者譬如张汝伦认为,"'内在超越'或'内向超越'的说法,实际上导致以心代天,最终取消了天的超越性。"③ 事实上,"以心代天"的问题并不是"内在超越"本身的问题,而是"内在超越"这一观念可能所隐含的危机,承认天人合一,并不意味着"天"已经完全内在于"人"。

船山反省宋明理学"天人关系"的核心便在于此,他旨在强调天道内在于人并不直接等于"天人一致",乃至"人僭越天"。他之所以重视"人之生生",不仅是出于人的生活、生命存在本身是连续不断、生生不已的,而是认为我们不可忽视天人之间存在的张力和距离,人在天的超越性与无限性面前,不能将自己视为与"天"同等的存在物。人并非生而为圣,因为人不具备圆满的本性,人的本性也不是一成不变的,天赋予人的内在道德本性,唯有通过人的后天努力才能得到扩充和发展,并且逐渐成为一种具有善恶选择能力的道德品质。这是船山对宋明理学一贯强调的天人合一的反省和总结。

"人之生生"不仅是生命的生理存在,而是指人在天道面前,不断完善并创造自己的生命价值(主要是道德价值)。"生生"是道德价值的持续不断创生,这不仅是道德生命的完善和实现,而且还助推了宇宙生命的完善,进而诠释了"天地之生,人为贵"的价值理念。在这个意义上,人之"生生"意味着人具备了超越自我的可能性,道德虽已"内在"于人,但人始终与"超越"保持一定的距离。"内在超越"是对人的道德主体性的根源和理想的规定,但从来

---

① 李明辉:《儒家思想中的内在性与超越性》,载郑家栋、叶海烟主编《新儒家评论》第一辑,中国广播电视出版社1994年版,第210页。
② 李明辉:《儒家思想中的内在性与超越性》,载郑家栋、叶海烟主编《新儒家评论》第一辑,第210页。
③ 张汝伦:《论"内在超越"》,《哲学研究》2018年第3期,第87页。

都不是现实已然具备的"内在超越"。

这一点具体表现在以下两个方面,第一,虽然"人之生生"根源于天道生生,但不是听命于天道生生,或者顺天道之自然,天道生生并不真正创造价值,也无法创造价值。"天"没有意志,不能主动作为,因此不是一个宗教性的人格神存在。所谓的"天生万物(人)"并不是"天"制造、生产了人,而是意在表明人的价值根源在于天,人内在地具有德性。在船山看来,真正为道德奠基的是"人之生","人"是"人之生"的主宰者。同时,"人之生"必须与"物之生"严格区分,"物之生"只有"生之气",而"人之生"的价值根据在于气之理。物不能主动创造自我生命的价值,它只能随着时间的流逝,基于本能而进行生命活动,而人是具备理的存在,对于自己的生命以及宇宙生命皆负有道德自觉,是天地万物生生的真正主宰者。也就是说,"人之生"并不只是生命活动中最为基础的生存、生活,而是在生命不断创造自我道德价值和生命价值,进而造福于天地万物之生。天道生生是人之生的根源,同时也是人之生的最终归属和落脚点。"人之生"才真正能够创造价值,不断扩展和提升生命内涵,不断成就道德价值。唯有人能够视天地之大德为自己的德性,能够将动物的生命活动纳入自我的生命,可以代表天地在宇宙间治理万物。所以,船山十分强调人道在道德价值生成中的积极作为,禀赋于天、内在于人的德性品格并不会自动生成和呈现,道德价值的奠基不可能来自本性的自然流露。在船山看来,天道转化为人道必须经过主动有为并且自觉地进行价值选择和决定,禀赋于天的内在德性才能真正为己所用。而人的道德选择和判断能力的形成,是一个生生不断的超越和提升的过程。

第二,尽管天人处于一气共生的境界,人之生根源于天地之生,但是船山认为在现实中不可高估了人的地位,将人视为全知全能的存在。人始终要将自己视为不完满的有限存在,由此才能在生命活动中具备趋向完满的动力,"人之生"的必要性才得以凸显。正如船山说"故君子之言事天也,宁小其心,勿张其志:不敢曰吾身之固有天也,知其日益,不惧其日远;不敢曰吾事固有之天而已足也,知其理,迎其几,观其通,敬其介,则见天地之心者乎!"① 船山呼吁我们在面对天人关系时,宁可放低自己的姿态,也不要过度地高估人心。他认为我们不敢声称自己已经全然禀赋了在天之德,而是要认识到人应不断增益其道德品格,而不要担心天人之间的距离。同时,船山认为我们也不应当主张人的天赋本性已全然地具有了在天之德,并且已经达到了完满,而是应当在工夫实践中知事之理,面对其可能产生变化,掌握其普遍适用的法则,坚持自己的底线和品性,由此便能见"天地之心"。人在初生时只是禀赋了向善的动机和倾向,这决定了人生而具有善,但不是全然完美的善。这一点贯穿了船山的人道论包括人性论、人道论,人性在人生之中会随着社会生活的展开而得以发展和完善,人性不可能是在人生之初就已抽象地具备了全部的人性,所以人性是"日生而日成","生"或"生生"蕴含的持续发展和创造是船山人性论的根本主张。

总之,在船山思想中,德性的生成具有双重根源,德性既是"天之生"又是"人之生",既有"天之德"又有"人之德",最重要的是将天之德转化为人之德,在人的生命过程中不断培养和完善德性,最终使德性内在于己,人能够对德性有自觉的把握,进而实现儒家的理想人格。承认德性需要后天完善,并不是否认人生而存在道德根源,"天"仍然是人的最高价值根源,人在根本上就是道德的存在。同时,船山也充分看到人性的有限性,所以主张德性的生成是一个生生不断的成就过程。

第四节　生死关怀与未来责任

船山探讨"天人生生"的"生"的思想的归宿在于回答生死和

---

① (明)王夫之:《诗广传》卷四,《船山全书》第三册,第463页。

善恶的问题。这里的"生死"包括宇宙层面和个体层面，以及个体生命的生死对于宇宙生命有何意义。他认为人死以后不是归于虚无，而是返回作为宇宙本体的太虚，继续存留人世间。如果在生命中实现尽性之功，那么死后便能回归太虚，生时具有健顺的道德价值，死后亦可获得圆满的归宿，得以留存世间。而恶气则无法归于太虚，所以尧、舜等圣人的精神至今仍然存留于世间，造福于今人。但这只是一种理想的寄托，从现实情况来看，他又说"故尧舜之神，桀纣之气，存于絪缊之中，至今而不易。"① 以及"故善气恒于善，恶气恒于恶，治气恒于治，乱气恒于乱，屈伸往来，顺其故而不妄。"② 善气在天地间始终为善，恶气在天地间始终为恶，不能变化，所以生命活动的道德价值将会决定其死后的善恶归属，影响到后世之人。

对于这一思想，有学者指出船山主张"神气长存"，不仅具有宗教倾向，而且吸收了佛、道两家的思想资源。③ 这里暂且不论儒学是否具有宗教性，以及在何种意义上具有宗教性的问题。但可以肯定他反对受佛教影响的"因果报应""天道轮回"的思维方式。陈来认为船山晚年的这种善恶生死观，可能受到明末民间宗教的影响，受到此种思想的刺激，及"生死事大"的影响，但是"又不想采取民间宗教的地狱报应说、子孙报应说等庸俗的形式，故而采取了一种把善恶报应或感应附加于气论的形态，使之仍然保持为精英士人的哲学性话语。"④ 这与学界提出的明清之际儒学表现出的宗教化动向也有密切关系，根据现有研究，明清之际的劝善运动试图为道德行为寻找一个外在客观的依据，以此来弥补心学过于强调道德行为的主观性依据的弊病，因此出现了儒学宗教化的现象。不少儒者甚

---

① （明）王夫之：《张子正蒙注》卷一，《船山全书》第十二册，第23页。
② （明）王夫之：《张子正蒙注》卷一，《船山全书》第十二册，第19页。
③ 严寿澂：《庄子、重玄与相天——王船山宗教信仰述论》，载严寿澂《近世中国学术思想抉隐》，上海人民出版社2008年版，第66—97页。
④ 陈来：《诠释与重建：王船山的哲学精神》，第398页。

至纷纷主张类似于昭告上帝的畏天之学和敬天之学。"天"的宗教性存在，无疑为道德行为提供了外在的保证。[1] 但船山并没有走这条道路，在他看来，"天"不是具备喜怒的人格性存在，[2] 而是超越于人的存在，是万物的存在根据和超越性根源。他曾经批评过晚明的功过格运动，他说："刘念台先生《人谱》，用以破袁黄功过格之妖妄。但提'人'字，如何敢于此字外谋利害生死！"[3] 他认同刘宗周的《人谱》批评袁了凡的功过格运动，质疑生死问题怎能寄托于人之外的事物？他接着说："便欲以此责富贵之报于天，非欺天乎！"[4] 依功过格，人之富贵（代指命运）取决于善恶的因果报应，因果报应是超越于意志以外的"天"的报应，那么这种观点完全误解、欺骗了"天"。与之相反，船山具有比较鲜明的儒家道德人文主义立场，而不是宗教性立场。

再者，船山提出的"生不失其常，死可适得其体"未必是指一种善恶报应，因为他并没有说我们在世时结下的善果，成就的道德价值，会在后世之人那里得到回报。这里所说的"尧、舜、周、孔之所以万年"是以儒家圣人为例，表明儒家道德典范的精神会永世流传下去，与此相应，桀、纣等人恶行恶果，也会为后人记住。他的这些说法既是自勉，也是呼吁世人在生命中应当成就其道德价值，其本质是一种人对于宇宙万物的道德责任，其最终归宿是"利天下之生"。人的行为的道德价值不应该只是针对同时代的自我和世界，而是应当面向未来，立志造福于子孙后代和宇宙万物。由此，船山说的"天地之生，人为贵"，其重要价值不仅是基于个体的道德价

---

[1] 吴震：《"事天"与"尊天"：明末清初地方儒者的宗教关怀》，载吴震《明末清初劝善运动思想研究》，第449—506页。

[2] 这个问题恐怕要具体问题具体分析，例如在《尚书引义》中的一些判断，由于《尚书》本身谈到"天"的问题会采取一些拟人化的说法，所以船山也需要遵循这样的文本脉络。

[3] （明）王夫之：《搔首问》，《船山全书》第十二册，第625页。

[4] （明）王夫之：《搔首问》，《船山全书》第十二册，第625页。

值，而是面向宇宙生生不息的发展和保存。

总之，宇宙和天地的生生不已运行并不只是自然意义上的寒暑变化，虽然人的存在及其价值根源在于天道的生生，但是人才是宇宙间具有持续的创造性的真正根源所在，离开了人的存在，天地间万物的发展和运行也就不具备意义。因为人能够超越自然生理意义的生存活动，不断完善个体生命的价值意义，所以是生生不已、进步更新的存在物。宇宙间万物的存在以及宇宙本身的存在因人的持续创造而不断发展，人的存在与行为与宇宙的发展不是割裂的，而是通过气的连续性存在而构成一体存在，如果要保证宇宙和万物能够世代发展生存下去，船山认为人之生的意义不仅应着眼于个体道德生命的成就，更应放眼世代的生生，即在空间上延伸至天地万物，时间上拓展至未来。人之生的最高境界和目标是"利天下之生"，在宇宙间造福天地万物的持续性的进步和创造，这正是船山"生"的思想的最终归宿和价值所在。

参考文献

一 古籍

（汉）京房：《京氏易传》，影印明天一阁刊本，《四部丛刊》影印本。

（汉）王符撰，（清）汪继培笺：《潜夫论笺校正》，彭铎校正，中华书局1985年版。

（汉）王充：《论衡校释》，黄晖校释，中华书局1990年版。

（魏）王弼：《周易注》，楼宇烈校释，中华书局2011年版。

（宋）陈淳：《北溪字义》，熊国祯、高流水点校，中华书局1983年版。

（宋）陈亮：《陈亮集》（增订本），邓广铭点校，中华书局1987年版。

（宋）程颢、程颐：《二程集》，王孝鱼点校，中华书局2004年版。

（宋）胡瑗：《周易口义》，景印文渊阁四库全书本，台北：台湾商务印书馆1986年版。

（宋）黎靖德编：《朱子语类》，王星贤点校，中华书局1986年版。

（宋）邵雍：《邵雍集》，郭彧整理，中华书局2010年版。

（宋）苏轼：《苏轼文集编年笺注》，李之亮笺注，巴蜀书社2011年版。

（宋）张载：《张载集》，章锡琛点校，中华书局1978年版。

（宋）周敦颐：《周敦颐集》，陈克明点校，中华书局2009年版。

（宋）朱熹：《四书章句集注》，中华书局1983年版。

（明）陈龙正：《几亭外书》，续修四库全书第 1133 册，上海古籍出版社 2002 年版。

（明）冯从吾：《冯从吾集》，刘学智、孙学功点校整理，西北大学出版社 2015 年版。

（明）胡广等纂修：《四书大全校注》，周群、王玉琴校注，武汉大学出版社 2009 年版。

（明）季本：《季彭山先生文集》北京图书馆古籍珍本丛刊第 106 册，书目文献出版社 1988 年版。

（明）来知德：《周易集注：周易来注图解》，张万彬点校，九州出版社 2004 年版。

（明）罗钦顺：《困知记》，阎韬点校，中华书局 2013 年版。

（明）罗汝芳：《近溪子明道录》，续修四库全书第 1127 册，上海古籍出版社 2002 年版。

（明）罗汝芳著，梁一群、李庆龙点校整理：《罗汝芳集》，凤凰出版社 2007 年版。

（明）苏濬：《易经生生篇》，何耿丰点校，商务印书馆 2018 年版。

（明）王夫之：《船山全书》，岳麓书社 2011 年版。

（明）王守仁：《传习录》，吴震解读，国家图书馆出版社 2018 年版。

（明）吴廷翰：《吴廷翰集》，容肇祖点校，中华书局 1984 年版。

（清）陈立：《白虎通疏证》，吴则虞点校，中华书局 1994 年版。

（清）陈确：《陈确集》，中华书局 1979 年版。

（清）程树德：《论语集释》，程俊英、蒋见元点校，中华书局 1990 年版。

（清）戴震：《孟子字义疏证》，何文光整理，中华书局 1982 年版。

（清）郭庆藩：《庄子集释》，王孝鱼点校，中华书局 2012 年版。

（清）阮元校刻：《十三经注疏（清嘉庆刊本）》，中华书局 2009 年版。

（清）孙星衍：《尚书今古文注疏》，陈抗、盛冬铃点校，中华书局 2004 年版。

（清）孙诒让：《墨子间诂》，孙启治点校，中华书局 2007 年版。
（清）颜元：《颜元集》，王星贤等点校，中华书局 1987 年版。
（清）赵在翰辑：《七纬（附论语谶）》，钟肇鹏、萧文郁点校，中华书局 2012 年版。
高亨：《周易大传今注》，齐鲁书社 2009 年版。
高明：《帛书老子校注》，中华书局 1996 年版。
黄怀信：《鹖冠子校注》，中华书局 2014 年版。
荆门市博物馆编：《郭店楚墓竹简》，文物出版社 1998 年版。
刘文典：《淮南鸿烈集解》，冯逸、乔华点校，中华书局 2013 年版。
王叔岷：《庄子校诠》，中华书局 2007 年版。
吴光主编：《刘宗周全集》，浙江古籍出版社 2012 年版。
杨伯峻：《列子集释》，中华书局 1979 年版。
朱杰人、严佐之、刘永翔主编：《朱子全书》，上海古籍出版社、安徽教育出版社 2002 年版。

二 专著

蔡家和：《王船山〈读孟子大全说〉研究》，台北：学生书局 2013 年版。
陈来：《诠释与重建：王船山的哲学精神》，生活·读书·新知三联书店 2010 年版。
陈来：《仁学本体论》，生活·读书·新知三联书店 2014 年版。
陈来：《儒学美德论》，生活·读书·新知三联书店 2019 年版。
陈明：《王船山〈尚书引义〉之德性论与治道思想》，中国社会科学出版社 2016 年版。
陈祺助：《王船山"道德的形上学理论"之开展》，高雄：丽文文化事业股份有限公司 2012 年版。
陈祺助：《文返朴而厚质：王船山"道德的形上学"系统之建构》，台北：元华文创 2018 年版。
陈焱：《几与时：论王船山对传统道学范式的反思与转化》，上海人民出版社 2016 年版。

陈赟：《回归真实的存在：王船山哲学的阐释》，广西师范大学出版社 2015 年版。

陈政扬：《明清〈正蒙〉思想诠释研究》，台北：学生书局 2017 年版。

程志华：《宋明儒学之重构：王船山哲学文本的诠释》，武汉大学出版社 2022 年版。

邓辉：《王船山历史哲学研究》（增订版），上海人民出版社 2017 年版。

邓克铭：《明末清初〈庄子〉注解研究》，台北：文津出版社 2016 年版。

丁四新：《楚竹书与汉帛书〈周易〉校注》，上海古籍出版社 2011 年版。

丁耘：《道体学引论》，华东师范大学出版社 2019 年版。

方东美：《生生之德：哲学论文集》，中华书局 2013 年版。

方红姣：《现代新儒学与船山学》，中国社会科学出版社 2015 年版。

冯友兰：《中国哲学史》，华东师范大学出版社 2000 年版。

高海波：《慎独与诚意：刘蕺山哲学思想研究》，生活·读书·新知三联书店 2016 年版。

谷继明：《王船山〈周易外传〉笺疏》，上海人民出版社 2016 年版。

顾颉刚、刘起釪：《尚书校释译论》，中华书局 2005 年版。

侯外庐：《宋明理学史（下）》第二版，人民出版社 1997 年版。

胡元玲：《张载易学与道学：以〈横渠易说〉及〈正蒙〉为主之探讨》，台北：学生书局 2004 年版。

嵇文甫：《王船山学术论丛》，生活·读书·新知三联书店 1962 年版。

劳思光：《新编中国哲学史》，广西师范大学出版社 2005 年版。

李存山：《中国气论探源与发微》，中国社会科学出版社 1990 年版。

李石岑：《中国哲学十讲》，中国致公出版社 2009 年版。

梁漱溟：《梁漱溟全集（第一卷）》，山东人民出版社 2005 年版。

林安梧：《王船山人性史哲学之研究》，台北：东大图书股份有限公司 1987 年版。

林月惠主编：《中国哲学的当代议题：气与身体》，台北："中研院"中国文哲研究所 2019 年版。

刘彬、孙航、宋立林：《帛书〈易传〉新释暨孔子易学思想研究》，中国社会科学出版社 2016 年版。

刘沧龙：《气的跨文化思考：王船山气学与尼采哲学的对话》，台北：五南图书出版有限公司 2016 年版。

刘春建：《王夫之学行系年》，中州古籍出版社 1989 年版。

刘梁剑：《天·人·际：对王船山的形而上学阐明》，上海人民出版社 2007 年版。

刘梁剑：《王船山哲学研究》，上海人民出版社 2016 年版。

吕妙芬：《成圣与家庭人伦：宗教对话脉络下的明清之际儒学》，台北：联经出版事业股份有限公司 2017 年版。

牟宗三：《才性与玄理》，广西师范大学出版社 2006 年版。

牟宗三：《心体与性体》，上海古籍出版社 1999 年版。

牟宗三：《中国哲学的特质》，上海古籍出版社 2008 年版。

彭国翔：《良知学的展开：王龙溪与中晚明的阳明学》（增订版），生活·读书·新知三联书店 2015 年版。

钱穆：《中国近三百年学术史》，商务印书馆 1997 年版。

饶宗颐：《中国史学上之正统论》，中华书局 2015 年版。

谭明冉：《王夫之庄学研究——以〈庄子解〉为中心》，山东人民出版社 2017 年版。

汤用彤：《魏晋玄学论稿》，上海古籍出版社 2001 年版。

唐君毅：《中国哲学原论·导论篇》，中国社会科学出版社 2005 年版。

唐君毅：《中国哲学原论·原教篇》，中国社会科学出版社 2006 年版。

唐君毅：《中国哲学原论·原性篇》，中国社会科学出版社 2005 年版。

田丰：《王船山体用思想研究》，中国人民大学出版社 2020 年版。

王俊彦：《王廷相与明代气学》，台北：秀威资讯科技股份有限公司 2005 年版。

王林伟：《天人回环：论船山思想的核心视野》，武汉大学出版社 2019 年版。

王孝鱼：《船山学谱》，台北：广文书局 1975 年版。

王兴国：《王船山与近现代中国》，岳麓书社 2019 年版。

吴戬：《晚清民国船山学的接受与传播：1840—1949》，中国社会科学出版社 2019 年版。

辛亚民：《张载易学研究》，中国社会科学出版社 2015 年版。

徐复观：《中国人性论史·先秦篇》，九州出版社 2014 年版。

徐仪明：《王夫之的自然世界》，海天出版社 2015 年版。

严平编选：《伽达默尔集》，邓安庆等译，上海远东出版社 2003 年版。

杨立华：《气本与神化：张载哲学述论》，北京大学出版社 2008 年版。

杨立华：《一本与生生：理一元论纲要》，生活·读书·新知三联书店 2018 年版。

杨立华：《中国哲学十五讲》，北京大学出版社 2019 年版。

杨儒宾：《儒门内的庄子》，台北：联经出版事业股份有限公司 2016 年版。

杨儒宾：《异议的意义：近世东亚的反理学思潮》，台北：台湾大学出版中心 2012 年版。

杨儒宾、祝平次编：《儒学的气论与工夫论》，台北：台湾大学出版中心 2005 年版。

杨泽波：《儒家生生伦理学引论》，商务印书馆 2020 年版。

曾昭旭：《王船山哲学》，台北：里仁书局 2008 年版。

张岱年：《中国哲学大纲》，商务印书馆 2015 年版。

赵园：《明清之际士大夫研究》，北京大学出版社1999年版。

郑富春：《王船山生死观与其义理体系研究》，台北：花木兰文化出版社2010年版。

郑宗义：《明清儒学转型探析：从刘蕺山到戴东原》（增订版），香港中文大学出版社2009年版。

周广友：《王夫之〈周易外传〉中的天道观》，中国社会科学出版社2015年版。

朱伯崑：《易学哲学史》（第4册），昆仑出版社2005年版。

朱迪光：《王船山研究著作述要》，湖南大学出版社2010年版。

［加］查尔斯·泰勒：《自我的根源：现代认同的形成》，韩震等译，译林出版社2012年版。

［美］克里斯蒂娜·科尔斯戈德：《规范性的来源》，杨顺利译，上海译文出版社2010年版。

［美］郝大维、安乐哲：《孔子哲学思微》，蒋弋为、李志林译，江苏人民出版社1996年版。

［日］荒木见悟：《佛教与儒教》，廖肇亨译，台北：联经出版事业股份有限公司2017年版。

［日］小野泽精一、福永光司、山井涌编著：《气的思想：中国自然观与人的观念的发展》，李庆译，上海人民出版社2007年版。

［意］利玛窦：《天主实义今注》，［法］梅谦立注，谭杰校勘，商务印书馆2014年版。

三　期刊论文

蔡家和：《熊十力对船山学之判论》，《中共宁波市委党校学报》2019年第1期。

蔡祥元：《儒家"生生之论"中的"向死而在"——兼与孙向晨的一个对话》，《哲学研究》2018年第9期。

蔡哲茂：《卜辞生字再探》，《"中央研究院"历史语言研究所集刊》第六十四本第四分，1993年。

曹峰：《"自生"观念的发生与演变：以〈恒先〉为契机》，《中国哲学史》2016 年第 2 期。

曹海东、钟虹：《朱熹经典解释理论中的"自得"说》，《学习与实践》2014 年第 10 期。

陈壁生：《经义与政教——以〈孝经〉"天地之性人为贵"为例》，《中国哲学史》2015 年第 2 期。

陈来：《中国文明的哲学基础》，《中国高校社会科学》2013 年第 1 期。

陈力祥、颜小梅：《褒贬是非：船山对朱子阳明性情论之批判与重构》，《宁夏社会科学》2018 年第 2 期。

陈明：《王船山〈尚书引义〉中对理学心说之反省及其治心工夫论》，《中国哲学史》2016 年第 2 期。

陈明：《王船山气论视野中的人性学说——以〈尚书引义〉为中心》，《儒道研究》2013 年第 1 期。

陈祺助：《论王船山气论的义理特色——与传统主要气论之说比较》，《鹅湖学志》第 35 期，2005 年。

陈睿超：《胡瑗〈周易口义〉中的天道观》，《云南大学学报》（社会科学版）2014 年第 3 期。

陈玮、徐向东：《境况主义挑战与美德伦理》，《哲学研究》2018 年第 5 期。

陈焱：《二十世纪后半叶海外新儒家的船山思想与哲学研究述评》，《船山学刊》2013 年第 4 期。

陈焱：《晚清以来百年王船山哲学与思想研究述评》，《船山学刊》2012 年第 4 期。

陈焱：《新中国成立以来四十年船山思想与哲学研究述评》，《船山学刊》2013 年第 2 期。

陈屹：《王夫之的人性生成论思想》，《哲学与文化》2018 年第 10 期。

陈屹：《再论王船山的继善成性说》，《道德与文明》2018 年第 6 期。

陈政扬：《船山继善成性观的当代省察：以唐君毅与劳思光之异诠为中心》，《当代儒学研究》第 25 期，2018 年。

陈政扬：《王夫之对张载"心"论的承继与新诠——以〈张子正蒙注〉为例》，《陕西师范大学学报》（哲学社会科学版）2017 年第 2 期。

程旺：《持志以定心——王船山的"正心教"及其定位》，《中国哲学史》2019 年第 4 期。

邓联合：《王船山庄学话语的两种形态及其思想旨趣》，《人文杂志》2017 年第 3 期。

丁四新：《〈周易〉的生生哲学及其诠释——以〈易传〉和"易一名而含三义"为中心》，《孔学堂》2021 年第 4 期。

丁耘：《〈易传〉与"生生"——回应吴飞先生》，《哲学研究》2018 年第 1 期。

东方朔、徐凯：《情性与道德转化——荀子论"化性起伪"如何可能》，《社会科学》2018 年第 4 期。

杜维明：《存有的连续性：中国人的自然观》，刘诺亚译，《世界哲学》2004 年第 1 期。

杜维明：《试谈中国哲学中的三个基调》，《中国哲学史研究》1981 年第 1 期。

冯琳：《王船山的"践形"思想研究》，《江汉论坛》2013 年第 5 期。

冯契：《论王夫之的"成性"说》，《船山学报》1984 年第 2 期。

冯耀明：《张载是气一元论者还是理气二元论者？》，《思想与文化》2016 年第 2 期。

苟东锋：《"生生"与"名名"——论中国哲学的"底本"》，《哲学分析》2022 年第 6 期。

郭齐勇：《朱熹与王夫之的性情论之比较》，《文史哲》2001 年第 3 期。

郭齐勇：《尊生明有　主动率性——王夫之哲学的特质》，《船山学刊》2020 年第 1 期。

郭晓东：《道学谱系下的张横渠"气"论研究》，《复旦学报》（社会科学版）2006 年第 5 期。

韩振华：《"入其垒，袭其辎，暴其恃，而见其瑕"——西方王船山研究指迷》，《中国哲学史》2019 年第 5 期。

胡家祥：《王夫之"志"论疏解》，《哲学研究》2017 年第 1 期。

胡金旺：《论船山在人性善恶上的一个转变》，《中州学刊》2019 年第 8 期。

黄广生：《试论"谓之""之谓"在先秦古籍中的用法》，《吉林大学社会科学学报》1963 年第 1 期。

黄敏浩：《张载〈太和篇〉"太虚"与"气"之关系的再检讨》，《嘉大中文学报》2016 年第 11 期。

黄勇：《理学的本体论美德伦理学：二程的德性合一论》，《思想与文化》2004 年，总第四辑。

黄玉顺：《从"生生何谓"到"生生何为"——〈系辞传〉"生生"的原初观念与当代转化》，《周易研究》2023 年第 2 期。

黄玉顺：《中国哲学"内在超越"的两个教条——关于人本主义的反思》，《学术界》2020 年第 2 期。

雷博：《张载〈正蒙〉"象"概念精析及其工夫论意义》，《中国哲学史》2015 年第 4 期。

李承贵：《从"生"到"生生"——儒家"生生"之学的雏形》，《周易研究》2020 年第 3 期。

李承贵：《儒学"新本体"的出场——"生生"在何种意义上可以成为儒学的本体？》，《河北学刊》2022 年第 1 期。

李存山：《"气"概念几个层次意义的分殊》，《哲学研究》2006 年第 9 期。

李存山：《"先识造化"：张载的气本论哲学》，《中国哲学史》2009 年第 2 期。

李存山：《程颐与杨时关于〈西铭〉的讨论》，《人文论丛》2017 年第 2 期。

连劭名：《马王堆帛书〈系辞〉研究》，《周易研究》2001 年第 4 期。

梁涛：《"浩然之气"与"德气"——思孟一系之气论》，《中国哲学史》2008 年第 1 期。

梁涛：《"以生言性"的传统与孟子性善论》，《哲学研究》2007 年第 7 期。

林乐昌：《论张载的理学纲领与气论定位》，《孔学堂》2020 年第 1 期。

林乐昌：《张载两层结构的宇宙论哲学探微》，《中国哲学史》2008 年第 4 期。

林乐昌：《张载成性论及其哲理基础研究》，《中国哲学史》2005 年第 1 期。

林明照：《王船山庄学中"相天"说的伦理意义》，《台湾大学哲学论评》2015 年第 49 期。

林月惠：《"异议"的再议——近世东亚的"理学"与"气学"》，《东吴哲学学报》2016 年第 34 期。

林忠军：《〈易传〉"生生"哲学之我见》，《周易研究》2023 年第 3 期。

刘昊：《道兼理气：朱子学理气论的经典诠释背景及其影响》，《哲学研究》2023 年第 7 期。

刘昊：《理气虽不相离，亦不曾相杂——明代中期朱子学理气论的一项新了解》，《中国哲学史》2020 年第 5 期。

刘梁剑：《天亲合一与身体的成长——船山〈西铭〉题解孝道思想引义》，《船山学刊》2020 年第 2 期。

刘述先：《朱熹的思想究竟是一元论或是二元论?》，《中国文哲研究集刊》1991 年第 1 期。

刘笑敢：《"反向格义"与中国哲学》，《中国思想史研究通讯》2005 年第 3 期。

刘笑敢：《"反向格义"与中国哲学研究的困境——以老子之道的诠释为例》，《南京大学学报》（哲学·人文科学·社会科学版）

2006 年第 2 期。

刘笑敢：《反向格义与中国哲学方法论反思》，《哲学研究》2006 年第 4 期。

柳存仁：《说权及儒之行权义》，《中国文哲研究通讯》1999 年第 1 期。

鲁鹏一：《论王船山的太和观念》，《船山学刊》2014 年第 2 期。

吕剑兰：《英语世界船山学研究成果目录》，《衡阳师范学院学报》2019 年第 2 期。

潘小慧：《从王船山的本体论看其人性论》，《哲学与文化》1993 年第 9 期。

彭国翔：《全球视域中当代儒学的重构》，《中国哲学史》2006 年第 2 期。

彭群林、朱迪光：《日本船山学研究补白及参考资料目录》，《衡阳师范学院学报》2018 年第 1 期。

钱永祥：《如何理解儒家的"道德内在说"：以泰勒为对比》，《台湾政治大学哲学学报》2008 年第 19 期。

申祖胜：《清初理学对气学的回应——陆世仪的"即气是理"说及其对罗钦顺"理气为一物"论的评析》，《哲学与文化》2019 年第 8 期。

施海平：《当下学术界关于船山思想研究的四个时新维度》，《船山学刊》2019 年第 2 期。

宋宽锋：《"反向格义"的纷争与中西哲学比照中的本质主义迷误》，《中国社会科学评价》2019 年第 1 期。

孙向晨：《亲亲相隐之"隐"的机制及其本体论承诺——兼与王庆节教授商榷》，《河北学刊》2018 年第 6 期。

孙向晨：《生生：在世代之中存在》，《哲学研究》2018 年第 9 期。

唐热风：《心智具身性与行动的心智特征》，《哲学研究》2015 年第 2 期。

田智忠：《当"道体"遭遇"理本"——论朱子"道体论"的困境

及其消解》,《哲学研究》2020 年第 4 期。

王林伟:《王船山理气论阐微》,《船山学刊》2015 年第 1 期。

王论跃:《法语儒学研究中的相异性之争》,《中国社会科学报》2010 年 11 月 23 日。

王兴国:《改革开放以来船山学的进展》,《船山学刊》2020 年第 1 期。

王中江:《中国"自然"概念的源流和特性考论》,《学术月刊》2018 年第 9 期。

吴飞:《论"生生"——兼与丁耘教授商榷》,《中国文化研究》2018 年第 1 期。

吴根友:《王夫之"文明史观"探论》,《中国哲学史》2020 年第 1 期。

吴根友:《王夫之的政治哲学思想简论》,《船山学刊》2014 年第 3 期。

吴根友:《再论王夫之的"知行"观》,《学术月刊》2015 年第 3 期。

吴根友、王博:《王夫之〈诗广传〉中的"性、情、理"思想探论》,《船山学刊》2015 年第 4 期。

吴晓华:《王船山"命日受则性日生"关涉的几个命题》,《湖北社会科学》2009 年第 2 期。

吴展良:《晚清的"生元思想"及其非启蒙倾向——以康有为与谭嗣同为中心》,《台大历史学报》第 58 期,2016 年。

吴震:《朱子学理气论域中的"生生"观——以"理生气"问题为核心》,《清华大学学报》(哲学社会科学版)2019 年第 6 期。

吴震、刘昊:《论阳明学的良知实体化》,《学术月刊》2019 年第 10 期。

向世陵:《论王夫之的"生"意体系》,《哲学研究》2009 年第 1 期。

向世陵:《中国哲学的"本体"概念与"本体论"》,《哲学研究》2010 年第 9 期。

向世陵:《朱子"心"论的生生思想》,《中国哲学史》1996 年第 1 期。

肖奚强、王灿龙：《"之所以"的词汇化》，《中国语文》2006 年第 6 期。

谢晓东：《互藏交发说的困境及出路——王船山的人心道心思想新探》，《哲学动态》2019 年第 4 期。

徐圣心：《浑天、天均与易庄会通——王夫之〈庄子解〉发微》，《北京大学中国古文献研究中心集刊》2010 年第九辑。

杨立华：《隐显与有无：再论张载哲学中的虚气问题》，《中国哲学史》2020 年第 4 期。

杨立华：《朱子理气动静思想再探讨》，《云南大学学报》（社会科学版）2015 年第 1 期。

杨儒宾：《继成的人性论：道体论的论点》，《中国文化》2019 年第 2 期。

杨泽波：《从以天论德看儒家道德的宗教作用》，《中国社会科学》2006 年第 3 期。

杨泽波：《孟子气论难点辨疑》，《中国哲学史》2001 年第 1 期。

杨泽波：《信念的还是实体的？——儒家生生伦理学关于德性之天与仁性关系的思考》，《孔子研究》2018 年第 1 期。

杨自平：《王船山〈周易内传〉解经作法析论》，《鹅湖学志》2007 年第 39 期。

余治平：《存在哲学的 Ereignis 与儒家的生生之道》，《周易研究》2023 年第 2 期。

曾海龙：《时间性与本体论的建构——基于当下中国哲学中的生生课题》，《思想与文化》2022 年第 2 期。

张岱年：《中国传统哲学的继承与改造》，《传统文化与现代化》1995 年第 2 期。

张岱年：《中国哲学中的本体观念》，《安徽大学学报》1983 年第 3 期。

张怀承：《简论王船山的"继善成性"和"习与性成"》，《船山学报》1986 年第 2 期。

张汝伦：《论"内在超越"》，《哲学研究》2018年第3期。

张寿安：《打破道统　重建学统：清代学术思想史的一个新观察》，《中国文化》第32期，2010年。

张学智：《王夫之"乾坤并建"的诠释面向——以〈周易外传〉为中心》，《复旦学报》（社会科学版）2012年第4期。

张学智：《王夫之"阴阳向背"说的本体意义》，《周易研究》2012年第3期。

张学智：《王夫之〈既济〉卦阐发的三个思想维度》，《哲学动态》2016年第5期。

张学智：《王夫之〈既济〉卦阐发中的时代关切》，《船山学刊》2015年第4期。

张学智：《王夫之〈乾〉卦阐释的两个面向》，《北京大学学报》（哲学社会科学版）2011年第2期。

张学智：《王夫之〈尚书〉诠释中的天人关系论》，《国际儒学研究》2011年第十八辑。

张学智：《王夫之〈四书〉阐说中的心与思——以〈孟子·尽心〉为中心》，《国学研究》2003年第12期。

张学智：《王夫之〈未济〉卦阐发的几个思想维度》，《中国哲学史》2016年第1期。

张学智：《王夫之对〈坤〉卦的阐发》，《清华大学学报》（哲学社会科学版）2012年第6期。

张学智：《王夫之对〈无妄〉、〈震〉卦的阐发及其时代关切》，《北京大学学报》（哲学社会科学版）2013年第1期。

赵景来：《中国哲学的合法性问题研究述要》，《中国社会科学》2003年第6期。

赵炎：《习与性成——〈尚书引义〉中船山对孔孟人性论之折中》，《兰州学刊》2009年第11期。

郑晓江：《论王船山的生死哲学》，《中州学刊》2003年第5期。

周广友：《王夫之"继善成性论"中的哲学建构》，《中国哲学史》

2020 年第 3 期。

朱汉民：《王船山的道统、治统与学统》，《北京大学学报》（哲学社会科学版）2013 年第 1 期。

朱汉民：《张载究天人之际的太虚论》，《人文杂志》2020 年第 11 期。

朱汉民、周之翔：《朱熹的"自得"思想》，《社会科学战线》2011 年第 6 期。

［韩］李相勋：《韩国学者船山学研究成果目录》，《衡阳师范学院学报》2017 年第 1 期。

［韩］李相勋：《韩国学者的船山学研究》，《衡阳师范学院学报》2017 年第 1 期。

［美］安乐哲：《此生之道：创生力之真义》，《中国学术》2004 年。

［美］安乐哲：《生生论（Zoetology）：一种传统思维方式的新名称》，秦凯丽、关欣译，《周易研究》2023 年第 1 期。

［美］安乐哲：《唐君毅和儒家民主观》，温海明、王庆泓译，《国际汉学》2014 年第 1 期。

［美］刘纪璐：《王船山哲学研究在北美的发展》，《衡阳师范学院学报》2018 年第 2 期。

［日］池田知久：《〈老子〉的养生思想——以郭店楚简、马王堆帛书、北京大学藏竹书为中心》，曹峰译，《华中师范大学学报》（人文社会科学版）2016 年第 4 期。

［日］马渊昌也：《陈确的非"本来性"儒学思想》，《国际儒学研究》（第十辑），2000 年。

［瑞］毕来德：《驳于连》，郭宏安译，《国际汉学》2010 年第 1 期。

四　书中论文

陈来：《帛书〈五行〉说部与孟子思想探讨》，《竹帛〈五行〉与简帛研究》，生活·读书·新知三联书店 2009 年版。

陈来：《郭店楚简〈性自命出〉与儒学人性论》，《竹帛〈五行〉与简帛研究》，生活·读书·新知三联书店2009年版。

陈来：《近世道学宇宙观的辩证观念——朱熹的阴阳变化观》，《从思想世界到历史世界》，北京大学出版社2015年版。

邓辉：《王船山四书学思想研究略论》，《王船山历史哲学研究》增订版，上海人民出版社2017年版。

丁四新：《生、眚、性之辨与先秦人性论研究之方法论的检讨——以阮元、傅斯年、徐复观相关论述及郭店竹简为中心》，《先秦哲学探索》，商务印书馆2015年版。

丁耘：《生生与造作——论哲学在中国思想中重新开始的可能性》，《中道之国：政治·哲学论集》，福建教育出版社2015年版。

冯耀明：《皇帝的新心："超越内在"说再论》，《"超越内在"的迷思：从分析哲学观点看当代新儒学》，香港中文大学出版社2003年版。

郭锡良：《先秦汉语构词法的发展》，《汉语史论集》，商务印书馆1997年版。

何乐士：《论"谓之"句和"之谓"句》，《古汉语研究论文集》，北京出版社1982年版。

黄俊杰：《〈孟子〉知言养气章集释新诠》，《孟学思想史论（卷一）》，台北：东大图书股份有限公司1991年版。

黄敏浩：《唐君毅论王船山哲学》，载刘笑敢主编《中国哲学与文化》第七辑，广西师范大学出版社2010年版。

李存山：《"前哲学概念"的"气论哲学研究"——评曾振宇著〈中国气论哲学研究〉》，《气论与仁学》，中州古籍出版社2009年版。

李明辉：《〈孟子〉知言养气章的义理结构》，《孟子重探》，台北：联经出版事业公司2001年版。

李明辉：《儒家思想中的内在性与超越性》，载郑家栋、叶海烟主编《新儒家评论》第一辑，中国广播电视出版社1994年版。

廖名春：《〈周易·系辞传〉乾专直新释》，载郑吉雄主编《周易经传文献新诠》，台北：台湾大学出版中心2010年版。

廖名春：《论帛书〈系辞〉的学派性质》，《帛书〈周易〉论集》，上海古籍出版社 2008 年版。

刘大钧：《帛书〈易传〉探析》，《今、帛、竹书〈周易〉综考》，上海古籍出版社 2005 年版。

刘浦江：《"五德终始"说之终结——兼论宋代以降传统政治文化的嬗变》，《正统与华夷：中国传统政治文化研究》，中华书局 2017 年版。

刘又铭：《宋明清气本论研究的若干问题》，载杨儒宾、祝平次编《儒学的气论与工夫论》，台北：台湾大学出版中心 2005 年版。

吕妙芬：《儒门圣贤皆孝子》，《成圣与家庭人伦：宗教对话脉络下的明清之际儒学》，台北：联经出版事业股份有限公司 2017 年版。

庞朴：《"太一生水"说》，载《中国哲学》编委会编《中国哲学》第 21 辑《郭店简与儒学研究》，辽宁教育出版社 2000 年版。

裘锡圭：《稷下道家精气说的研究》，《裘锡圭学术文集》第五卷，复旦大学出版社 2015 年版。

孙向晨：《生生不息：一种生存论的分析》，载郑宗义主编《中国哲学与文化》第十三辑，漓江出版社 2016 年版。

汪子嵩、王太庆：《关于"存在"与"是"》，《BEING 与西方哲学传统》上卷，河北大学出版社 2002 年版。

王汎森：《清初思想中形上玄远之学的没落》，《权力的毛细管作用：清代的思想、学术与心态》（修订版），台北：联经出版事业股份有限公司 2014 年版。

魏启鹏：《帛书〈系辞〉骈枝》，载陈鼓应主编《道家文化研究》（第六辑），上海古籍出版社 1995 年版。

吴震：《"事天"与"尊天"：明末清初地方儒者的宗教关怀》，《明末清初劝善运动思想研究》，台北：台湾大学出版中心 2009 年版。

严寿澂：《庄子、重玄与相天——王船山宗教信仰述论》，《近世中国学术思想抉隐》，上海人民出版社 2008 年版。

杨儒宾：《理学论述的"自然"概念》，载杨儒宾编《自然概念史论》，台北：台湾大学出版中心 2014 年版。

杨儒宾：《两种气学，两种儒学》，《异议的意义：近世东亚的反理学思潮》，台北：台湾大学出版中心 2012 年版。

杨儒宾：《儒门别传——明末清初〈庄〉〈易〉同流的思想史意义》，《明清文学与思想中之主体意识与社会——学术思想篇》，"中研院"文哲研究所 2004 年版。

张汝伦：《邯郸学步，失其故步——也谈中国哲学中的反向格义问题》，《中西哲学十五章》，上海书店出版社 2008 年版。

张学智：《王夫之历史观新议》，载北京大学中国传统文化研究中心编《文化的馈赠：汉学研究国际会议论文集·哲学卷》，北京大学出版社 2000 年版。

［日］岛田虔次：《浅议明代思想的一种基调》，《中国思想史研究》，邓红译，上海古籍出版社 2009 年版。

［日］马渊昌也：《明代后期的"气的哲学"之三种类型与陈确的新思想》，载杨儒宾、祝平次编《儒学的气论与工夫论》，台北：台湾大学出版中心 2005 年版。

五　外文期刊和著作

Brasovan, Nicholas S., *Neo-Confucian Ecological Humanism: An Interpretive Engagement with Wang Fuzhi* (1619–1692), New York: State University of New York Press, 2017.

Rescher, Nicholas, *Process Metaphysics: An Introduction to Process Philosophy*, New York: State University of New York Press, 1996.

Whitehead, Alfred North, *Process and Reality*, New York: Free Press, 1979.

六　网络文章

雷燮仁：《〈尚书〉中表勉义的几组字》，（2017—10—31）［2020—06—11］复旦大学出土文献与古文字研究中心网站http://www.

gwz. fudan. edu. cn/Web/Show/3152.

丁耘：《"生生"问题对当代哲学的突围》（2019—11—14）［2020—08—25］https：//new. qq. com/omn/20191114/20191114 A0M4UY00. html。

索 引

B

本然　25,119,130,132,133,144,
150,169,191—193,196,210,214—
217,219,222,224,225,237—239,
246,261,262,288,289,291,293

本体　1,2,5—7,9,11—14,17—19,
21,24,38—40,42—44,46—48,52,
53,55,68,70,76—78,88,104,107,
110—118,121,122,124—157,162,
166,167,169,172,174,179—184,
187,188,192,194,199,204,205,
208,217,224,228,229,235,240,
283,285,288,289,292—296,299,
303

C

程颢　10,40,41,46,158
程颐　10,42,84,85,93,95,133,168,
175,242
程朱　13,14,51,56,63,83,111,112,
153,157,173,188,193,208,213—
215,228,284,286,288,293,295,
296,298

D

德性　11,15,18,23,53,55,59,60,
66,68,69,71,72,93,94,96,100,
108,125,128,158,197,199,201,
203,208,211,218,222,226,227,
229,232—236,241—243,245,
249—255,258,260,269,270,280,
296,301,302

E

二程　10,40—44,84,93,175,199,
210,228,281

H

横渠　4,22,60,112,168,295

L

理气　3—6,13,39,40,44,63,66,87,
111,112,115,116,126,127,130,

索 引 327

131,133—135,137,138,150—156,
166,167,172,173,187,188,192,
193,196,204,205,208—214,216,
224,271,272,284,287—298

罗汝芳 48,49,194

Q

气善 188,192,204,205,210,212,
213,216,224,256,297,298

气质 15,51,108,191,193,194,198,
205,208,209,213—215,223,224,
289,298

气质之性 51,193,198,206,213,215

乾坤 34—37,75,83,85,86,112,
116—128,131—133,136—142,
145,151,152,156,162,183,184,
188,221,292,293

R

人道 3,4,8,9,12—14,55,68,145,
151,155,161,189,226—228,230—
234,236—240,246,248,249,255—
259,261—263,287,301,302

人性 4,8,9,11,21,22,24—26,43,
46,51—53,61,62,64—66,71,72,
83,101,112,156,158,188—202,
204—206,208—210,212—218,
220—226,231—233,246,248,249,
252,253,256,261—264,285,286,
288—291,295—298,302

S

生理 9,11,14,26,32,41—43,46,
50,61,92,99,193—196,198—205,
209,214,221,231,248,249,290,
298,300,305

生生 1—19,21—24,26,28—36,
39—57,59,61,62,64—75,77,79,
81,82,90,93—96,99,100,102—
104,108—111,114,116,125,131,
132,136,139—141,144,145,150—
154,156,157,159,161,166,168,
170,171,173—175,184—191,
193—198,200,202—204,221,222,
225—229,239,260,261,263,265,
270,274,282,283,287—289,291,
292,294—298,300—302,305

生死 8,30,50,60,65,68,70,72,81,
82,91,96—100,102,103,105,106,
108,109,167,302—304

实体 13,17,19,44,52,55,73,76,
102,111,113—115,124,131,136,
152,158,187,200,229,240,260,
290,292,293,296

四书 7,9,62—67,71,77,85,98—
102,159—161,163,168—172,174,
177,181,191,193—196,201—203,
205—207,209—216,219,220,226,
230—239,242—248,251,253—
258,260,261,270—272,297

T

太和　39,69,103,114,128—130, 138,146—150,159,168,217,292, 293

太极　10,15,39,40,44,57,58,76, 77,83,84,115—117,119,126—143,145—147,149,151—156,162, 166,174,179,180,183—185,188, 208,224,292—294,296

太虚　39,40,68—70,72,79,103, 104,111,114—116,128—132,135, 137,144,146,147,149—152,156, 157,168,169,208,214,288,293, 294,303

天道　3,4,6,9,12,13,22,39,42,44, 45,48,49,53,54,60—62,71,73, 83,85—89,94,117,122,125,130, 136,137,139,145,148,151,153—158,161,168,169,173—175,182, 187—189,191,194,197,199,201, 203,205,207,209—211,213,216—220,222,226—233,236—240,248, 249,256,260—263,265,266,281, 283,285,287—289,291,292,295, 296,298—301,303,305

天命之性　52,188,193,201,202, 205,223,246,289,298

W

无形　6,14,34,37—40,68,69,103, 104,114,115,129—132,134,137, 146—149,152—154,157,160,162, 175—178,180,181,196,197,216, 217,223,292,294

X

形而上　9,14,17,40,111,112,115, 127,133,148,154,172,173,175—178,185,186,188,265,288—291

形而下　15,39,40,111,112,114, 115,127,133,146,156,167,175—178,188,288,289,291,295

性善　26,64,65,82,190,192,193, 196,205,206,212,213,215,216, 219—221,223—225,285,286,298

Y

阳明　3,12—14,45—48,50—52,71, 88,97,200,229,240,245,264,281, 286,289,298

Z

张载　3,5,8,13,15,39,40,59,60, 69,70,79,80,84,93,94,103,104, 111,114—116,120,126,128—131, 144,146—149,152,156—158,168, 169,175,191,197,198,213,214, 217,223,245,262,281,282,284, 286,288,292,295,296

正蒙　59,60,67—72,74,79,84—88, 104,107,108,120,121,128—131,

135,137,138,140,146—151,155,162,174,182,200,201,214,217,221,223,225,245,259,281,282,292,303

周敦颐　10,39,40,84,126—128,247,284

朱子　3,4,6,10—13,40,43,44,50,53,54,63—67,71,94,98,103,111,114,115,126,127,133,138,153—157,164,166,168,169,175—177,192,199,200,202,205,209,211,214—217,223,228,229,232,233,235—237,240,242,243,245,246,252,253,255,258,264,265,270,271,281,285—293,295,298

自然　10,12—14,26,27,42,43,47,48,51,52,54,57,58,79,83,90,94—97,104—106,110,113,125,130,133,142,145,150,151,157—162,164,167,169,179,184—187,194,195,198,199,202,205,208,209,211,212,215,224—226,231—233,235—237,239—250,253,258,261,263,267,268,272,285,286,289,293,296—298,301,305

后　　记

本书得以出版，首先要感谢清华大学人文学院哲学系，将我的博士论文评为清华大学优秀博士论文，由此才有资格申请国家社科基金后期项目优秀博士论文专项。其次要感谢同济大学人文学院给予我良好的环境，在各方面充分支持青年教师的发展。在申请国家社科基金项目的过程中，感谢项目的匿名评审者，使我的博士论文能够有出版的资助机会。在出版过程中，由衷感谢中国社会科学出版社韩国茹老师的精心编校，使这部书稿得以真正面世。同时感谢我的硕士生窦景龙的辛苦校对工作。

这部博士论文的写作过程相对顺利，是我从复旦大学哲学学院读本科，进而攻读硕士，再到清华读博士阶段的总体思考，在此也感谢清华大学人文学院哲学系、复旦大学哲学学院各位老师的悉心指导，同时也感谢各类学术会议、活动中各位老师的指点。特别感谢指导教师陈来先生在论文撰写过程中的悉心指导，尤其在论文初稿上作了详细的批注和批语，让我受益匪浅。同学、朋友的帮助，家人的支持和陪伴也是这部书稿得以完成和出版的重要因素，在此也一并感谢。

本书第一章部分内容曾经以《中晚明时代"生之谓性"解释的新动向——以阳明学为中心》为题发表于《浙江社会科学》2020年第7期（第102—108页），本书对此部分的修改不多。第七章的初稿曾以《气论视野下的性善论重构——基于王船山"生"的思想之考察》为题发表于《杭州师范大学学报》（社会科学版）2017 年第 1 期（第 11—18 页），但此后有较多修改和增补，在此也感谢两本刊物的评审者和编辑。除此以外的内容均未公开发表过。

2023 年 10 月 23 日